JN024570

『般若心経幽賛』を読む

唯識の修行

吉村 誠

春秋社

慈恩大師画像（一乗院本、鎌倉時代、興福寺所蔵、©飛鳥園）

はじめに

本書は、興福寺仏教文化講座における『般若波羅蜜多心経幽賛（はんにゃはらみったしんぎょうゆうざん）』（以下、『般若心経幽賛』と略称します）の講義を一書にまとめたものです。講義は令和四年（二〇二二）四月から翌年六月まで、十二回にわたって行われました。

そのころは世界中で流行した新型コロナウイルス感染症が何百万もの人命を奪い、ウクライナで戦争が起こるなど、世相は暗く沈んでいました。講座に参加してくださった皆さまも、心穏やかならぬ日々を過ごされていたことと思います。そのような中で仏教を学ぶ意味はどこにあるのか、毎回考えさせられました。

仏教は平和な時代だけではなく、むしろ混乱した時代にあって悩み苦しむ人々に、安らぎや希望を与えてきました。人々は釈尊の教えに耳を傾け、仏典を読んだり、坐禅をしたりすることで、心を落ち着けました。私たちもそのようにして、釈尊がどのようなものの見方や生き方を伝えようとしたのかを考えてみるべきではないでしょうか。

心を落ち着けて物事を観察し、その奥にある真実を見定めて、なすべきことを実行していく智慧や勇気。そういうものを仏教から得ることができるのではないかと思います。そうすれば、ただ心配したり不安になったりしながら日々を過ごすのではなく、今日は何をしたらいいのか、明日は何をすべきかということが見えてくるはずです。

本書で取り上げる『般若波羅蜜多心経』（以下、『般若心経』と略称します）やその注釈の『般若心経幽賛』は、釈尊の智慧を真剣に追求した先人たちの記録です。そこに説かれる教えは今を生きる私たちの人生にも光を当ててくれるものと信じて、真摯に学んでいきたいと思います。

『般若心経』は東アジアで最もよく読まれている仏典です。わずか二百六十余文字の短い経典ですので、毎日唱え、暗誦している方も多いのではないでしょうか。それはインドに仏典を求め、中国に唯識思想をもたらした玄奘三蔵（六〇二―六六四）が、唐の貞観二十三年（六四九）に訳出したものです。

以来、『般若心経』を解説する注釈書が数多く著されました。その中で最も古い注釈書の一つが、慈恩大師（六三二―六八二）の『般若心経幽賛』です。慈恩大師は玄奘三蔵の高弟で、中国における唯識思想の大家です。中国ではその門流を慈恩宗（唯識宗）といい、日本では法相宗の宗祖として尊崇されています。

慈恩大師は多くの経典に注釈を施して「百本の疏主」と称されました。その特徴はあらゆる経典を唯識思想によって解釈するところにあります。唯識はインドの中期大乗仏教の主流であった瑜伽（ゆが）行派（ぎょうは）の思想です。瑜伽行派の人々は、唯識思想をそれ以前に成立した経典に読み込むことで、全仏教を総合しようとしました。慈恩大師もその方法にならい、初期大乗仏教の経典である『般若経』『維摩経』『法華経』『阿弥陀経』などに唯識思想による解釈を施したのです。

『般若心経幽賛』もそのような方法で著された注釈書です。したがって、そこには『般若心経』の経文の解説のみならず、唯識思想をふんだんに盛り込んだ独自の解釈が述べられています。その最大の特徴は、『般若心経』の「空」を中観派（ちゅうがんは）の二諦説（にたいせつ）ではなく、瑜伽行派の三性説（さんしょうせつ）で解釈するところにあります。

中観派の人々は、『般若心経』は「世俗には有ると言えるものも、真実にはすべて空である」という「空」の立場から、あらゆるものが無いと説いている、と解釈します。瑜伽行派の人々は、これを修行無用論や虚無論に陥る考え方であると批判します。そして、『般若心経』は「妄想されたものは無いが、縁起や真如は有る」という「非空非有中道」の立場から、妄想されたものは無いと説いている、と解釈するのです。

慈恩大師は瑜伽行派の考えを支持し、注釈の中で修行の意義を強調しています。そのため、『般若心経幽賛』の大半は唯識の修行論で占められています。唯識の修行の要（かなめ）となるのが五重唯識観です。それは、唯識という真理を知るために心が観察すべきものを、浅きから深きへ五つに分類整理したものです。日本の法相宗でも五重唯識観について多くの注釈書が著され、観法として実践されました。

本書では、玄奘三蔵が翻訳した『般若心経』を仏教思想史の立場から解説した上で、慈恩大師が撰述した『般若心経幽賛』の要文を講読していきます。いずれも原文・書き下し文・現代語訳をあげています。原文は『大正新脩大蔵経』第三三巻に収録されたものを底本とし、その巻・頁・段をT33.523bのように示しました。

『般若心経幽賛』は『般若心経』を唯識思想によって解釈するものです。そのため、唯識に初めて触れられる方には、内容が難しく感じられるかもしれません。それでも忍耐強くお読みいただければ、玄奘三蔵が翻訳した『般若心経』を、慈恩大師がどのように受容していたのかがお分かりになると思います。

慈恩大師は法相宗の宗祖として有名ですが、その著作を解説する一般書はこれが初めてのものとなります。本書を通じて、慈恩大師とその思想に関心を持たれる方が増えることを願っています。

『般若心経幽賛』を読む——唯識の修行　目次

『般若心経幽賛』を読む——唯識の修行

I　『般若心経』と『般若心経幽賛』

1 『般若心経』の漢訳と原本の成立時期

唐の貞観元年（六二七）、天竺を目指して長安を発った若き玄奘三蔵（六〇二―六六四）は、ひとり痩せた赤馬に乗り、玉門関の先に広がる大沙漠に踏み込んでいきました。その時の様子を、玄奘三蔵の伝記である『大唐大慈恩寺三蔵法師伝』（以下、『慈恩伝』と略称します）は、次のように伝えています。


是れより已去（さき）は、即ち莫賀延磧（ばくがえんせき）なり。長さ八百余里。古（いにしえ）に沙河（さが）と曰（い）う。上に飛ぶ鳥無く、下に走る獣無し。復た水も草も無し。是の時、影を顧るに、唯（た）だ一なるのみ。但（た）だ観音菩薩及び『般若心経』を念ず。

初め法師、蜀に在りて一病人に見（まみ）ゆ。身瘡臭穢（しんそうしゅうえ）にして衣服破汚（えぶくはお）す。愍（あわれ）み将（ひき）いて寺に向（むか）い、衣服飲食（えぶくおんじき）の直（あたい）を施与（せよ）す。病者、慚愧（ざんき）して乃ち法師に此の経を授く。因りて常に誦習（じゅしゅう）す。沙河の間に至り、諸もろの悪鬼に逢う。奇状異類にして、人の前後を遶（めぐ）る。観音を念ずと雖（いえど）も去らしむること能（あた）わず。此の経を誦するに及び、声を発して皆散ず。危きに在りて済（すく）わるるを獲たるは、実に焉（これ）に憑（よ）る所なり。

（『大唐大慈恩寺三蔵法師伝』巻一 T50.224b）

莫賀延磧は「長さ八百余里」、日本の本州がすっぽりと入るような大沙漠の入口です。鳥も、獣も、水も、草もありません。あまりの孤独にふと振り返っても、自分の影だけがぽつんと砂地に映っているだけ。そんな風景が描かれています。そこで、玄奘三蔵は精神を集中するために、心の中で観音菩薩と『般若心経』を念じたといいます。観音菩薩が旅する玄奘三蔵を護ってくださり、『般若心経』が乱れた心を鎮めるのに役立ったのです。このとき、玄奘三蔵が唱えた『般若心経』はどのようなものだったのでしょうか。

旅に出る前、玄奘三蔵は蜀（現在の四川省）で一人の病人に出会いました。その体は病んで臭く汚れ衣服もボロボロです。玄奘三蔵はその人をお寺に連れていき、衣食のための金銭を施しました。すると、病人は恐縮して玄奘三蔵にこの経を授けたというのです。それが現在の『般若心経』と同じであったかどうかは分かりません。この話からすると当時のそれは口伝えできるほどの長さであり、「常に誦習す」とあるため呪文のようなものだったと推測されます。

さて、玄奘三蔵は莫賀延磧で「悪鬼」に悩まされました。おそらく孤独感や恐怖感から心にそのようなイメージが生じたものでしょうが、悩める者にとってそれは紛れもない現実です。悪鬼は異様な姿で玄奘三蔵を取り囲み、観音菩薩を念じても去ってくれません。そこで『般若心経』を唱えたところ、悪鬼は声をあげて去っていったというのです。

この場面を描いた絵巻「玄奘三蔵絵」（鎌倉時代）では玄奘三蔵が経典らしきものを持っていますが、『慈恩伝』の記述によれば暗唱していたものを読誦したとみるべきでしょう。それでは、玄奘三蔵が読誦した『般若心経』とは、いったいどのようなものだったのでしょうか。まず、現存する『般若心経』の漢訳（『大正新脩大蔵経』巻八所収）を検討してみましょう。

①『摩訶般若波羅蜜大明呪経』一巻　前秦・鳩摩羅什訳（五世紀、小本）
②『般若波羅蜜多心経』一巻　唐・玄奘訳（六四九年、小本）
③『普遍智蔵般若波羅蜜多心経』一巻　唐・法月訳（七三八年、大本）
④『唐梵翻対字音般若波羅蜜多心経』一巻　唐・不空訳（七四六―七七四年、S2464、小本）
⑤『般若波羅蜜多心経』一巻　唐・般若共利言等訳（七九〇年、大本）
⑥『般若波羅蜜多心経』一巻　唐・智慧輪訳（八六一年、大本）
⑦『般若波羅蜜多心経』一巻　唐・法成訳（八五四年、大本）
⑧『仏説聖仏母般若波羅蜜多心経』一巻　宋・施護訳（九八〇―一〇一七年、大本）

『般若心経』には「小本」と「大本」があります。鳩摩羅什（くまらじゅう）訳、玄奘訳、不空（ふくう）訳（梵語を音訳したもの）は「小本」の系統です。それ以外は「小本」に序文と流通分（るづうぶん）を付け加えた「大本」の系統です。現在の研究では「小本」が拡張されて「大本」になったと推定されています。

この他に、隋・費長房（ひちょうぼう）撰『歴代三宝紀（れきだいさんぼうき）』（五九七年）という経典目録に、呉・支謙（しけん）訳があったと伝えられます。しかし、三世紀の経典に観音菩薩や真言などの密教的要素があるとは考えがたく、その実在は疑問視されています。それでは鳩摩羅什訳が最古のものかと言えば、そうとも言えません。この経典の初出は唐・智昇撰『開元釈経録』（七三〇年）という経典目録まで下ります。それ以前の記録や、引用・注釈が皆無であることから、やはり実在が疑われています。渡辺章悟先生は、鳩摩羅什訳は『大品般若経』を素材として、玄奘訳を参照しながら作成された偽経であると推定しています。

一方、現存最古の経典目録である僧祐撰『出三蔵記集』（五一五年）は、「摩訶般若波羅蜜神呪一巻」「般若波羅蜜神呪一巻」という「神呪」が存在していたことを伝えています。また、隋・法経撰『衆経目録』（五九四年）には、それらが「大品〔般若〕経より出」されたものであると述べられています。玄奘三蔵が読誦していたのは、そのような「神呪」であった可能性があります。具体的には、『般若心経』の「是大神呪。是大明呪。是無上呪。是無等等呪。能除一切苦。真実不虚」や、「掲諦掲諦　波羅掲諦　波羅僧掲諦　菩提莎婆訶」のような短いフレーズが、「神呪」として流布していたのではないかと推測されます。

このように考えてみると、玄奘訳が現存最古の『般若心経』の漢訳ということになります。また、『般若心経』自体は、二―三世紀に成立した『大品般若経』の空の思想に、五―六世紀に観音菩薩や真言などの密教的な要素が加わって「小本」が成立し、七世紀後半に序文と流通分が付けられて「大本」が成立したものと推定されます。

2　陀羅尼経典としての『般若心経』

次に、『般若心経』の内容に関する説明に入ります。現在の『般若心経』の概説書には、「空」の思想を重視するものと、「陀羅尼」の功徳を重視するものと、大きく分けて二つのタイプがあると思います。実は、玄奘三蔵が『般若心経』を翻訳した時代から、この二つ側面が注目されていました。

玄奘三蔵が『般若心経』を誦して危難を脱したという話は、玄奘の伝記である『慈恩伝』一〇巻の巻一に存在します。『慈恩伝』は巻六の玄奘帰国の記事までは貞観二十三年（六四九）以前に成立していました。したがって、この頃から『般若心経』は玄奘三蔵の霊験譚とともに、辟邪（邪なものを退ける）の陀羅尼経典として流行したと考えられます。

玄奘三蔵が『般若心経』を翻訳したのも、同じ貞観二十三年の五月二十四日です（『開元録』）。これは長安南郊の終南山にある翠微宮で、玄奘三蔵が太宗の臨終を看取っていたときに当たります。当時、病苦は過去の悪業による罪と考えられていました。玄奘三蔵は『般若心経』の功徳により、太宗の滅罪（過去の悪業による罪を滅すること）を祈願したと思われますので、これも陀羅尼経典として扱っていることになります。

また、顕慶元年（六五六）、玄奘三蔵は高宗・武后の皇太子（仏光王、後の中宗）の満一月を祝い

「金字般若心経一巻幷函」などを進呈して「辟邪」を祈願しています。金字で書いた『般若心経』を函に入れていることから、経典そのものを供養していると言えるでしょう。これは玄奘三蔵が『般若心経』を辟邪の陀羅尼経典とみなしていたことや、経典供養により霊験が得られると考えていたことを示唆しています。

なお、福井文雅先生は、唐代では『般若心経』が「多心経」と略称されていたことを指摘しています。これは、他の「心経」(『不空羂索神呪心経』など)と区別するためでもありますが、既に定着していた「般若波羅蜜」という訳語をあえて「般若波羅蜜多」とした玄奘訳そのものに特別な功能があると期待されたからでもあるでしょう。

このように、唐代では『般若心経』が陀羅尼経典とみなされ、辟邪や滅罪などの功徳があると考えられていました。その起源は、玄奘三蔵の『般若心経』に対する信仰にあったと言えます。

3　『般若心経』の空の解釈

一方、『般若心経』の空の思想も、唐代から注目されていました。漢訳の『般若心経』の注釈は、中国の注釈で七十七部、日本の注釈で四十五部を数えますが(『大正大蔵経勘同目録』)、そのすべてが玄奘訳に対する注釈です。このうち、唐代の主な『般若心経』の注釈をあげてみましょう。

①摂論『般若波羅蜜多心経疏』一巻　慧浄撰（六四九―六五〇年、卍続26）
②唯識『般若波羅蜜多心経賛』一巻　円測撰（六六三―六九六年、大正33、卍続26）
③唯識『般若波羅蜜多心経疏』一巻　靖邁撰（六六四―?年、卍続26）
④唯識『般若波羅蜜多心経幽賛』二巻　基撰（六六三―六八二年、大正33、卍続26）
⑤華厳『般若波羅蜜多心経略疏』一巻　法蔵撰（七〇二年、大正33、卍続26）
⑥天台『般若心経疏』一巻　明曠撰（?―七七七―?年、卍続26）
⑦禅『般若波羅蜜多心経疏』一巻　智詵撰（六七〇―六九七年、P4940等）
⑧禅『注般若波羅蜜多心経』一巻　浄覚撰（七二七年、S4556等）
⑨禅『般若波羅蜜多心経註』一巻　慧忠撰（?―七七五年、卍続26『般若心経三註』所収）

最古の注釈は、唐初に仏道論争で活躍した慧浄（えじょう）（五七八―六五〇）の『般若心経疏（しょ）』です。その中には、熏習（くんじゅう）、種子（しゅうじ）、八識、三性（さんしょう）、四智など新訳の唯識説が用いられています。しかし、『起信論』の水波の喩を引用したり、境識倶泯（きょうしきくみん）を説いたり、前六識・第七識・第八識に三性（遍計所執（へんげしょしゅう）性（しょう）・依他起性（えたきしょう）・円成実性（えんじょうじつしょう））を配当したり、第八識の体を如来蔵としたりする箇所は、新来の唯識説ではなく、隋末唐初に流行した摂論（しょうろん）学派の解釈によっています。

玄奘門下の唯識学派（唯識宗）では、慧浄の如来蔵的解釈を批判するために、新来の唯識説に基づく『般若心経』の注釈が次々に著されました。円測（えんじき）（六一三―六九六）の『般若心経賛』、靖邁（せいまい）

（七世紀後半）の『般若心経疏』、そして基（慈恩大師。六三二―六八二）の『般若心経幽賛』が現存します。それらの注釈には、五位、八識、三性・三無性、三転法輪、五姓各別など、新来の唯識説がふんだんに盛り込まれています。最大の特徴は「空」が三性・三無性説によって解釈されるところです。

華厳の法蔵（六四三―七一二）は『般若心経略疏』を著して、唯識説によらない解釈を初めて示しました。観自在を「理事無閡之境」を観ずることが自在であると解釈するところに、華厳教学が読み込まれています。また、「空」の観法として天台の三諦（一心三観）と唯識の三性（三無性観）をあげ、両者を相対化しつつ華厳教学による三性の再解釈を行っています。法蔵の注釈は華厳宗で重視され、その解釈は明曠（?―七七七―?）など天台宗の注釈にも影響を与えました。

禅宗の注釈では、『般若心経』の「心」が「仏心」ないし「衆生心」に解釈されました。智詵（浄衆宗、六〇九―七〇二）の『般若心経疏』は、慧浄の注釈を改変して作られているため唯識説も残存しますが、「空」の解釈では達磨の『二入四行論』の「妄想不生」の思想を読み込んでいます。浄覚（北宗、六八三―七五〇?）の『注般若心経』は、唯識説を払拭し、「空」の解釈では『中論』『維摩経』『二入四行論』などを引用し、禅思想による解釈が行われています。慧忠（南宗、?―七七五）の『般若心経註』は、経文の引用が少なく、全体が「直指本心、決定是仏」などの禅思想で解釈されています。禅宗の注釈では、時代を経るにつれて唯識説が捨て去られ、仏性・如来蔵思想が読み込まれる傾向があります。

このように、唐代の『般若心経』の注釈における空の解釈では、いずれも『般若心経』自体の理解を目指すというよりも、むしろ注釈を通じて自らの宗旨を表明することに力点が置かれています。このような述作態度が、以後の東アジアにおける自由で多様な『般若心経』の注釈を生む下地となったと思われます。

4 『般若心経幽賛』の撰述

さて、『般若心経』は唐の玄奘三蔵によって貞観二十三年（六四九）に漢訳されました。玄奘三蔵はインドから唯識思想の体系をもたらした人物でもあり、その弟子たちは唯識の立場から『般若心経』に注釈を施しました。これが中国における『般若心経』の注釈の始まりです。『般若心経幽賛』（以下、『幽賛』と略称します）もその一つで、玄奘三蔵の高弟の慈恩大師・基の著作です。

慈恩大師は長安の人で、先祖は康居（サマルカンド）の出身です。父は唐の左金吾将軍の尉遅宗（尉遅敬徳の従弟）で将軍の家柄でした。貞観二十二年（六四八）十七歳で出家して玄奘に師事し、顕慶元年（六五六）二十五歳のときに訳場に参加しました。同四年（六五九）『成唯識論』の翻訳で筆受となり、『成唯識論述記』『成唯識論掌中枢要』『大乗法苑義林章』を著して、その解釈を確立します。他に『瑜伽略纂』『唯識二十論述記』『弁中辺論述記』『因明入正理門論疏』『法華玄賛』『説無垢称経疏』など多数の注釈があり、「百本の疏主」と称されました。中国では慈恩大師の門流を「唯識宗」ないし「慈恩宗」といいます。

『幽賛』の撰述年代は不明ですが、本文に引用される『大般若経』の訳出年の龍朔三年（六六三）を上限とし、慈恩大師の卒年の永淳元年（六八二）を下限とします。『幽賛』は、その解釈に『般若心経』の訳者である玄奘の唯識思想が読み込まれていることから、同経の注釈の典型とみなされました。唐代ではこの唯識思想による『般若心経』の解釈を摂取ないし批判するかたちで、華厳・天台・禅などの注釈が作られたのです。

ところが、今日では『般若心経』の解説で『幽賛』が用いられることはほとんどありません。その理由は、『般若心経』の「空」の思想や「陀羅尼」の功徳を理解する上で、唯識思想による解釈が必要不可欠のものではないからでしょう。また、『幽賛』を参照しようとしても、唯識の教理を前提とした注釈は難解であるということも考えられます。

しかし、『幽賛』が『般若心経』の最古の注釈の一つであることや、東アジアにおける『般若心経』の解釈に大きな影響を与えたことを考えると、もっと積極的に参照されるべきでしょう。

5 『般若心経幽賛』の特徴

『幽賛』の特徴として、以下の三点をあげることができます。

第一に、『般若心経』の解釈に、瑜伽行派（ゆがぎょうは）の唯識思想がふんだんに盛り込まれている点です。慈恩大師は、三転法輪、八識、三性・三無性、五姓各別、五位、四涅槃、四智、三身などの唯識説を『般若心経』に読み込むことで、同経が玄奘三蔵のもたらした新来の唯識説で解釈されるべきであると主張しました。なお、『幽賛』では「勝空者」と「如応者」の解釈が、二十三箇所にわたって併記されています。「勝空者」は空に勝れた人たち、つまり中観派の立場であり、「如応者」は真実と相応する人たち、つまり瑜伽行派の立場です。すべての箇所で「勝空者」「如応者」の順に解釈が示され、多くの箇所で前者が後者によって批判されています。

第二に、『般若心経』の「空」の解釈が、瑜伽行派の非有非空中道の立場からなされている点です。仏教の歴史をみると、釈尊の教えは部派仏教の「有」の思想で解釈されましたが、これを批判して大乗仏教の「空」の思想が説かれました。しかし、空の思想も誤った解釈（空見、悪取空）をすると虚無論や修行無用論に陥ることがあります。そこで、瑜伽行派は有でもない空でもない中道、すなわち「非有非空中道」という立場を打ち出したのです。慈恩大師は、『幽賛』の冒頭で瑜伽行派の三転法輪説を引用し、空・有は相反するものではなく非有非空中道とみるべきであることを主張しています。

第三に、瑜伽行派の「空」の解釈に基づいて、「行」の意義が強調されている点です。たとえば「勝空者」は、「行の義有るには非ず」、つまり修行も空であり特に修行すべきことはないという解釈を示しています。これに対し「如応者」は、「行の義無きには非ず」、つまり修行は無いのではなく蔑ろにしてはいけないという解釈を示し、唯識の修行論を詳述しています。「行」の注釈の分量は『幽賛』の半分以上を占めるほどです。慈恩大師は、中観派の「空」の解釈が修行無用論に陥ることを警戒し、瑜伽行派の「空」の解釈を敷衍して修行有用論を展開しているのです。

以上をまとめると、瑜伽行派の「空」の解釈に基づく「行」の意義の強調が、『幽賛』の特徴であると言えるでしょう。「行」に関する注釈は、玄奘三蔵の唯識思想の根幹をなす『成唯識論』と『瑜伽師地論』に基づいて、慈恩大師が独自に構成したものです。唯識の修行についてはこれまで十分に解明されていませんが、『幽賛』の読解を通じてその一端が明らかになることを期待しています。

II　『般若心経』を読む

1 玄奘訳『般若心経』の本文

慈恩大師の『般若心経幽賛』を読む前に、玄奘三蔵が翻訳した『般若心経』を読んでおきたいと思います。そのためには、玄奘訳『般若心経』の本文を推定しなければなりません。というのも、唐代の本文と考えられるものは、私たちが読誦している現行本と文字が異なるものが多いからです。例えば、主な史料の真言を比較してみると、次のようになります。

【石刻】
掲諦　掲諦　波羅掲諦　波羅僧掲諦　菩提　莎婆訶（雲居寺石室本　六六一年造）
掲諦　掲諦　般羅掲諦　般羅僧掲諦　菩提　莎婆呵（集王聖教序碑本　六七二年造）

【写本】
掲諦　掲諦　波羅掲諦　波羅僧掲諦　菩提　莎婆呵（隅寺心経、奈良時代）
掲諦　掲諦　波羅掲諦　波羅僧掲諦　菩提　薩婆呵（隅寺心経、平安時代。現行本）

【刊本（本文）】
掲諦　掲諦　波羅掲諦　波羅僧掲諦　菩提　薩婆訶（宋本・元本・明本）
掲帝　掲帝　般羅掲帝　般羅僧掲帝　菩提　僧莎訶（高麗本）

【刊本（注疏）】

掲諦　掲諦　波羅掲諦　波羅僧掲諦　菩提　莎訶　（基疏　六六三—六八二年撰）
掲諦　掲諦　波羅掲諦　波羅僧掲諦　菩提　莎婆呵（円測疏　六六三—六九六年撰）
掲諦　掲諦　波羅掲諦　波羅僧掲諦　菩提　莎婆訶（智詵疏　六七〇—六九七年撰）
掲諦　掲諦　波羅掲諦　波羅僧掲諦　菩提　莎婆訶（浄覚疏　七二七年撰）
羯諦　羯諦　波羅羯諦　波羅僧羯諦　菩提　薩婆訶（法蔵疏　七〇二年撰。現行本）

石刻史料である雲居寺石室本と集王聖教序碑本は、唐代の文字をそのまま伝えていると考えられますが、すでに「…**波**羅掲諦…莎婆**訶**」、「…**般**羅掲諦…莎婆**呵**」の違いがあります。写本史料には日本で書写された隅寺（すみでら）心経があります。奈良時代のものは「…**波**羅掲諦…**莎**婆呵」ですが、平安時代のものは「…**波**羅掲諦…**薩**婆呵」になっています。刊本史料の宋本・元本・明本も「…**波**羅掲諦…**薩**婆呵」です。現行本にはこの真言が多く見られます。なお、高麗本の「…**般**羅掲**帝**…**僧**莎訶」は類例がほとんどなく、例外と言えます。

また、刊本史料には『般若心経』の注釈に引用される本文もあります。多くの注釈が雲居寺石室本と隅寺心経（奈良時代）と同じですので、唐代では「…波羅掲諦…莎婆訶／呵」が普及していたことがうかがえます。ただし、慈恩大師の注釈だけは「…波羅掲諦…莎訶」となっています。これは「婆」が欠落したわけではありません。玄奘訳の『十一面神呪心経』などの陀羅尼経典や『大般若経』を見ると、サンスクリット語のスヴァーハー（svāhā）が「莎訶」と音写されています。したがって、慈恩大師の注疏はむしろ玄奘訳に忠実と言えます。これらに対し、法蔵の注釈の「…波羅羯諦…薩婆訶」は例外と言えます。にもかかわらず、現行本にはこの真言も多く見られます。

本書では慈恩大師の『般若心経幽賛』を拝読しますので、そこに引用される『般若心経』の本文を基準にしたいと思います。それは次のとおりです。

般若波羅蜜多心経

観自在菩薩、行深般若波羅蜜多時、照見五蘊等皆空、度一切苦厄。

舎利子。色不異空、空不異色。色即是空、空即是色。受想行識等、亦復如是。

舎利子。是諸法空相。不生不滅、不垢不浄、不増不減。

是故空中、無色、無受想行識、

無眼耳鼻舌身意、無色声香味触法、

無眼界、乃至無意識界。

無無明、亦無無明尽、乃至無老死、亦無老死尽。

無苦集滅道。

無智、亦無得。

以無所得故。

菩提薩埵、依般若波羅蜜多故、心無罣礙。無罣礙故、無有恐怖、遠離一切顛倒夢想、究竟涅槃。

三世諸仏、依般若波羅蜜多故、得阿耨多羅三藐三菩提。

故知。般若波羅蜜多、是大神呪。是大明呪。是無上呪。是無等等呪。能除一切苦。真実不虚。

故説般若波羅蜜多呪。即説呪曰。

掲諦　掲諦　波羅掲諦　波羅僧掲諦　菩提　莎訶（T33.523b-542c）

経題には現行本にある「仏説」や「摩訶」はありません。

本文で現行本と異なるのは、「五蘊等」「受想行識等」の「等」という文字が入るところです。これは玄奘訳の『大般若経』などにも見られる表現です。慈恩大師は、この「等」に十二処や十八界などが含まれていると解釈しています。慈恩大師を祖師とする日本の法相宗(ほっそう)では、現在でも正式には「等」を入れて読誦するそうです。なお、玄奘門下の注釈書を見ると、靖邁のものには「等」が入っていますが、円測のものには「等」が入っていません。その他の石刻・写本・刊本にも「等」はありません。

また、「遠離一切顛倒夢想」の「一切」が入るところは現行本と同じですが、唐代の本文にはこの二文字が無いものが少なくありません。石刻にはいずれも「一切」が無く、刊本の宋本・元本・明本・高麗本にもありません。円測や法蔵の注釈書にも「一切」がありません。ただし、写本の隅寺心経には「一切」があり、明曠や慧忠の注釈書にも「一切」があります。

真言で現行本と異なるところは、先ほど見たとおりです。

以上のように、玄奘門下の間でも「等」や「一切」を入れるか入れるか入れないかで異同があります。どちらが正しいかは決めがたいため、ここでは慈恩大師の『般若心経幽賛』に引用される本文に基づいて『般若心経』の内容を概観することにいたします。

2　仏の教えか？　菩薩の教えか？

《原文》

観自在菩薩

《書き下し文》

観自在菩薩（かんじざいぼさつ）

《現代語訳》

観自在菩薩が

『般若心経』では、初めに観自在菩薩（観世音菩薩 Avalokiteśvara）が登場します。慈恩大師は、ここからすでに仏の説法が始まっていると解釈します。これによれば、『般若心経』は、仏が観自在菩薩を例にあげながら舎利子（舎利弗 Śāriputra）に悟りとは何かを教える経典ということになります。

一方、小本に序文と流通分を増広した大本『般若心経』では、大衆に囲まれた仏が禅定に入り、その意を受けて観自在菩薩が舎利子らに説法し、禅定から出た仏がその説法を認可する、という話になっています。これによれば、『般若心経』は、観自在菩薩が舎利子に悟りとは何かを教える経典ということになります。

観自在菩薩は、大乗仏教で信仰される理想の修行者（菩提薩埵、菩薩 bodhisattva）です。舎利子は智慧第一と称される十大弟子の一人ですが、ここでは小乗仏教の修行者（声聞 śrāvaka）としての役割が与えられています。つまり、『般若心経』は、仏または観自在菩薩が、大乗の菩薩の悟りについて、小乗の声聞に説法するという形式になっているのです。

紀元前後、インドに現れた大乗仏教徒は、仏教本来の目的は成仏にあると考え、自らを菩薩（悟りを目指す者）と称し、従来の経典に基づいて新しい経典を作成しました。それが大乗経典です。『般若心経』が仏または菩薩による声聞への説法となっているのは、大乗仏教徒が従来の部派仏教徒（大乗から見れば小乗仏教徒）に、仏教の新しい解釈（大乗から見れば仏教の真実）を提示した歴史的事実を反映しています。

3 「般若波羅蜜多」を行ずるとは？

《原文》

行深般若波羅蜜多時、

《書き下し文》

深般若波羅蜜多を行ずる時に、

《現代語訳》

深い般若波羅蜜多を行じた時に、

般若波羅蜜多（般若波羅蜜）は、サンスクリット語のプラジュニャーパーラミター（prajñā-pāramitā）の音写で、智慧の完成という意味です。大乗仏教では、布施・持戒・忍辱・精進・禅定・智慧という六つの徳目を完成することが菩薩の修行であるとします。これを六波羅蜜多と言います。このうちの智慧の完成が般若波羅蜜多です。

〔六波羅蜜多〕布施波羅蜜多　…施しの完成
持戒波羅蜜多　…持戒の完成
忍辱波羅蜜多　…忍耐の完成
精進波羅蜜多　…努力の完成
禅定波羅蜜多　…精神統一の完成
智慧波羅蜜多（般若波羅蜜多）…智慧の完成

智慧とは、世間的な知恵や知識とは異なり、あらゆる事物とその背後にある真理を見きわめる認識力のことを言います。この智慧の完成、般若波羅蜜多は他の五波羅蜜多を基礎づけるものであり、布施などを完成させる原動力でもあります。したがって、般若波羅蜜多を行ずるとは、他の五波羅蜜多を行ずることをも含んでいると考えるべきでしょう。

般若波羅蜜を説く大乗経典を「般若経」と総称します。「般若経」は大乗仏教の歴史とともに多様に発展し、ついには漢訳で六〇〇巻に及ぶ『大般若経』が集成されるに至りました。『般若心経』の心（hṛdaya）とは、これらの広大な「般若経」の核心・心髄という意味になります。

4　「五蘊」が空であるとは？

《原文》

照見五蘊等皆空、度一切苦厄。

《書き下し文》

五蘊等は皆な空なりと照見し、一切の苦厄を度す。

《現代語訳》

五蘊等はみな空であると照見し、一切の苦厄を度した。

五蘊とは人間を五つの構成要素に分析したもので、色蘊・受蘊・想蘊・行蘊・識蘊のことです。色蘊は色や形のある身体（後には認識対象を含む）、受蘊は苦・楽などを感受する心作用、想蘊は感受したものを表象する心作用、行蘊は意志を形成する心作用（後には受・想以外のすべての心作用などを含む）、識蘊は認識作用を持つ心です。

〔五蘊〕色蘊・受蘊・想蘊・行蘊・識蘊

仏教では、五蘊からなる人間が我（実体をもつもの）であると妄執することで苦しみが生じ、無我（実体をもたないもの）であると観察することで苦しみが滅すると説きます。

この五蘊が無我であることを、『般若心経』では五蘊が空であると説いているのです。ただし、それは五蘊からなる人が無我であること（人無我）のみならず、五蘊そのものが無我であること（法無我）をも意味しています。

部派仏教（特に説一切有部）では、人は無我であると主張しましたが、人を構成する五蘊は我であると考えました（人空・法有）。これに対し、大乗仏教では、人のみならず五蘊もまた無我であると主張したのです（人空・法空）。これを人無我・法無我といいます。すなわち、『般若心経』の五蘊が空であるという教えは、人もその構成要素も空であることを意味しているのです。

5　「色即是空」と「空即是色」は同じか？

《原文》

舎利子。色不異空、空不異色。色即是空、空即是色。受想行識等、亦復如是。

《書き下し文》

舎利子よ。色は空に異ならず、空は色に異ならず。色は即ち是れ空、空は即ち是れ色なり。受・想・行・識等も、亦復た是の如し。

《現代語訳》

舎利子よ。色は空に異なることはなく、空は色に異なることはない。色は即ち空であり、空は即ち色である。受・想・行・識等も、またこのようである。

色即是空は、五蘊のうち先ず色蘊が空であることを説いています。空は、サンスクリット語のシューニャ（śūnya）の訳語で、空虚という意味です。数学のゼロの意味でもあり、これがあることでプラスとマイナスのすべての数が成立します。このように、空はただ空虚なだけではなく、あらゆる事物を成立させる根拠ともなるものです。

したがって、色即是空には、①色蘊には実体がない、②色蘊は空の性質（空性 śūnyatā）を持つ、という二つの意味があることになります。空即是色はその反対で、①実体がないのが色蘊である、②空の性質（空性）を持つものが色蘊である、という意味になります。それでは、両者は同じことの繰り返しなのでしょうか。

ここで重要なことは、大乗仏教では空や空性を理論にとどめることなく、観法として実践するという点です。すなわち、色蘊に執着する者には、先ず色即是空を説いて、色蘊が空であると観察させます。すると、こんどは空に執着する者が出てくるため、次に空即是色を説いて、空が色蘊であると観察させます。こうして、私たちは色蘊にも空にも執着しない者となり、六波羅蜜多を行ずることが可能となるのです。

他にも、色即是空が真空を説き、空即是色が妙有を説き、両者相まって完成するという解釈もあります。いずれにせよ、両者を単に繰り返しや強調と見る解釈は平板に過ぎるのではないかと思います。

6 「諸法空相」とは？

《原文》

舎利子。是諸法空相。不生不滅、不垢不浄、不増不減。是故空中、無色、無受想行識、無眼耳鼻舌身意、無色声香味触法、無眼界、乃至無意識界。

《書き下し文》

舎利子よ。是の諸法は空相なり。不生にして不滅、不垢にして不浄、不増にして不減なり。是の故に空の中には、色も無く、受・想・行・識も無く、眼・耳・鼻・舌・身・意も無く、色・声・香・味・触・法も無く、眼界も無く、乃至意識界も無し。

《現代語訳》

舎利子よ。この諸法は空を特質とする。生ずることもなく滅することもなく、垢なることもなく浄なることもなく、増すこともなく、減ることもない。この故に空の中には、色も無く、受も想も行も識も無く、眼も耳も鼻も舌も身も意も無く、色も声も香も味も触も法も無く、眼界も無く、ないし意識界も無い。

諸法（sarva-dharma）とは、あらゆる事物です。自己や世界の構成要素のことであり、五蘊の他に、十二処・十八界などの分類があります。十二処とは、感覚・知覚の能力である六根（眼根・耳根・鼻根・舌根・身根・意根の六根）と、その対象である六境（色境・声境・香境・味境・触境・法境）のことです。十八界とは、六根・六境に六識（眼識・耳識・鼻識・舌識・身識・意識）を加えたものです。

〔六根〕眼根・耳根・鼻根・舌根・身根・意根
〔六境〕色境・声境・香境・味境・触境・法境
〔六識〕眼識・耳識・鼻識・舌識・身識・意識

〔十二処〕眼処〜法処（六根・六境）
〔十八界〕眼界〜意識界（六根・六境・六識）

部派仏教では、五蘊・十二処・十八界などの諸法を、自己や世界の構成要素とみなしました。なかでも説一切有部では、これらの諸法を五位七十五法に分類し、諸法が三世にわたって実在するという理論体系を構築しました（次頁の図参照）。

しかし、『般若心経』は、三世にわたって実在する諸法などは実在せず、諸法は空相（śūnyatā-lakṣaṇa）であると説きます。諸法は空相であるとは、あらゆる事物が空を特質とするということです。すでに五蘊が空であることは説かれました。

それを受けて、ここでは十二処や十八界など、あらゆる事物が空であると説かれているのです。したがって、眼が無いとは、眼根（視覚能力）には実体がなく、それらは空を特質とするという意味になります。

これを具体的に説明するのが、不生・不滅・不垢・不浄・不増・不減という六つの否定句です。諸法は因縁によって生じたり滅したりしますが、空であることは変わりません。同様に、諸法は因縁によって汚れたり清らかになったり、増えたり減ったりしますが、やはり空であることは変わりません。

むしろ空だからこそ、諸法は生じたり滅したり、汚れたり清らかになったり、増えたり減ったりするのではないでしょうか。眼が対象を捉える能力もさまざまな因縁によりますので、こうと決まったものではありません。それは十二処・十八界などあらゆる諸法に言えることなのです。

※説一切有部の五位七十五法

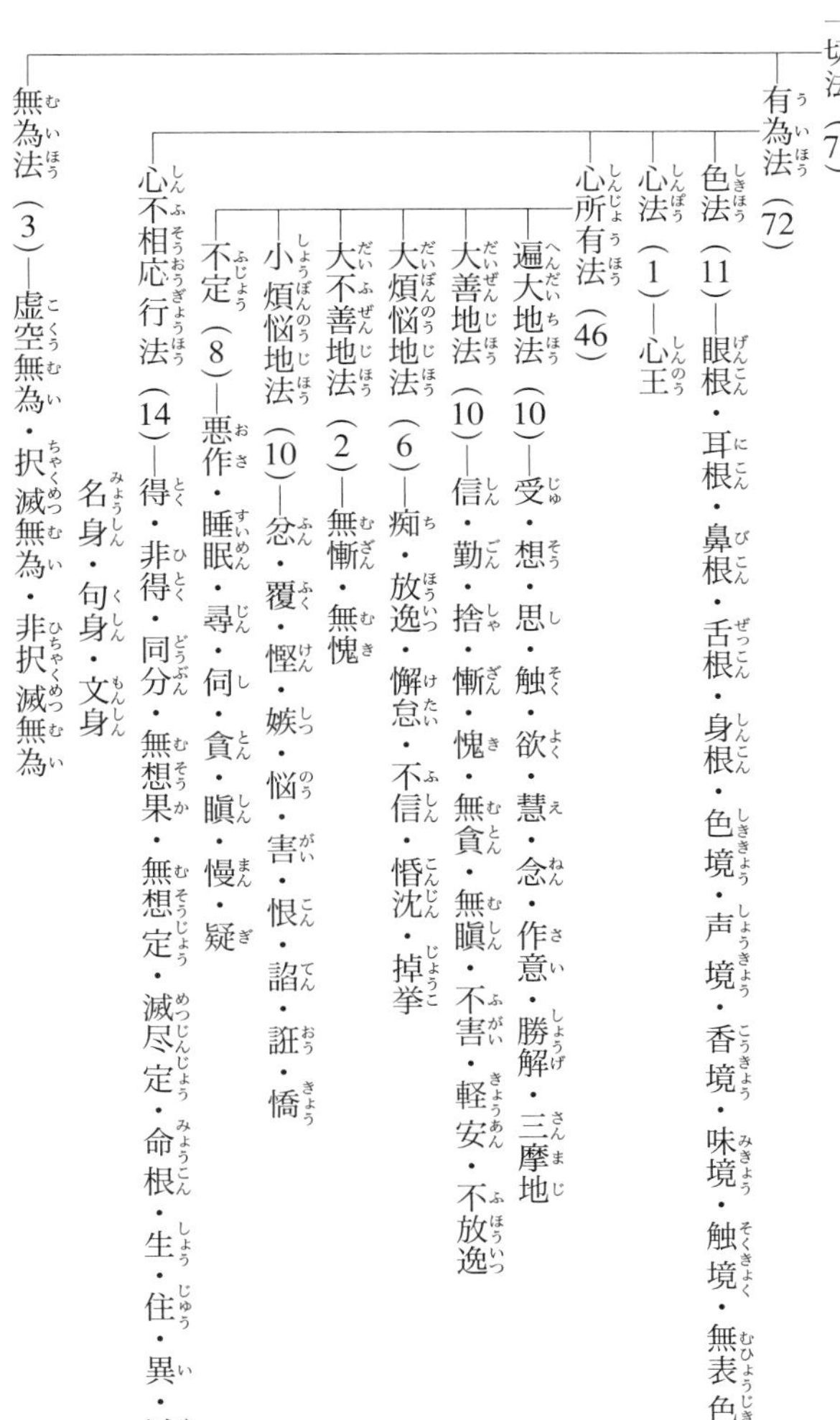

7 「無明」や「老死」が無いとは？

《原文》

無無明、亦無無明尽、乃至無老死、亦無老死尽。

《書き下し文》

無明も無く、亦た無明の尽くることも無く、乃至老死も無く、亦た老死の尽くることも無し。

《現代語訳》

無明も無く、また無明の尽きることも無く、ないし老死も無く、また老死の尽きることも無い。

無明とは、智慧がないという意味で、無知のことです。無明を根本原因として老・死などの苦しみが生じます（順観）。したがって無明を滅し尽くすことで老・死などの苦しみが滅します（逆観）。この苦しみの生・滅に関する順・逆の観察を、十二支からなる因果関係でまとめたものが十二縁起（十二因縁）です。

〔十二縁起〕

無明　…無知（痴）
行　…形成作用（心をはたらかせているもの）
識　…心の働き、認識主体、六識（眼識・耳識・鼻識・舌識・身識・意識）
名色　…名称と形態、認識対象、六境（色境・声境・香境・味境・触境・法境）
六入　…感覚と知覚、認識能力、六根（眼根・耳根・鼻根・舌根・身根・意根）
触　…接触（根・境・識の和合）
受　…感受作用（快・不快）
愛　…渇愛（欲望）、煩悩（貪・瞋）
取　…執着
有　…輪廻的生存
生　…出生、生まれること
老死　…老い死ぬこと（苦）

部派仏教では、これを一刹那（せつな）の心の因果関係と解釈したり、これが絶え間なく連続して因果関係をなすと解釈したりしました。なかでも説一切有部では、十二縁起を過去・現在・未来の三世にわたる二重の輪廻（りんね）（三世両重の因果）を説くものと考えました（次頁の図参照）。

しかし『般若心経』は、三世にわたって生・滅する諸法などは実在せず、それらは空であると説

※説一切有部の三世両重の因果

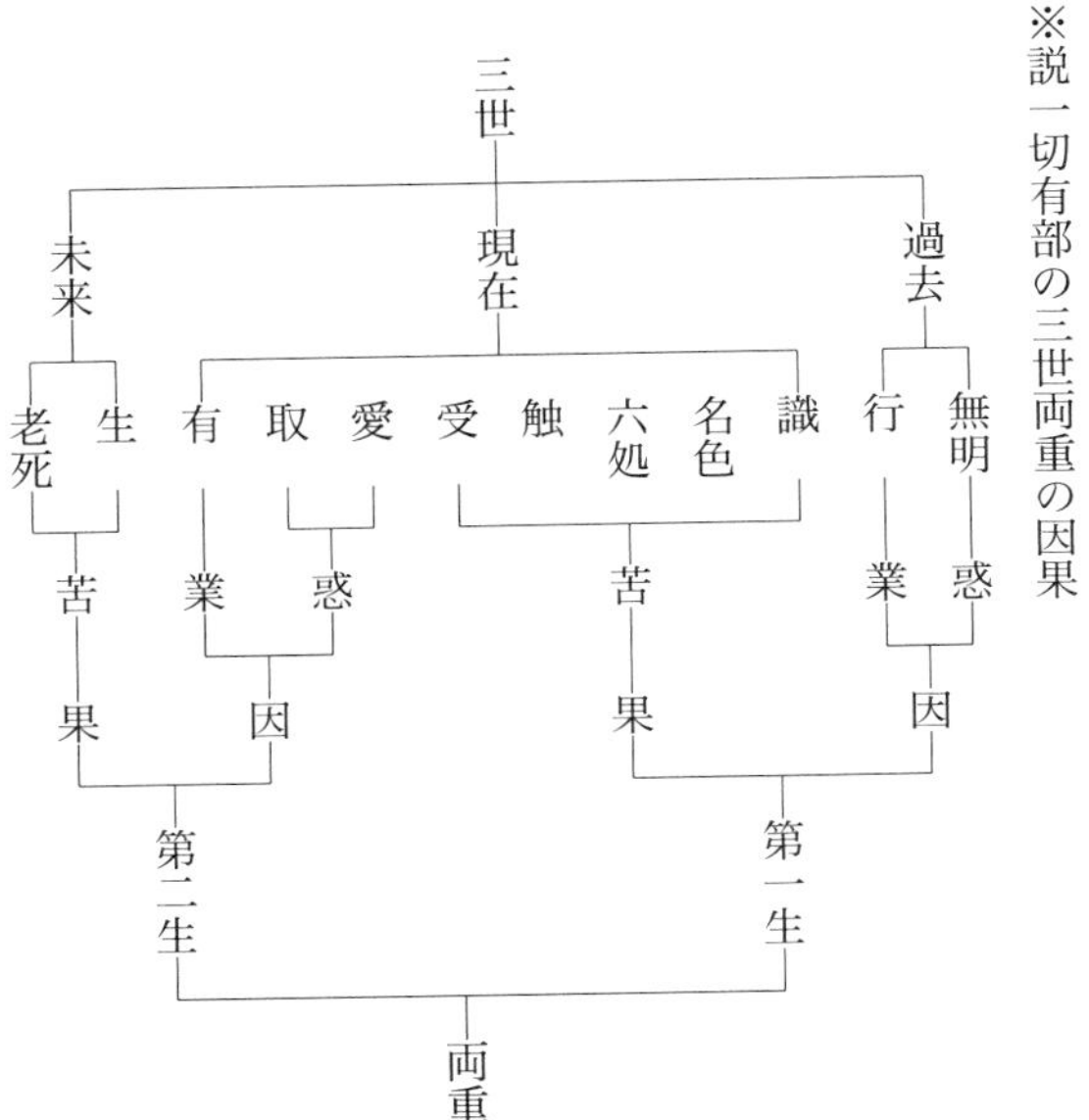

きます。大乗仏教の空の思想によれば、過去や未来の諸法は実在せず、現在の諸法もまた空だからです。そのように見ることで、菩薩は輪廻にとらわれず、また輪廻からの解脱にもとらわれずに、六波羅蜜を行ずることができると言うのです。

8　「苦集滅道」が無いとは？

《原文》

無苦集滅道。無智、亦無得。以無所得故。

《書き下し文》

苦・集・滅・道も無し。智も無く、亦た得も無し。得る所無きを以ての故に。

《現代語訳》

苦も集も滅も道も無い。智も無く、また得も無い。得ることが無いからである。

苦・集とは、苦しみとそれが生起する原因のことです。滅・道とは、苦しみの消滅とそこに至る方法のことです。二組の因果関係が明白であることから、これを四諦と言います。これは釈尊が最初に説いた縁起の教えです。

〔四諦〕苦諦（生・老・病・死）↑　集諦（苦の原因、渇愛・無明）

滅諦（苦の消滅、涅槃）↑　道諦（苦の消滅に至る道、八正道）

部派仏教ではこれを重視し、四諦の理を観察することで悟りが得られると考えました。なかでも説一切有部では、凡夫の最後の位である四善根位で、四諦を観察して十六行相を修めることにより、聖者の最初の位である見道に入るという、細かい説明を施しました（左の図参照）。

※説一切有部の四諦十六行相

四諦
- 苦諦…非常・苦・空・非我
- 集諦…因・集・生・縁
- 滅諦…滅・静・妙・離
- 道諦…道・如・行・出

十六行相

しかし、『般若心経』は四諦もまた空であると説きます。これも四諦はあくまでも縁起を説明するための言葉であり、観念にすぎず、四諦そのものは実在しないという意味です。

ここまで来ると、『般若心経』の言いたいことが明らかになってきます。五蘊・十二処・十八界・十二縁起・四諦という教えは、すべて縁起を説明するための言葉であり、観念にすぎません。それらを実在視することなく、空であると見ることが、縁起を悟るということなのです。

したがって、縁起を悟るとは、智(し)られるべき真理もなく、得られるべき涅槃(ねはん)もない、ということになります。真理や涅槃を実在視すれば、縁起を悟ったことにならないからです。

以上の諸法が空相であるという説明をまとめるならば、無所得（得られることが無い）ということに尽きるでしょう。

9 「涅槃」や「菩提」も空ではないのか？

《原文》

菩提薩埵、依般若波羅蜜多故、心無罣礙。無罣礙故、無有恐怖、遠離一切顛倒夢想、究竟涅槃。三世諸仏、依般若波羅蜜多故、得阿耨多羅三藐三菩提。

《書き下し文》

菩提薩埵(ぼだいさった)は、般若波羅蜜多に依るが故に、心に罣礙(けいげ)無し。罣礙無きが故に、恐怖(くふ)有ること無く、一切の顛倒(てんどう)夢想を遠離(おんり)し、涅槃を究竟(くきょう)す。三世諸仏も、般若波羅蜜多に依(よ)るが故に、阿耨多羅三藐(あのくたらさんみゃく)

三菩提を得。

菩提薩埵は、般若波羅蜜多に依るから、心に罣礙が無い。罣礙が無いから、恐怖が無く、一切の顚倒・夢想を遠離して、涅槃を究める。三世の諸仏も、般若波羅蜜多に依るから、阿耨多羅三藐三菩提を得る。

《現代語訳》

『般若心経』では、般若波羅蜜多、すなわち智慧の完成に基づいて、菩薩は涅槃（寂滅 nirvāṇa）を究め、諸仏は菩提（覚 bodhi）を得ると説きます。ここで涅槃や菩提が空の思想で否定されないのは、これらが部派仏教のそれではなく、大乗仏教の涅槃や菩提だからです。

大乗仏教には初発心の菩薩から一生補処の菩薩まで、さまざまな菩薩の位があります。『般若心経』の菩薩は、心に礙げるものがなく、大乗に恐れがなく、倒錯を離れていることから、すでに真理を悟った高位の菩薩であると考えられます。高位の菩薩の涅槃は、生死（輪廻）にも涅槃にもとらわれずに利他行を実践してやまない無住処涅槃（apratiṣṭhita-nirvāṇa）です。それは部派仏教がただ輪廻から解脱した状態を涅槃と言うのとは異なっています。

また、大乗仏教の諸仏は、過去・現在・未来の三世諸仏のみならず、四方四維上下の十方諸仏をも含んでいます。三世十方諸仏の菩提は、無量の大慈大悲により一切衆生を平等に救わんとする無上正等菩提（阿耨多羅三藐三菩提 anuttara-samyak-saṃbodhi）です。これは部派仏教がただ真理を知るための智慧を菩提と言うのとは異なります。

この大乗仏教の涅槃や菩提の根拠となるのが、諸法は空であると知る智慧の完成、般若波羅蜜多です。もしもこの涅槃や菩提まで否定するとすれば、単なる虚無主義に陥ってしまうでしょう。

10 「呪」にはどういう意味があるか？

《原文》

故知。般若波羅蜜多、是大神呪。是大明呪。是無上呪。是無等等呪。能除一切苦。真実不虚。故説般若波羅蜜多呪。即説呪曰。掲諦　掲諦　波羅掲諦　波羅僧掲諦　菩提　莎訶

《書き下し文》

故に知る。般若波羅蜜多は、是れ大神呪なり。是れ大明呪なり。是れ無上呪なり。是れ無等等呪なり。能く一切の苦を除く。真実にして虚しからず。故に般若波羅蜜多の呪を説く。即ち呪を説きて曰く。掲諦　掲諦　波羅掲諦　波羅僧掲諦　菩提　莎訶

《現代語訳》

故に知る。般若波羅蜜多は、大神呪である。大明呪である。無上呪である。無等等呪である。一切の苦しみを除く。真実であり虚偽ではない。故に般若波羅蜜多の呪を説く。すなわち呪を説いて言う。掲諦　掲諦　波羅掲諦　波羅僧掲諦　菩提　莎訶

呪は、サンスクリット語のマントラ（mantra）の訳語で、神呪・明呪・真言などとも訳されます。もともとはインドのバラモン教で、神々を招請し、祈願するために唱えられる聖なる言葉です。これが仏教に取り入れられ、釈尊の教えを集約した言葉をマントラと言うようになりました。マントラは真理の言葉であることから、その意味に応じた不思議な力があると考えられています。そのため、漢訳もチベット訳も最後の真言を訳さず、サンスクリット語を音写するにとどめているのです。

『般若心経』では、真言の前に、般若波羅蜜多（智慧の完成）は呪（真理の言葉）であると説きます。大神呪（mahā-mantra）・大明呪（mahā-vidyā-mantra）・無上呪（anuttara-mantra）・無等等呪（asamasama-mantra）などは、それ自体が般若波羅蜜多を称える呪句ともなっています。この部分は、「般若波羅蜜神呪」として隋代以前から流行していたと考えられます。

最後の真言（gate gate pāragate pāra-saṃgate bodhi svāhā 往ける者よ、往ける者よ、彼岸に往ける者よ、彼岸に全く往ける者よ、さとりよ、幸あれ）は、般若波羅蜜多を称賛し、『般若心経』の教えを集約した呪句です。この言葉は、それまでの空を説明する言葉が持っている分析的・論理的機能を捨象して、言葉そのものが空であることを象徴的・直截的に示すものとも言えるでしょう。

これらの呪句を唱えることで、『般若心経』を読誦した功徳が保持されます。『般若心経』を至心に読誦する時に、私たちはこの不思議な力を実感しているはずです。

III

『般若心経幽賛』を読む

序章　般若とは何か

これから『般若心経幽賛』を拝読します。慈恩大師は『般若心経』の本文を注釈する前に、造論の趣旨と題号について述べられていますので、先ずはそれを読みたいと思います。原文・書き下し文・現代語訳をあげ、適宜解説を加えていきます。

1　造論の趣旨

《原文》

賛曰。今為有情結習所蔽、敬受邪教誹毀大乗。於空有経如言計著、随印所解互生厭希。設希出要親依善友、由各迷方邪乱授学。懼広文海初不趣求、雖楽略経而不能了。於真俗諦競説有無、心境法中逓生取捨。令正法義真謬具分、信学有情皆獲利楽、依先所授略賛中道。（T33.523b）

《書き下し文》

賛して曰く。今有情は結習に蔽わるるが為に、邪教を敬受して大乗を誹毀す。空・有の経に於いて言の如く計著し、印して解する所に随いて互いに厭・希を生ず。設い出要を希いて親しく善友に依るも、各おの方に迷うに由りて邪乱して授学す。広文の海を懼れては初めより趣求せず、略経を楽うと雖も而も了ずること能わず。真・俗の諦に於て競いて有・無を説き、心・境の法の中に遁いに取・捨を生ず。正法の義をして真・謬を具さに分けしめ、信学の有情をして皆な利・楽を獲しめんがために、先に授くる所に依りて略して中道を賛す。

《現代語訳》

賛じて言う。今〔諸々の〕有情は煩悩に蔽われ、間違った教えを敬い大乗を謗っている。空・有の経を文字どおりのものとして執着し、記憶して理解したものに従って互いに好・悪を争っている。〔有情は〕たとえ出世間の要義を求めて善友に親しんだとしても、それぞれ方角に迷っているため間違って授受してしまう。〔有情は〕海のように広い経文を懼れて初めから求めず、短い経典を願うもののそれさえも理解することができない。それは真・俗の二諦をたてて競って有・無を説いたり、心・境の二法において互いに取・捨を生じたりするからである。〔そこで〕正法の意味において具さに真・偽を分かち、〔仏法を〕信学する有情が利益・安楽を獲られるよう、先に授けられた教えにより略して中道を賛ずることにしたい。

初めに、仏教が正しく理解されず、衆生は空と有のそれぞれの立場に執着して論争を生じているので、正法が中道であることを賛述したい、と述べられています。これが『般若心経幽賛』を通じて変わらない慈恩大師の立場です。なぜ、慈恩大師は中道の立場を正しいとされるのでしょうか。それは中道こそ釈尊の立場であることが、慈恩大師が学んだ瑜伽行派の根本経典『解深密経』に明記されているからです。それは次のように要約されています。

《原文》

如解深密経中。仏依遍計所執、説一切法皆無自性、無生無滅本来涅槃、相生勝義三無性已。時勝義生菩薩、白仏言。世尊。仏初唯為趣声聞者、転四諦輪。雖甚希奇然未了義、是諸諍論安足処所。次復唯為趣大乗者、転隠密輪、説一切法皆無自性、無生無滅本来涅槃。雖更希奇猶未了義、亦諸諍論安足処所。今為発趣一切乗者、転顕了輪。無上無容、是勝義中真了義教、非諸諍論安足処所。…後略（T33.523b）

《書き下し文》

『解深密経』の中の如し。仏は遍計所執に依りて、一切法は皆な無自性、無生無滅にして本来涅槃、相・生・勝義の三無性なりと説き已る。時に勝義生菩薩、仏に白して言く。「世尊よ。①仏は初めに唯だ声聞に趣く者の為に、四諦の輪を転ず。甚だ希奇なりと雖も然も未了義なれば、是れ諸もろの諍論（じょうろん）の安足する処所（ところ）なり。②次に復た唯だ大乗に趣く者の為に、隠密（おんみつ）の輪を転じて、一切法は皆な無自性、無生無滅にして本来涅槃なりと説く。更（さら）に希奇なりと雖も猶（な）お未了義にして、亦た諸もろの諍論の安足する処所なり。③今一切乗に発趣する者の為に、顕了の輪を転ず。無上無容にして、是れ勝義の中の真の了義の教なれば、諸もろの諍論の安足する処所に非ず」と。…後略

《現代語訳》

『解深密経』（巻二 T16.694a-697b）は次のように説く。仏は遍計所執性により、一切法はみな無自性であり、無生無滅・本来涅槃にして、相・生・勝義の三無性であると説かれた。その時、勝義生菩薩は仏に言われた。「世尊よ。①仏は初めただ声聞乗に趣こうとする者のために、四諦の法輪を転ぜられました。これは甚だ希有なものでしたがまだ完全な教えではなかったために、さまざまな論争のもととなるものでした。②次にただ大乗に趣こうとする者のために、隠密の法輪を転ぜられ、一切法はみな無自性であり、無生無滅・本来涅槃であると説かれました。これはさらに希有なものでしたがまだ完全な教えではなく、さまざまな論争のもととなるものでした。③そこで今、一切乗に趣こうとする者のために、顕了の法輪が転ぜられました。これはこの上なく〔議論の〕余地のないもので、勝義を示すものの中で真に完成された教えであり、さまざまな論争のもととなるものではありません」と。…後略

すなわち、『解深密経』で、仏が三性・三無性を説かれた後に、勝義生菩薩は次のように称賛しました。「①仏は初めにただ声聞乗のために四諦（有）の教えを説かれましたが、それは未了義の教えであり論争のよりどころとなってしまいました。次にただ大乗のために無自性（空）の教えを説かれましたが、それも未了義の教えであり論争のよりどころとなってしまいました。そこで今、一切乗のために三無性の教えを説かれましたが、これこそ了義の教えであり論争のよりどころとならないものでございます」と。

これは、釈尊が在世中に三たび法輪を転じたという解釈で、三転法輪説と呼ばれるものです。第一時は声聞乗の有の教え（アビダルマ）、第二時は大乗の空の教え（般若）、第三時は普一切乗の非有非空中道の教え（唯識）を示しています。第二時と第三時ではいずれも空の教えが説かれますが、第二時では不明瞭だったものが第三時では明瞭になったという違いがあります。慈恩大師はこれを唯識が正法であることの証拠とし、三時教判として確立しました。日本の法相宗でも重視されています。以上をまとめると次のようになります。

〔時〕	〔乗〕	〔教〕	〔有・空〕	〔隠・顕〕	〔了・未了〕
第一時	唯声聞乗	四諦（アビダルマ）	有		未了義
第二時	唯大乗	無自性（般若）	空	隠密	未了義
第三時	普一切乗	無自性性（唯識）	非有非空中道	顕了	了義

この三転法輪説は、釈尊以後、まず説一切有部の有の教えが興り、次に大乗の空の教えが興り、最後に両者を包摂する唯識の教えが興ったと考える、瑜伽行派の仏教史観を反映しています。そのことは、以下の文章に示されています。

《原文》

由諸有情迷法実相、起造惑業淪生死海、大聖法王証法自性、善巧方便応彼機宜、離言法中以言顕説、欲令随獲中道実相。…中略…既猶天鼓応念発声、亦類末尼如求雨宝。応物雖設種種法門、智見純和未生乖競。（T33.523b-c）

《書き下し文》

諸もろの有情は法の実相に迷い、惑・業を起造して生死の海に淪むに由りて、大聖法王は法の自性を証し、善巧方便もて彼の機宜に応じ、離言の法の中に言を以て顕説し、随いて中道の実相を獲しめんと欲す。…中略…既に猶お天鼓の念に応じて声を発するがごとく、亦た末尼の求めの如く宝を雨ふらすに類す。物に応じて種種の法門を設くと雖も、智見純和して未だ乖競を生ぜず。

《現代語訳》

諸々の有情が法の実相に迷い、惑いを起こし業を造り生死の海に淪んでいるため、大聖法王（仏）は法の自性を悟り、巧みな方便で彼らの機根（能力）に応じ、〔本来〕言葉を離れた法を言葉によって説き明かし、〔機根に〕従って中道という実相をさとらせようとした。…中略…それはあたかも天鼓が〔聞く者の〕念いに応じて〔自在に〕音を発し、末尼宝珠が〔願う者の〕求めに応じて〔自在に〕宝を雨ふらせるようなものである。〔このように仏は〕有情に応じて種々の法門を設けるが、智見は純一で調和しており〔有情の理解も〕まだ乖離を生じることはなかった。

すなわち、釈尊は諸法の実相が「中道」であることを、巧みな手段で衆生に応じて説かれた。さまざまな教えが説かれたが、衆生の理解が相反することはなかった、といいます。しかし、釈尊が涅槃に入られた後は状況が変わります。

《原文》

仏涅槃後、因彼大天、人法紕紛初封著有。…中略…聖龍猛等、為除有執、採集真教、究暢空宗。…中略…彼言。世俗可説法有、依勝義諦一切皆空。雖此真空性非空有、寄詮勝義理皆性空。有情由是次生空見。（T33.523c）

《書き下し文》

①仏涅槃の後、彼の大天に因り、人・法糺紛して初めて有に封著す。…中略…②聖龍猛等、有執を除かんが為に、真教を採集して、空宗を究め暢ぶ。…中略…彼言う。「世俗には法有と説くべきも、勝義諦に依らば一切皆空なり。此の真空は性として空・有に非ずと雖も、詮に寄せれば勝義は理として皆な性空なりという」と。有情是れに由りて次に空見を生ず。

《現代語訳》

①仏が涅槃に入られた後、かの大天により人・法が乱れ、初めて有に執着するようになった。…中略…②〔次に〕龍猛等が、有執を除こうとして、真実の教えを集め、空宗を究めて広めた。…中略…彼は言う。「世俗諦としては法が有ると言うことができるが、勝義諦によれば一切法はみな空である。この真の空のありようは本性として空でも有でもないのであるが、言葉で表現するならば勝義は道理としてみな本性として空であるという」と。有情はこれにより次に空見を生じてしまった。

①の大天（マハーデーヴァ Mahādeva）は、紀元前三世紀頃に阿羅漢の境地に関して異議を唱え、仏教教団が部派に分裂する原因をつくった人物として知られています。ここでは、部派分裂の後に衆生は「有」に執着するようになった、というのです。具体的には紀元前一世紀頃から盛んになった説一切有部の「有」の思想を指しています。

②の龍猛は、紀元後二―三世紀頃に大乗の空の思想を大成した龍樹（ナーガールジュナ

Nāgārjuna）のことです。龍樹は世俗諦・勝義諦という二諦を説きました。それは、諸法は世俗諦によれば有であり、勝義諦によれば空であるが、あえて言葉にすれば勝義は「空」である、というものでした。これは有への偏りを除くための説でしたが、これにより衆生はかえって「空」に執着するようになった、といいます。

《原文》

無著菩薩、復請慈尊、説中道教双除二執。…中略…彼言。世俗説我法有、依勝義諦唯此二空。雖仏為破執空執有、総相宣説諸法有空、或説諸法非空非有、名字性離空有双非、勝義寄詮有空有有。…中略…非説有空法皆空有。

観斯聖意、空有無乖。法離智詮、何空、何有。対機遣病、仮説有空。後諸学徒、随文起執、己之所解謂契中宗、他之所知将為謬説。今賛経義、中其両端。妙理是非、智者当了。（T33.523c-524a）

《書き下し文》

③無著（むじゃく）菩薩、復た慈尊に、中道の教を説きて双（ふた）つながら二執を除かんことを請う。…中略…彼言く。「世俗には我・法有りと説くも、勝義諦に依りては唯だ此の二は空なり。仏は執空と執有とを破せんが為に、総相もて諸法は有なり空なりと宣説し、或いは諸法は非空非有なりと説くと雖も、名字は性として空・有・双非を離るれば、勝義は詮に寄せて空（くう）有り有（う）有るなり。…中略…有・空と

説くも法は皆な空・有なるには非ず」と。
斯の聖意を観ずるに、空・有は乖くこと無し。法は智詮を離るれば、何れか空、何れか有ならん。機に対して病を遣るに、仮に有・空を説く。後の諸もろの学徒は、文に随いて執を起こし、己の解する所を中宗に契うと謂い、他の知る所を将に謬説と為さんとす。今経の義を賛ずるに、其の両端を申ぶ。妙理の是非、智者は当に了ずべし。

《現代語訳》

③〔次に〕無著菩薩が、慈尊（弥勒）に、中道の教えを説いて〔有・空の〕二執をともに除いてほしいと請うた。…中略…彼は言う。「世俗諦では我・法が有ると説くが、勝義諦によればこの二つは空である。仏は空執と有執とを破るために、総相をもって諸法は有である空であると説き、あるいは諸法は空でも有でもない（非空非有）と説かれるが、言葉は本性として空・有・非空非有のいずれをも離れているため、勝義は言葉で表現するならば空でもあり有でもある（有空有有）ということになる。…中略…〔故に仏が〕有・空を説かれるからといって法のすべてが〔言葉どおり〕空・有であるというわけではない」と。
この聖者の考えを観るに、空・有は乖離しているわけではない。法は〔本来〕言葉を離れているとすれば、何が空であり、何が有であろうか。〔仏は有情の〕機根に応じて病を除くため、仮に有・空を説かれたのである。〔ところが〕後の学徒は、その文字に執着を起こし、自らの解釈を中道に

かなうといい、他の解釈を誤りとみなそうとする。今、経の意味を賛ずるにあたり、その〔解釈の〕両端を述べた。すぐれた道理の是非を、智者はまさに知るべきである。

③の無著（アサンガ Asaṅga）は、紀元後四―五世紀に唯識思想を大成した瑜伽行派の人物です。無著は兜率天の弥勒に「中道」の教えを説いて有執・空執を除いてほしいと請い、「非有非空中道」の教えを授かります。それは、諸法は有・空・非空非有などと説かれるが、言葉は本性としてそのいずれでもなく、勝義はあえて言葉にすれば空や有となるが、文字どおり空や有であるわけではない、というものでした。以上をまとめると次のようになります。

前五世紀	原始仏教	釈尊	中道	
前三世紀〜	部派仏教	大天	有	↓有見
二〜三世紀	初期大乗	龍樹・提婆	空	↓空見
四〜五世紀	中期大乗	弥勒・無著	非有非空中道	

この瑜伽行派の仏教史観は、最勝子等造『瑜伽師地論釈』に説かれています。慈恩大師はこれを踏まえた上で、空・有は相反するものではなく、諸法の実相は非有非空中道であるとして、その立場から『般若心経』を賛述したいと述べているのです。

2　題号

《原文》

般若波羅蜜多者、大経之通名。心経者、此経之別称。般若之心経也。三磨娑釈依士為名、蘇漫多声属主為目。雖此心経亦名般若、彼総此別。故但名心。（T33.524a）

《書き下し文》

「般若波羅蜜多」とは、『大経』の通名なり。「心経」とは、此の経の別称なり。「般若の心経」なり。三磨娑釈には依士を名と為し、蘇漫多声には属主を目と為す。此の「心経」も亦た「般若」と名づくと雖も、彼は総にして此れは別なり。故に但だ「心」とのみ名づく。

《現代語訳》

「般若波羅蜜多」とは、『大般若〔波羅蜜多〕経』の通名である。「心経」とはこの経の別称である。「〔大〕般若〔波羅蜜多経〕の心経」である。殺三磨娑釈（六合釈）では依士釈（依主釈）であり、蘇漫多声（八転声）では属格である。この「心経」も「般若〔波羅蜜多経〕」と言うが、かれ（『大般若経』）は総でありこれ（『般若心経』）は別である。故にただ「心」と言うのである。

次に題号の解釈に入ります。先ず『般若波羅蜜多心経』という題号が、「『大般若波羅蜜多経』の心経」という意味であることが、サンスクリット語文法によって説明されています。本文の「三磨娑釈」とはサットサマーサ（ṣaṭ-samāsa 殺三磨娑）という解釈、すなわち六合釈のことです。六合釈はサンスクリット語の複合語の構造に次のような六種類があることで、本文の「依士」とはそのうちの依主釈のことです。つまり、「般若波羅蜜多」と「心経」という二つの単語の関係は、「般若波羅蜜多の心経」であると述べているのです。中国語には単語と単語の関係を示す助詞が少ないため、これをサンスクリット語文法で示しているのです。

①依主釈（tat-puruṣa 依士釈。格限定複合語。「山（における）寺」「王（の）臣」など）
②相違釈（dvandva 並列複合語。「山（と）川（と）草（と）木」など）
③持業釈（karma-dhāraya 同格限定複合語。「高（い）山」「極（めて）遠（い）」など）
④帯数釈（dvigu 数詞限定複合語。「三界」「四方」）
⑤隣近釈（avyayī-bhāva 副詞的複合語。「如法（法のごとくに）」など）
⑥有財釈（bahu-vrīhi 多財釈。所有複合語。①〜⑤が「〜である」「〜を有する（者）」という所有を意味する形容詞のはたらきをしている場合）

また本文の「蘇漫多声」とはスバンタ（subanta 蘇漫多）という変化、すなわち八転声のことです。八転声とは、サンスクリット語で名詞・代名詞・形容詞・数詞・分詞の語尾が、次のように八種類に格変化することで、本文の「属主」はそのうちの属格に当たるという意味です。これでもやはり「般若波羅蜜多の心経」となると述べているのです。そのうえで、「般若波羅蜜多」の解釈に入ってゆきます。

①主格（nominative 体声、直指陳声。〜は、〜が）
②対格（accusative 業格、所作業声。〜を、〜まで）
③具格（instrumental 造格、能作具声。〜によって、〜で、〜とともに）
④与格（dative 為格、所為声。〜のために、〜に、〜へ）
⑤従格（ablative 奪格、所因声。〜より、〜から、〜のせいで）
⑥属格（genitive 生格、所属声。〜の）
⑦於格（locative 処格、地格、依格、所依声。〜において、〜で）
⑧呼格（vocative 呼召声。〜よ）

《原文》

般若慧義。古釈有三。一実相。謂真理。二観照。謂真慧。三文字。謂真教。今釈有五。第四眷属。

謂万行。第五境界。謂諸法。福智倶修、有空斉照、尋詮会旨、究理解生。慧性慧資、皆名般若。能除障習、証法真理。衆徳之首、万行之導。雖独名慧、摂一切法。（T33.524a）

《書き下し文》

「般若」とは慧の義なり。古の釈に三有り。一には実相。謂く真理なり。二には観照。謂く真慧なり。三には文字。謂く真教なり。今の釈に五有り。第四には眷属。謂く万行なり。第五には境界。謂く諸法なり。福・智を倶に修し、有・空を斉しく照らし、詮を尋ねて旨に会し、理を究めて解生ず。慧性と慧資とを皆な「般若」と名づく。能く障習を除き、法の真理を証す。衆徳の首にして、万行の導きなり。独り「慧」とのみ名づくと雖も、一切法を摂す。

《現代語訳》

「般若」とは慧という意味である。古い解釈に三つある。一つには実相。真理のことである。二つには観照。真慧のことである。三つには文字。真教のことである。今の解釈に五つある。〔上記の三つに加えて〕四つには眷属。万行のことである。五つには境界。諸法のことである。福徳・智慧を倶に修め、有・空を斉しく照らし、言葉を求めて宗旨に合致させ、真理を究めて了解を生じる。慧の本性と慧の資糧とを、すべて「般若」という。妨げとなる煩悩を除き、法の真理を悟るからである。諸徳のなかの第一であり、万行の導き手である。ただ〔一言で〕「慧」というが、一切法を

包摂している。

「般若」はプラジュニャー（prajñā）の音写で、「慧」と意訳されます。諸法を識別・判断する心作用であり、善・悪・無記に通じますが、ここでは善慧（智慧）です。それには三種般若（実相・観照・文字）と五種般若（実相・観照・文字・眷属・境界）があるといいます。

実相般若とは、智慧によって知られる諸法の実相であり、真理そのものです。観照般若とは、智慧によって真理を観察することです。この二つが一体となっているのが悟りの境地です。文字般若とは、その境地をあえて言葉にした仏の教えです。この三種般若の起源は不明ですが、中国の隋代には浄影寺慧遠・智顗・吉蔵などが言及していますので、広く知られていました。

慈恩大師はこれに、眷属般若と境界般若を加えた五種般若を説いています。眷属般若とは、万行、すなわち種々の修行のことです。智慧による真理の観察ができるように日々実践することではないかと思います。境界般若とは、諸法、すなわちあらゆる事物です。真理は現象世界と別にあるわけではなく、諸法の観察のうちに見いだせるということでしょう。

そして、智慧の本性のみならず、智慧を得るための糧となるものも、すべて般若であると述べています。このように、慈恩大師の解釈は、般若を抽象的な真理の世界にとどめず、具体的な実践の世界で捉えるところに特徴があります。

《原文》

波羅者、彼岸義。古説有二。謂菩提涅槃。今釈有五。一所知、二教、三理、四行、五果。蜜多者、離義、到義。由行般若、離諸障染。境尽有無、解窮六蔵、義洞真俗、業備二因、覚満寂円、斯昇彼岸。体用兼挙。故立此名。

然所修行具七最勝、方可得名波羅蜜多。一住菩薩種姓。二依大菩提心。三悲愍有情。四具行事業。五無相智所摂。六廻向菩提。七不為二障間雑。若行慧等一切善業、随闕此一非到彼岸。…後略

(T33.524a)

《書き下し文》

「波羅」とは、彼岸の義なり。古の説に二有り。謂く菩提と涅槃となり。今の釈に五有り。一には所知、二には教、三には理、四には行、五には果なり。「蜜多」とは、離の義、到の義なり。般若を行ずるに由りて、諸もろの障染を離る。境は有・無を尽し、解は六蔵を窮め、義は真俗を洞らかにし、業は二因を備え、覚満ち寂円にして、斯に彼岸に昇る。体・用を兼ね挙ぐ。故に此の名を立つ。

然も所修の行に七最勝を具して、方に「波羅蜜多」と名づくるを得べし。一には菩薩種姓に住す。二には大菩提心に依る。三には有情を悲愍す。四には具さに事業を行ず。五には無相智の摂する所となる。六には菩提に廻向す。七には二障の為に間雑されず。若し慧等の一切善業を行ずるに、随

いて此の一を闕かば「彼岸に到る」には非ず。…後略

《現代語訳》

「波羅」とは、彼岸という意味である。古い解釈に二つある。すなわち菩提と涅槃とである。今の解釈に五つある。一つには所知、二つには教、三つには理、四つには行、五つには果である。「蜜多」とは、離れる、到るという意味である。般若を行ずることで、諸々の煩悩の汚れを離れるのである。境（所知）が有・無のすべてを尽くし、解（教）が六蔵（声聞・菩薩の三蔵）を窮め、義（理）が真・俗を明らかにし、業（行）が二因（福徳・智慧）を備え、覚と寂静（果）が円満となり、ここに彼岸に登る。体・用を兼ねて挙げる。故にこの〔波羅蜜多の〕名を立てるのである。

またその修行が七つの最勝であることを具えて、はじめて「波羅蜜多」と言うことができる。一つには菩薩種姓に住し、二つには大菩提心に依り、三には有情を愍れみ、四つには具さに成すべき事を行い、五つには無相智に属し、六には菩提に廻向し、七つには二障（煩悩障・所知障）に妨げられない。もし慧等の一切の善業を行ずるとき、このうちの一つを欠いても「彼岸に到る」とはいわない。…後略

「波羅蜜多」はパーラミターの音写で、二つの解釈があります。

第一はパーラム（pāram 彼岸に。pāra 彼岸の対格）＋イタ（ita 到った。√i 行くの過去分詞女性形）と

いう解釈で、「到彼岸」「度」などと意訳されます。慈恩大師は、「波羅」は古い解釈に菩提・涅槃の二つがあり、今の解釈に所知・教・理・行・果の五つがあると述べています。すなわち、所知（知られるべきもの）は有・無の全てに及び、教は声聞・菩薩の三蔵を窮め、理は真諦・俗諦を明らかにし、行は福徳・智慧を備え、果（菩提と涅槃）は円満となるという解釈です。また、「蜜多」は般若を行じて煩悩の汚れを離れることとされています。ここでも慈恩大師は、菩提・涅槃という彼岸の境地のみならず、そこに到るまでの修行をも重視していることが分かります。

第二は、パーラミ（pārami 最高の。parama の女性形）＋ター（tā ～であること。状態を示す接尾辞）という解釈で、「最高であること」「完成」という意味になります。慈恩大師は、その修行が、菩薩種姓（しゅしょう）として、大菩提心を発（おこ）し、衆生を愍（あわ）れみ、事業を成し、無相智に属し、菩提に廻向し、二障に妨げられないという、七つの最高の状態で行われて初めて彼岸に到ることができると述べています。ここで注意したいのが、菩薩種姓として彼岸に到る修行をすると述べられているところです。

唯識では修行者を声聞種姓・独覚種姓・菩薩種姓・不定（ふじょう）種姓・無性有情（むしょううじょう）の五つに分類します（次頁の図参照）。声聞種姓・独覚種姓は、小乗の修行によりそれぞれ阿羅漢果・独覚果を得るが、無余涅槃（むよねはん）に入り灰身滅智（けしんめっち）するため、成仏することのない者です。これを定性二乗（じょうしょうにじょう）とも言います。菩薩種姓は、大乗の修行により大菩提を得、大涅槃を証して成仏する者です。不定種姓は、初めは声聞・独覚の修行をしますが、後に菩薩の修行に転向して（廻心向大（えしんこうだい））、成仏する者です。無性有情は、修行によって人天（にんでん）の果を得ることもありますが、成仏することのない者です。これを五姓（ごしょう）

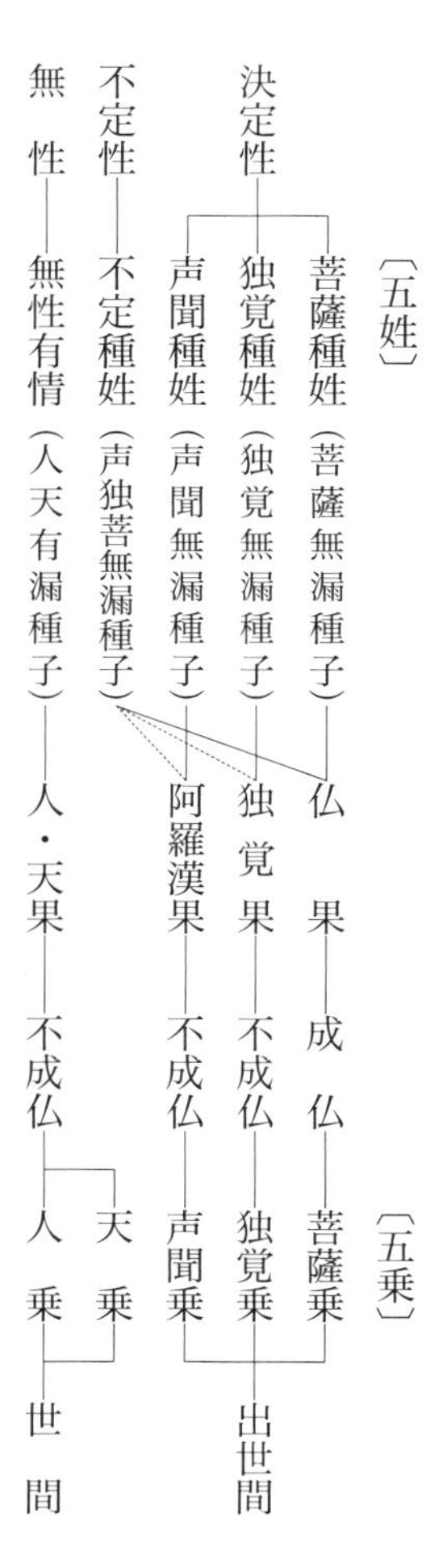

（五性）各別（かくべつ）と言います。

彼岸に到る修行をするのは、五姓のなかの菩薩種姓です。しかし、慈恩大師が『般若心経幽賛』を通じて語りかけているのは、すでに修行を進めている菩薩種姓の人々なのでしょうか。それはあまり意味がなさそうです。そうではなく、むしろこれから菩薩の修行を始めるであろう不定種姓の人々に語りかけてこそ、意味があるのではないかと思います。不定種姓の人々に菩薩種姓としての自覚を持たせ、彼岸に到る修行を始めてもらうために『般若心経幽賛』は説かれている。そのことは、次章以降の本文でより明らかになってきます。

《原文》

心者、堅実妙最之称。大経随機、義文倶広、受持伝習、或生怯退。伝法聖者、録其堅実妙最之旨、

別出此経。…中略…探広文之秘旨、標貞心以為称。

経者、津妙理之格言、掖迷生之恒範。欲令随証、或依、或説、般若貞実、而説此経。故以心目。…後略（T33.524a-b）

《書き下し文》

「心」とは、堅実妙最の称なり。『大経』は機に随いて、義・文倶に広く、受持し伝習するに、或いは怯退を生ず。伝法の聖者、其の堅実妙最の旨を録して、此の経を別出す。…中略…広文の秘旨を探り、貞心を標して以て称と為す。

「経」とは、妙理を津す格言、迷生を掖く恒範なり。般若の貞実を、随いて証し、或いは依り、或いは説かしめんと欲して、此の経を説く。故に「心」を以て目づく。…後略

《現代語訳》

「心」とは、中核で最も優れているという意味である。『大般若経』は〔あらゆる〕機根に対応し、意味と文章とがいずれも広大であり、記憶して学習しようとすると、怯えて退いてしまうことがある。〔故に〕伝法の聖者は、その中核で最も優れている宗旨をまとめ、この経を別出したのである。…中略…広文に秘せられた宗旨を探り、その核心をあげて名称とするのである。

「経」とは、優れた真理をうるおす格言であり、迷える衆生を導く規範である。般若の心髄を、

〔機根に〕従って悟らせ、〔心髄を〕依りどころとし、〔心髄を〕説くために、この経は説かれている。故に「心〔経〕」と名づけられているのである。…後略

「心」はフリダヤ（hṛdaya 心臓）の意訳です。『般若心経』は、『大般若経』の中核で最も勝れた宗旨を別出したものであると述べられています。

「経」はスートラ（sūtra 糸）の意訳です。仏の真理の教えをまとめたもの、衆生を導く規範となるもの、と解釈されます。

そして、『大般若経』の心髄を悟らせる経、心髄を依りどころとする経、心髄を説くための経であることから、『般若心経』と称することが述べられ、題号の解釈が終わります。

第一章　唯識の行

これより『般若心経』の本文の注釈を拝読します。冒頭の「観自在菩薩、行深般若波羅蜜多時」に対する注釈では、勝空者と如応者という二つの立場の解釈が対比的に述べられます。勝空者は中観派、如応者は瑜伽行派の立場です。慈恩大師は、先ず中観派の解釈をあげ、次にこれを瑜伽行派の解釈で批判しながら唯識の修行論を説いていきます。

1　観自在菩薩

《原文》

経曰。観自在菩薩。

賛曰。勝空者言。今此経中、略有二分。初観自在等、破二執顕二空。後菩提薩埵等、歎二依得二利。

大経云。仏告舎利子。菩薩摩訶薩、行般若波羅蜜多時、応如是観。実有菩薩、不見有菩薩。不見菩薩名。菩薩自性空。菩薩名空。故今標菩薩令彼不見。故破生執而説生空。（T33.524b）

《書き下し文》

経に曰く。「観自在菩薩」と。

賛じて曰く。勝空者言く。今此の経の中に、略して二分有り。初に「観自在」等は、二執を破して二空を顕す。後に「菩提薩埵」等は、二依を歎じて二利を得。『大経』に云く。「仏、舎利子に告ぐ。菩薩摩訶薩は、般若波羅蜜多を行ずる時に、応に是の如く観ずべし。実に菩薩有れども、菩薩有るを見ず。菩薩の名をも見ず。菩薩の自性は空なり。菩薩の名も空なり」と。故に今菩薩を標して彼をして見ざらしむ。故に生執（しょうしゅう）を破して生空（しょうくう）を説く。

《現代語訳》

経に「観自在菩薩」と言う。

賛じて言う。勝空者は言う。この経の中は、大きく二つに分けられる。初めの「観自在」等は、〔我執・法執の〕二執を破して〔我空・法空の〕二空を顕す。後の「菩提薩埵」等は、〔二執を破すという〕二依を歎じて〔二空を顕すという〕二利を得る。

『大般若経』（巻四 T5.17b-c）に言う。「仏は舎利子に告げられた。菩薩摩訶薩は、般若波羅蜜多を行ずる時に、このように観察すべきである。『菩薩がいても、菩薩がいることにとらわれない。菩薩の名前にもとらわれない。菩薩の自性は空である。菩薩の名前も空である』」と。故にいま菩薩

〔の名前〕をあげてそれにとらわれないようさせ、我執を破して我空を説くのである。

先ず、勝空者は『般若心経』全体を「観自在菩薩」以下と、「菩提薩埵」以下とに二分します。そして「観自在菩薩」以下では、我執・法執を破して、我空・法空を明らかにしている、と言います。

勝空者は、「観自在菩薩」という名前があげられているのは菩薩にとらわれないようにするためであり、ここでは我執（生執。衆生が有であると考えること）を否定して我空（生空。人空。衆生の自性が空であると観ずること）を説いている、と解釈します。「菩薩がいる」とか、「自分がいる」とか、人を固定化して捉えないということです。固定化してしまっては、菩薩は菩薩のまま、自分は自分のままになります。自分が菩薩となるためには、人は本来何ものでもなく、空であると観なければならないということでしょう。

《原文》

如応者言。今此経中、総有三分。初観自在等、標上人修行、勧示発心。次舎利子等、陳機感者名、述理垂喩。後菩提薩埵等、彰依学之徳、歎獲勝利。或初令練磨、次断除四処、後離苦円証。練磨有三。今標菩薩先修行人、勧示発心。初練磨也。謂聞菩提広大深遠、若生退屈応練磨心。彼観自在、昔初発意具諸煩悩、於無明㲉建立勝心、捨身命財求仏智慧、興大勇猛已成等覚。我亦応爾励

己増修、不応自軽而生退屈。（T33.524b）

《書き下し文》

如応者言く。今此の経の中に、総じて三分有り。初に「観自在」等は、上人の修行を標して、発心を勧示す。次に「舎利子」等は、機感者の名を陳して、理を述べ喩を垂る。後に「菩提薩埵」等は、依学の徳を彰して、勝利を獲るを歎ず。或いは初に練磨し、次に四処を断除し、後に苦を離れ証を円にせしむ。

練磨に三有り。今は菩薩の先に修行する人を標して、発心を勧示す。初の練磨なり。謂く菩提の広大深遠なるを聞きて、若し退屈を生ずれば応に心を練磨すべし。彼の観自在も、昔初発意に諸もろの煩悩を具するも、無明の殻に於いて勝心を建立し、身・命・財を捨てて仏の智慧を求め、大勇猛を興して已に等覚を成ず。我も亦た応に爾るべく己を励まして修を増し、応に自ら軽んじて退屈を生ずべからず。

《現代語訳》

如応者は言う。この経の中は、全部で三つに分けられる。初めの「観自在」等は、すぐれた人の修行をあげて、発心を勧める。次の「舎利子」等は、教えを受ける人の名前をあげて、道理や譬喩を述べる。後の「菩提薩埵」等は、これを学ぶ者の徳を明らかにして、勝れた利益を得ることを賛嘆

する。あるいは初め（「観自在」以下）は練磨させ、次（「舎利子」以下）に四処を除かせ（T33.537c）、後（「菩提薩埵」以下）に苦を離れて悟りを得させる（T33.541a）。

練磨に三つある。ここでは先に修行している菩薩をあげて、発心を勧める。これが初めの練磨心である。すなわち、悟りが広大深遠であることを聞いて、もし退転〔の心〕を生じるならば心を練磨すべきである。かの観自在も、昔初めて発心したときには諸々の煩悩があったが、無明の殻を打ち破る勝（すぐ）れた心を起こし、身体・生命・財産を捨てて仏の智慧を求め、大勇猛〔の心〕を起こして等覚（因位の最高位）を成就したのである。我もまたそのようであろうと己を励まして修行を積むべきであり、自らを軽んじて退転してはならない。

次に、如応者は『般若心経』全体を「観自在」以下と、「舎利子」以下と、「菩提薩埵」以下とに三分します。そして、「観自在」以下では、先輩の修行者である大菩薩の例をあげて発心を勧め、衆生の心を練磨させる、と言います。

練磨心には三つの段階があり、「観自在菩薩」はその第一の錬磨心です。ここでは、悟りの遠大さを聞いてひるみそうになったら、観自在菩薩のことを思い心を励ますべきだ、と言います。観自在菩薩もかつて発心した時は煩悩がいっぱいだったそうです。しかし、煩悩の根本である無明（愚かさ）を打ち破ろうという立派な心を起こし、身体・生命・財産のすべてを投げうって仏の智慧を求め、勇敢な気持ちで修行され、ついに等覚という仏の一歩手前の境地まで到達されました。立派な方も最初から立派だったわけではなく、努力されて立派になったのです。自分もまたそのようであろう。そう思って自分を励まして一生懸命に修行をしよう。自分で自分をダメだと思ってはならない、と言うのです。観自在菩薩をお手本にして発心しようという説明です。

如応者の解釈は、勝空者の解釈とどこが違うでしょうか。勝空者は、観自在菩薩という言葉にとらわれず、人は空であると観ることで自分も菩薩になりうる、という「理論」を説いています。これに対し、如応者は、観自在菩薩の発心・修行を具体的にイメージして自分も発心すべきである、という「実践」を説いています。そのためには観自在菩薩のことを正しく理解しなければなりません。そこで以下、観自在菩薩の詳しい説明がなされます。

《原文》

観者、察義。府救慧悲。自在者、無滞義。抜済妙用。諸有慇浄三業帰依、必応所祈六通垂化、無暇危苦飛輪摧伏、作不請友為応病医。摂利難思、名観自在。

又観者、照義。了空有慧。自在者、縦任義。所得勝果。昔行六度、今得果円。慧観為先、成十自在。一寿自在。能延促命。二心自在。生死無染。三財自在。能随楽現。由施所得。四業自在。唯作善事、及勧他為。五生自在。随欲能往。由戒所得。六勝解自在。能随欲変。由忍所得。七願自在。随観所楽成。由精進所得。八神力自在。起最勝通。由定所得。九智自在。随言音慧。十法自在。於契経等。由慧所得。位階補処、道成等覚、無幽不燭、名観自在。但言観音、詞義倶失。（T33.524b-c）

《書き下し文》

「観」とは、察の義なり。府救の慧・悲なり。「自在」とは無滞の義なり。抜済の用なり。諸有慇浄に三業もて帰依すれば、必ず祈る所に応じて六通もて化を垂れ、無暇の危苦に輪を飛ばして摧伏し、不請の友と作り応病の医と為る。摂利すること思い難ければ、「観自在」と名づく。又た「観」とは、照の義なり。空・有を了ずる慧なり。「自在」とは、縦任の義なり。所得の勝果なり。昔六度を行じ、今果の円なるを得。慧観を先と為し、十の自在を成ず。一には寿自在。能く命を延促す。二には心自在。生死に染無し。三には財自在。能く楽いに随いて現ず。施に由りて得る所なり。四には業自在。唯だ善事のみを作し、及び他に勧めて為さしむ。五に生自在。欲するに随いて能く往く。戒に由りて得る所なり。六には勝解自在。能く欲するに随いて変ず。忍に由りて得る所なり。七には願自在。観に随いて楽う所成ず。精進に由りて得る所なり。八には神力自在。最勝の通を起こす。定に由りて得る所なり。九には智自在。言音に随う慧なり。十には法自在。契経等に於いてす。慧に由りて得る所なり。位は補処に階り、道は等覚を成じ、幽として燭さざるなきを、「観自在」と名づく。但だ「観〔世〕音」とのみ言わば、詞・義倶に失す。

《現代語訳》

「観」とは、察するという意味である。救済するための智慧と慈悲とをいう。「自在」とは、滞りがないという意味である。救済のはたらきをいう。諸々の有情が心から浄らかに三業をもって帰依すれば、必ず祈りにこたえて六神通をもって変化をあらわし、さしせまった危難や苦悩があれば法輪を飛ばして〔敵を〕調伏し、請われずとも手をさしのべる友となり病に応じた医者ともなる。その利益の計りがたいことから、「観自在」というのである。

また「観」とは、照らすという意味である。空・有を知る智慧のことをいう。「自在」とは、思うがままという意味である。〔修行で〕得られた勝れた果である。むかし六波羅蜜多を修行したことで、いま円満な果を得たのである。〔それは〕智慧という観察力を得て、十の自在を成就することである。一つには寿自在。寿命を延ばしたり縮めたりできる。二つには心自在。〔心が〕生死に染まることがない。三つには財自在。〔財物を〕願いどおりに出現させることができる。〔以上は〕布施〔波羅蜜多〕によって得るものである。四つには業自在。ただ善事のみをなし、他者に勧めて〔善事を〕させる。五つには生自在。欲するところに往くことができる。〔以上は〕戒〔波羅蜜多〕によって得るものである。六つには勝解自在。欲するものに変身する。〔以上は〕忍辱〔波羅蜜多〕によって得るものである。七つには願自在。観て願ったことを成就することができる。〔以上は〕精進〔波羅蜜多〕によって得るものである。八つには神力自在。最も勝れた神通を起こす。〔以上は〕禅定〔波羅蜜多〕によって得るものである。九つには智自在。言葉のままに智慧がやどる。十には法自在。経など〔を自在に説くことができる〕。〔以上は〕智慧〔波羅蜜多〕によって得るもの

である。〔かくして一生〕補処の位に上り、等覚の悟りを成就し、暗闇で照らさないところはないため「観自在」と言うのである。ただ「観音」と言うだけでは、〔「観自在」という〕言葉と意味とを倶に失うことになる。

「観自在」とは、智慧と慈悲によって観察し、自在に衆生を救うという意味です。また観自在菩薩は、かつて六波羅蜜を修行したことで、空・有を知る智慧を得て、十の自在を成就し、一生補処（あと一回の転生で仏となる立場）にいると説明されています。六波羅蜜と十種自在の関係は次のとおりです。

布施波羅蜜多　↓　寿自在・心自在・財自在
持戒波羅蜜多　↓　業自在・生自在
忍辱波羅蜜多　↓　勝解自在
精進波羅蜜多　↓　願自在
禅定波羅蜜多　↓　神力自在
智慧波羅蜜多　↓　智自在・法自在

「観自在」はサンスクリット語でアヴァローキテーシュヴァラ（avalokiteśvara）と言います。鳩摩羅什は、アヴァローキタ（avalokita 観）とスヴァラ（svara 音）の複合語とみて、「観〔世〕音」と訳しました。これを玄奘は、アヴァローキタとイーシュヴァラ（īśvara 自在）の複合語とみて、「観自在」と訳したのです。慈恩大師は、「観〔世〕音」では十種自在の意味が失われるので、「観自在」のほうがよいと述べています。

《原文》

菩提薩埵、略言菩薩。菩提、即般若。薩埵、謂方便。此二於有情、能作一切利益安楽。又菩提者、覚義。智所求果。薩埵者、有情義。悲所度生。依弘誓語。故名菩薩。又薩埵者、勇猛義。求大菩提、精勤勇猛。故名菩薩。又修行者名為薩埵。求三菩提之有情者。故名菩薩。有具悲智、遍行慈愍、紹隆浄刹、府救穢方、機感相応。故唯標此。或処上位、諸具大心、妙慧成就、皆観自在。或指示此令矚曰観。非住西方来遊此者。彼大経中不別顕故。（T33.524c）

《書き下し文》

「菩提薩埵」は、略して菩薩と言う。①「菩提」とは、即ち般若なり。「薩埵」とは、謂く方便なり。此の二は有情に於いて、能く一切の利益・安楽を作す。②又た「菩提」とは覚の義なり。智の求むる処の果なり。「薩埵」とは有情の義なり。悲の度する所の生なり。弘誓の語に依る。故に菩薩と名づく。③又た「薩埵」とは、勇猛の義なり。大菩提を求めて、精勤勇猛なり。故に菩薩と

名づく。④又た修行者を名づけて「薩埵」と為す。「三菩提」を求むる有情なる者なり。故に菩薩と名づく。

悲・智を具する有りて、遍く慈愍を行じ、浄刹を紹隆し、穢方を府救し、機感に相応す。故に唯だ此れを標す。或いは上位に処し、諸もろの大心を具して、妙慧成就するは、皆な観自在なり。或いは此れを指示して矚しむるを観と曰う。西方に住して此に来遊する者にしも非ず。彼の『大経』の中に別に顕われざるが故に。

《現代語訳》

「菩提薩埵」は、略して菩薩という。①「菩提」とは般若のことであり、「薩埵」は方便のことである。この二つは有情に、あらゆる利益と安楽とをもたらす。②また「菩提」は覚りという意味である。智慧によって求める証果のことである。「薩埵」は有情という意味である。慈悲によって救済される衆生のことである。〔覚りを求めて衆生を救うという〕誓願の言葉による。故に菩薩という。③また「薩埵」は勇猛という意味である。「菩提」を求めて勇猛に精進する。故に菩薩という。

④また修行者を「薩埵」という。「菩提」を求める有情である。故に菩薩という。

慈悲と智慧を具え、遍く愍れみを垂れ、浄土を興隆し、穢土を救済し、教えを受ける者に〔適切に〕応じることから、ただこれをあげるのである。あるいはすぐれた位にいて、諸々の大いなる心を具え、すぐれた智慧を成就するものはみな観自在である。あるいはこれを指示して観させること

を観という。西方〔極楽世界〕に住み、ここ〔娑婆世界〕に来遊する者〔に限るわけ〕ではない。かの『大般若経』に特にそのような説明はないからである。

「菩薩」はサンスクリット語のボーディ・サットヴァ（bodhi-sattva 菩提薩埵）の略語で、悟りを目指す者という意味です。もともとは悟りを開く前の釈尊を菩薩と言いましたが、大乗では悟りを目指して修行する者をすべて菩薩と言います。これが④の解釈です。

この他に、①般若（智慧）と方便（手段）を持つ者、②悟りを求めて衆生を救う者、③悟りを求めるのに勇猛な者、という解釈が述べられています。慈恩大師は①②の解釈で、菩薩には自分が悟りを得るという自利の面だけではなく、そのために他者を救うという利他の面があることを強調しています。

最後に、慈悲と智慧を具えた立派な修行者はすべて観自在菩薩であり、阿弥陀仏の極楽世界から娑婆（しゃば）世界に来迎する者に限らない、と述べられています。確かに『観音経』には、観世音菩薩（観自在菩薩）はさまざまな姿で世間に現れて衆生の苦難を救うと説かれています。これによれば、観自在菩薩のように利他行をするならば、私たちも観自在菩薩になりうるということになります。

慈恩大師は、観自在菩薩は決して一人ではないと述べ、私たちに観自在菩薩になるように促しているのではないかと思います。

2　行――中観派と瑜伽行派の対論①

《原文》

経曰。行深般若波羅蜜多時。

賛曰。勝空者言。下破法執而説法空。大経次言。不見般若波羅蜜多。不見般若波羅蜜多名。般若自性空。般若名空故。（T33.524c）

《書き下し文》

経に曰く。「深般若波羅蜜多を行ずる時に」と。

賛じて曰く。勝空者言く。下は法執を破して法空を説く。『大経』に次に言く。「般若波羅蜜多を見ず。般若波羅蜜多の名を見ず」と。般若の自性は空なり。般若の名も空なるが故に。

《現代語訳》

経に「深い般若波羅蜜多を行じた時に」と言う。

賛じて言う。勝空者は言う。以下は法執を破して法空を説く。『大般若経』（巻四 T5.17b）に次のように言う。「般若波羅蜜多にとらわれない。般若波羅蜜多という言葉にもとらわれない」と。般若の自性は空である。般若という言葉も空である。

ここから「行深般若波羅蜜多時」の「行」の解釈が始まります。先ず勝空者は、「般若」という言葉があげられているのも般若にとらわれないようにするためであり、ここでは法執（あらゆる事物が有であると考えること）を否定して法空（あらゆる事物が空であると観ずること）を説いている、と解釈します。あれは何々であるというように、事物を固定化して捉えないということです。

さきの我空とこの法空とを合わせて、『般若心経』には我空・法空（人空・法空）が説かれているとするのが、勝空者の解釈です。『般若心経』の本文にはそこまでの意味はありません。しかし、中観派では冒頭の「菩薩」と「般若」に空思想の基本である人法二空を読み込むような解釈をする、と慈恩大師は述べているのです。

《原文》

如応者言。顕由学慧方照性空、示先所修法。第二練磨心也。謂見菩薩万行難行、若生退屈応練磨心。我無始来為求世楽、尚能備受無義衆苦。況求菩提、為出生死度有情類、生怯劣心。此深般若、彼已修学。我亦応爾、省己増修、不応退屈。彼舎利子、先発大心、因施眼故、退求小果。恐今更退、勧示練磨。（T33.524c）

《書き下し文》

如応者言く。慧を学ぶに由りて方に性空を照らすを顕し、先に修むる所の法を示す。第二の練磨心なり。謂く菩薩の万行の行じ難きを見て、若し退屈を生ずれば応に心を練磨すべし。我れ無始より来た世の楽を求めんが為にすら、尚お能く備さに無義の衆苦を受く。況んや菩提を求め、生死を出でて有情の類を度せんが為に、怯劣の心を生ぜんや。此の深般若、彼れ已に修学す。我れも亦た応に爾るべく、己を省みて修を増し、応に退屈すべからず。彼の舎利子は、先に大心を発するも、眼を施すに因るが故に、退きて小果を求む。今更に退かんことを恐れて、練磨することを勧示す。

《現代語訳》

如応者は言う。智慧を学ぶことで初めて自性が空であると悟ることを明らかにし、〔観自在菩薩が〕先に修めた法（般若波羅蜜多）を示す。これが第二の練磨心である。すなわち、菩薩のあまたの修行が行じ難いことを見て、もし退転〔の心〕を生じるならば心を練磨すべきである。わたしは無始よりこのかた世間の歓楽を求めることにさえ、無意味な多くの苦しみを受けてきた。それなのに菩提を求め、生死〔の苦しみ〕から出て有情を救おうとするのに、どうして怯える心を生ずるであろうか。この深遠な般若〔波羅蜜多〕を彼（観自在菩薩）はすでに修学している。わたしもまたそのように、己を省みて修行を増し、退転してはならない。かの舎利子は、はじめ大〔乗の果を求め

る〕心を発したが、眼を施したことから、退いて小乗の果を求めるようになった。今ふたたび退くことを恐れて、〔心を〕練磨することを勧めるのである。

次に如応者は、「行深般若波羅蜜多時」には第二の練磨心が説かれている、と解釈します。菩薩の広大な修行にひるみそうになったら、観自在菩薩がかつて修行されたことを思い心を励ますべきだ、と言います。観自在菩薩は智慧（般若）を学び、諸法の本性が空であることを悟られました。自分も悟りを求めて衆生を救うと誓ったからにはひるむことなく、観自在菩薩のように深遠な智慧を学んでゆこう、自分を省みて修行を重ねよう、と言うのです。ここでも観自在菩薩をお手本にして修行しようという説明になっています。

舎利子（シャーリプトラ Śāriputra）は前世で大乗の菩薩として修行していたとき、ある婆羅門に眼を乞われました。全てを施す誓いを立てていた彼は、眼をくりぬいて与えます。それを得た婆羅門は、「生臭い」と言って眼を地に投げ捨て、両足で踏みつぶしてしまいました。彼は眼を施したことを後悔し、大乗から小乗に退転してしまったといいます（『法華玄賛』巻五本 T34.740b）。慈恩大師は、今また舎利子は大乗の智慧を学ぶ機会を得たのだから、再び退転しないように心を練磨すべきである、と述べています。

これによれば、『般若心経』で大乗の智慧を学ぶ私たちも、前世で菩薩として修行していたということになります。だから再び退転することなく修行すべきだというのです。それでは修行とは何でしょうか。これにも勝空者と如応者との二つの解釈があります。

《原文》

所言行者、勝空者言。若依世俗、欲証出世無分別智無倒観空、要学能遣一切所縁聞思慧等。学照空者、即名為行。若依勝義、由無所得無分別故、都無所行。是名為行。無垢称説。不行是菩提。無憶念故。大経亦言。不見行、不見不行。無自性故。今言行者、都無所行。是名為行。非有行義。

或有密取余義釈言。若無所行、無所不行、是則為行。若有所行、有所不行、非為行也。

復有異釈。動念攀縁為生死根。非為行也。懲心絶慮為出世本。是名為行。（T33.524c-525a）

《書き下し文》

言う所の行とは、勝空者言く。①若し世俗に依らば、出世の無分別智(むふんべっち)を証して無倒に空を観ぜんと欲するものは、要(かなら)ず能く一切の所縁を遣(や)る聞・思慧等を学ぶべし。学びて空を照らすを、即ち名づけて行と為す。若し勝義に依らば、無所得・無分別に由るが故に、都(すべ)て行ずる所無し。是れを名づけて行と為す。『無垢称』に説く。「不行は是れ菩提なり。憶念無きが故に」と。『大経』も亦た言く。「行ずるを見ず、行ぜざるを見ず」と。自性無きが故に。今行と言うは、都(すべ)て行ずる所無し。是れを名づけて行と為す。行の義有るに非ず。

②或いは密かに余義を取りて釈言すること有り。若し行ずる所無く、行ぜざる所無くば、是れを則

ち行と為す。若し行ずる所有りて、行ぜざる所有らば、行と為すに非ざるなり。
③復た異釈有り。念を動かして攀縁（はんえん）するを生死の根と為す。行と為すに非ざるなり。心を懲（こ）らして慮を絶するを出世の本と為す。是れを名づけて行と為す。

《現代語訳》

いわゆる「行」とは、勝空者は言う。①もし世俗諦によるならば、出世間の無分別智を悟り誤ることなく空を観察しようとするものは、必ずあらゆる認識対象を捨てる聞慧・思慧〔・修慧〕等を学ばなければならない。〔それらを〕学んで空をさとることを「行」と言うのである。もし勝義諦によるならば、無所得にして無分別であることから、〔行ずるといっても〕全く行ずるものはない。これを「行」と言うのである。『無垢称経』（巻上 T14.524b）に言う。「行じないことが菩提である。思念することがないからである」と。『大般若経』（巻四 T5.17c）にもまた言う。「行ずることにとらわれず、行じないことにもとらわれない」と。〔行に〕自性はないからである。いま「行」と言うのは、全く行ずることがないということである。これを「行」と言うのである。行という対象があるわけではない。

②あるいは密かに別の意味で解釈することがある。もし行ずることもなく、行じないこともないとすれば、これを「行」と言う。もし行ずることがあり、行じないこともあるとすれば、〔これは〕「行」とは言えない。

③また別の解釈がある。思念を動かして対象を認識することを生死の根元とする。これは「行」とは言えない。心を止めて思慮を絶つことを出世間の根本とする。これを「行」と言う。

先ず勝空者は、「行」について三つの解釈を示しています。①は、世俗諦（俗諦。世間における真理）と勝義諦（真諦。出世間における真理）という、二諦説による解釈です。世俗諦によれば、対象を離れるために聞・思・修の三慧を学ぶことが「行」である、という常識的な説明がなされます。一方、勝義諦では、行も本性として空であるから、何も行じないことが本当の「行」である、という超俗的な説明がなされます。空を悟る智慧を学ぼうと行に力を入れるほど、かえって対象に執着して空から遠ざかってしまうことになります。だから何も行じないことが、本当の「行」であるというのです。その意味で、行という対象は無いと否定されることになります。

②は、何も行じないことが全てを行じることになる、これが「行」である、という解釈です。①の勝義諦を逆説的に表現したものです。

③は、心のはたらきを止めて対象を捉えないことが「行」である、という解釈です。いわゆる無心の境地を述べたものと言えるでしょう。

このように、中観派では、行という言葉にとらわれず、行を対象として捉えないことが、真実の「行」であると考えます。空を悟った者にして初めて言える表現です。

《原文》

如応者言。譬如幻士而有所作。雖無実作、非無似者。待因縁聞、信学証説曽無暫捨、然無分別不見行相。是謂行義。非都無行。以病説除、非除法故。若本無法可行可除、即愚法者称已成覚。説有迷悟、深自毀傷。…中略…

若無所行無所不行、有情無明無所不明。応従無始一切皆明。其先未明今明誰也。便同異道無所不為。背理乖宗何成覚慧。

若絶攀慮即是真行、応無想等皆真聖道。徒設受持厭捨造修。可諦思惟疾除邪謬。

今言行者、雖行而不見行。非無行義。由此経説。不見行、不見不行。仮有所行、実無行故。不爾唯応説不見行。復言不見不行、有何詮理。是故定応如後所説。(T33.525a)

《書き下し文》

如応者言く。①譬(たと)えば幻士にして所作有るが如し。実に作(な)すもの無しと雖も、似る者無きに非ず。因縁を待ちて聞き、信学証説すること曽(かつ)て暫(しばら)くも捨つること無く、然(しか)も無分別にして行相を見ず。是れを行の義と謂う。都てには行ずること無きに非ず。病を以て除くと説き、法を除くには非ざるが故に。若し本より法の行ずべく除くべきもの無しといわば、即ち法に愚かなる者は已に覚を成ずと称すべし。迷悟有りと説かば、深く自ら毀傷(きしょう)す。…中略…

②若し行ずる所も無く行ぜざる所も無しといわば、有情は明も無く明ならざる所も無かるべし。応

に無始より一切皆な明なるべし。其の先には未だ明ならずして今明なるは誰ぞや。便ち異道の為さざる所無しというに同じなり。理に背(そむ)き宗に乖(そむ)きて何ぞ覚慧を成ぜんや。③若し攀慮(はんりょ)を絶するを即ち是れ真の行なりといわば、応(まさ)に無想等は皆な真の聖道(しょうどう)なるべし。徒(いたず)らに受持を設けて造修を厭捨(おんしゃ)せんや。諦(あきら)かに思惟して疾(はや)く邪謬(じゃびゅう)を除くべし。今行と言うは、行ずと雖(いえど)も而(しか)も行を見ざるなり。行の義無きには非ず。此れに由りて経に説く。「行ずるを見ず、行ぜざるを見ず」と。仮に行ずる所有るも、実には行無きが故に。爾(しか)らざれば唯(た)だ応に「行ずるを見ず」とのみ説くべし。復た「行ぜざるを見ず」と言うは、何の詮理(せんり)有るや。是の故に定めて応に後の所説の如くあるべし。

《現代語訳》

如応者は言う。①たとえば幻術師には〔何らかの〕作ったものがあるようなものである。実には〔何かを〕作るわけではないが、〔それに〕似たものがないわけではない。因縁によって作られたものを聞き、信じ・学び・悟り・説くことをわずかの間でも決して捨てることがなく、しかも分別することなく行ずることにとらわれない。これが「行」の意味である。全く行ずるものがないというわけではない。病があるから除くことを説くのであり、〔行ずべき〕法(もの)を除くわけではない。もし本より行ずべき法(もの)や除くべき法(もの)がないとすれば、法について無知な者は「〔自分は〕もともと覚っている」と自称することになるであろう。迷いと悟りがあると説くからこそ、深く自ら反省するのである。…中略…

②もし行ずることがなく行じないこともないとすれば、有情には智慧がなく智慧がないこともないということになってしまうだろう。そうであれば無始以来あらゆる者はみな智慧があるということになってしまう。かつては智慧がないが今は智慧があるという者が誰かいるだろうか。これでは外道が〔何も為さないが〕為さないものはないと言うのと同じである。道理や宗旨に背いてどうして覚りの智慧を成就することができようか。

③もし対象を認識することを絶つのが真の行であると言うならば、無想定などはみな真の聖道であるということになってしまうだろう。いたずらに〔仏教を〕受持して修行を嫌ったり捨てたりしてはならない。明らかに思惟して、ただちに誤謬を除くべきである。

いま「行」というのは、行じても行ずることにとらわれないということである。行という対象がないわけではない。このことから『大般若経』は「行ずることにとらわれず、行じないことにもとらわれない」と説くのである。仮には行ずることがあるが、実には行ずることはないからである。そうでなければ、ただ「行ずることにとらわれない」とのみ説くはずである。「行じないことにもとらわれない」とも説かれているのは、どのような理由があるからだろうか（行ずることがあるからである）。このことから必ず後の説のように〔解釈〕すべきである。

次に如応者は、①仏の教えは言葉であり、因縁（原因と条件）によって仮設されたものではあるが、その言葉の教えを信じ、学び、悟り、説くという修行を決して疎かにしてはならず、かといってその言葉や修行にとらわれることもない、それが「行」である、という解釈を示します。そして、何も行じないのが「行」であるという勝空者の解釈を批判していきます。病気にかかっている時には、どんな病気なのかを知り、きちんと治療することが必要です。ところが、まだ煩悩（病気）に侵されている時に、煩悩（病気）も修行（治療）も空であると聞くと、愚かな人は何もしないで「自分はすでに悟っている」（治っている）と誤解してしまいます。それでは煩悩はいつまでも無くなりません。そうではなく、迷いと悟りは違うことを知り、自分の中にある煩悩を省みて、それを克服する修行をすることが必要だということです。

②は、何も行じないことが全てを行じることになる、という勝空者の解釈②に対する批判です。それでは、あらゆる衆生にもともと智慧があることになり、外道の「何もしないが、すべてをしている」という考えと同じになってしまう、と言います。これは『老子』の「道は常に無為にして、而も為さざる無し」という説を想起させます。このような考えは実践を重視する仏道にもとるものであると言うのです。

③は、心のはたらきを止めることが行である、という勝空者の解釈③に対する批判です。それでは、欲界の無想定や無色界の滅尽定など、無心になる禅定がそのまま悟りということになってしまいます。無心の境地は悟りではありません。それでは仏の教えを憶えたり、考えたりする修行をしないことになるからです。

このように、瑜伽行派では、仏の教えに従い具体的に修行して、それにとらわれないことを「行」であると考えます。その意味で、「行」という対象は無いわけではないと肯定されるのです。中観派ではこれを世俗諦による「行」の解釈と見るかもしれませんが、瑜伽行派ではたとえ仮設されたものであって仏の教えに基づいて修行することを決して捨ててはならないと考えるのです。

慈恩大師は、この如応者の説、すなわち瑜伽行派の解釈によるべきだと断言しています。

3　大乗二種姓

《原文》

然仏果徳殊勝無辺。非広大修無由証得。故依此義而説行者、要具大乗二種種姓、能於五位漸次修行。二種姓者、一本性住種姓。謂住本識能生無漏、本性功能。二習所成種姓。謂聞正法等熏習所起。（T33.525a）

《書き下し文》

然も仏果の徳は殊勝にして無辺なり。広大なる修に非ざれば証得するに由無し。故に此の義に依りて行を説かば、要ず大乗の二種の種姓を具して、能く五位に於いて漸次に修行すべし。二の種姓とは、一には本性住種姓。謂く本識に住して能く無漏を生ずる、本性の功能なり。二には習所

成種姓。謂く正法等を聞く熏習の起こす所なり。

《現代語訳》

しかし仏果の徳はまことに勝れていて限りがない。広大な修行でなければそれを得ることはできない。その意味から「行」を説くならば、必ずや大乗の二つの種姓を具え、五位において漸次に修行しなければならない。二つの種姓とは何であるか。一つには本性住種姓。すなわち本識（阿頼耶識）にあって無漏法を生じる、本性としての働きである。二つには習所成種姓。正法を聞く熏習によって起こるものである。

ここには、仏果を得るには広大な修行を要するが、それには大乗の二種姓を具えていなければならない、と説かれています。第一は本性住種姓。阿頼耶識に本性として具わっていて、無漏法（煩悩の汚れのないもの。智慧）を生じるはたらきがあるものです。第二は習所成種姓。仏の教えを繰り返し聞くこと（正聞熏習）により阿頼耶識に熏習（vāsanā あるものの性質が他のものに移行すること。唯識では現行の心・心所が阿頼耶識の種子として影響を残すこと）されるもので、これも無漏法を生じるはたらきがあるものです。

種姓（gotra 種性）とは、氏族・家系・血統などを意味する言葉ですが、仏教では声聞・独覚・菩薩がそれぞれの果を得るための素性・素質のことをいいます。つまり、仏果を得るには菩薩の素質

（菩薩種姓）がないといけないということであり、それが本性住種姓と習所成種姓だというのです。それでは、本性住種姓が具わっていることは、どのように確認できるのでしょうか。それについては、次のように説かれます。

《原文》

云何応知有本性住種姓、依之修習大菩提因。

若性楽施好讚勧他、無罪事中応時為説、他債不狂受寄無差、大財宝中心無耽著。

若性成就軟品悪業、不極損他作悪速悔、常行慈愛知恩報恩、凡所規求不以非法、楽修福業軽罪重怖、見聞受苦過於自身、善事好同悪法楽遠、於諸僮僕嘗無苦言、於徳有徳恒生讚仰。

若被他害無反報心、他来諫謝速能納受、終不結恨不久懐怨。

若性翹勤夙興晩寐、凡事勇決楽為究竟、大義無畏不自軽蔑。

若於法義性審思惟、好楽寂静愛慕出離、所作無忘於怨慈愍。

若性総慧凡学易成、離悪事中有力思択。…中略…

若見有此施等麁相、纒蓋軽微麁重薄蒻、応知定有菩提本性。然由未遇真実善友為説菩提、雖遇為説顚倒執学方便慢緩、善根未熟故処生死。（T33.525a-b）

《書き下し文》

云何が応に本性住種姓有りて、之れに依りて大菩提の因を修習するを知るべきや。

①若し性あらば施を楽いて讃を好み他に勧め、罪事無き中に時に応じて説を為し、他の債を狂せず寄を受くるも差無く、大財宝の中にあるも心に耽著すること無し。

②若し性あらば軟品の悪業のみを成就し、極めては他を損せず悪を作さば速かに悔い、常に慈愛を行じて恩を知り恩に報じ、凡そ規求する所は非法を以てせず、楽いて福業を修めて軽罪すら重だ怖れ、苦を受くるものを見聞すれば自身より過ぐとおもい、善事には同ずるを好み悪法には遠ざからんことを楽い、諸もろの僮僕に於いてすら嘗て苦言無く、徳と有徳とに於いて恒に讃仰を生ず。

③若し〔性〕あらば他の害を被るも反報の心無く、他の来りて諫謝すれば速かに能く納受し、終に恨を結ばず久しく怨を懐かず。

④若し性あらば翹勤にして夙く興き晩く寐ね、凡そ事に勇決して楽いて究竟を為し、大義に畏るる無く自ら軽蔑せず。

⑤若し〔性〕あらば法と義とに於いて性として審しく思惟し、寂静を好楽して出離を愛慕し、所作に忘るる無く怨に於いて慈愍す。

⑥若し性あらば総慧にして凡そ学成じ易く、悪事の中を離れて力有りて思択す。…中略…

若し此の施等の麁相有りて、纏蓋の軽微にして麁重の薄弱なるを見れば、応に定めて菩提の本性有りと知るべし。然も未だ真実の善友の為に菩提を説くに遇わず、為に説くに遇うと雖も顚倒して執学し方便慢緩にして、善根未だ熟せざるに由るが故に生死を処とす。

《現代語訳》

どのようにして本性住種姓があり、それにより大菩提の因を修めることが知られるのか。

①もし本性〔住種姓〕があれば〔布施波羅蜜多を行い〕布施を願い〔布施を〕賛嘆することを好み〔布施を〕他人に勧め、罪をまねく悪業をなさず時に応じて〔布施を〕説き、借金をごまかさず布施を受けても〔多寡で〕差別することなく、莫大な財宝の中にあっても心に頓着することがない。

②もし本性〔住種姓〕があれば〔持戒波羅蜜多を行い〕軽い悪業のみを犯し、ひどく他者を損なうことはなく悪業をなしてもすぐに悔い、常に慈愛を行じて恩を知り恩に報い、およそ不正なものを求めようとせず、功徳をもたらす善業を修めようと願い軽罪すらはなはだ恐れ、苦を受けるものを見聞すれば自分よりもはなはだしいと思い、善事にしたしむことを好み悪事から遠ざかることを願い、奴僕（ぬぼく）にさえ苦しめるようなことを言わず、徳と有徳者とを常に讃仰する。

③もし〔本性住種姓が〕あれば〔忍辱波羅蜜多を行い〕他人に害されても報復しようとする心がなく、他人が来て諫（いさ）めたり謝ったりすればすぐに受けいれ、決して恨みを抱かず長く怒りを抱くことがない。

④もし本性〔住種姓〕があれば〔精進波羅蜜多を行い〕努めて早く起きて遅く寝て、あらゆることを勇敢に決定して極めつくそうと願い、偉大な目的に畏れることなく自らを軽蔑することがない。

⑤もし〔本性住種姓が〕あれば〔禅定波羅蜜多を行い、仏の〕教えとその意味について本性をくわ

しく思惟し、〔出世間の〕静寂を好んで〔世間からの〕出離を願い、なすべきことを忘れることなく恨みを抱く者にも愍れみをもってする。

⑥もし本性〔住種姓〕があれば〔智慧波羅蜜多を行い〕智慧があっておよそ学業が成就しやすく、悪事を離れて〔善事を〕選びとる力がある。…中略…

もしこの布施などの行為がはっきりと顕れ、煩悩が少ないさまが見られるならば、まさに大菩提の〔因を修める〕本性〔住種姓〕があることが知られるだろう。しかし、まだ真実の善友が菩提について説くのに会わず、説くのに会っても間違って学習し修行が緩慢であり、善根がまだ熟さないため生死にとどまっているのである。

ここには、本性住種姓がある人は六波羅蜜多の実践ができている、と説かれています。例としてあげられている布施・持戒・忍辱・精進・禅定・智慧の一つ一つは、日常生活で実践できる身近な内容が多く含まれています。しかも、それができていないとすれば、まだ仏の教えを説いてくれる善友（kalyāṇa-mitra 善知識。仏教の正しい道理を教えてくれる人）に出会っていないか、出会っていても仏の教えをきちんと実践しておらず善根（kuśala-mūla 善を生じるもの。善行。無貪・無瞋・無痴を三善根という）が熟していないかのどちらかである、というのです。

この説明は『瑜伽師地論』巻三五（T31.478c-480a）に基づいています。そこには、「諸もろの菩薩には六波羅蜜多の種姓の相有り。此の相に由るが故に、他をして真に是れ菩薩なりと了知せしむ」とあります。菩薩には六波羅蜜多の行為があり、それによって他人に「あの人は菩薩だ」と分からせるというのです。つまり六波羅蜜多を実践することが菩薩であることの証（あかし）なのです。ただし、悟っていない私たちは、本当には誰かを菩薩であるなどと判断することはできません。『瑜伽師地論』には「決定（けつじょう）の実義は唯（た）だ仏世尊のみ、究竟（くきょう）じて現見（げんけん）す」とあります。真実は釈尊にしか分からないのです。

唯識では五姓各別が説かれるため、自分はとても菩薩種姓ではないだろう、もしかすると無性有情ではないだろうか、と考えてしまうことがあるかもしれません。しかし、真実は釈尊にしか分からないことですので、いろいろ思い悩むよりも六波羅蜜多を一つでも実践したほうがよいのです。ここでの説明によれば、六波羅蜜多が実践できている人は菩薩種姓であり、まだ十分にできていない人は不定（ふじょう）種姓である、ということになります。慈恩大師は、仏の教えを学び、六波羅蜜多を実践しようとする人たちには菩薩の素質があると、私たちを励ましているのです。

続いて習所成種姓については、次のように説かれます。

《原文》

若入五位、所修無辺勝善法種、名習所得。五位者何。

一資糧位。従初発起大菩提心、乃至始修四尋思観、住四十心皆此位摂。一信等十心。…中略……二十住。…中略…三十行。…中略…四十迴向。…中略…

二加行位。従資糧後四種等持。…中略…

三通達位。従四定後初地初心真相見道。

四修習位。従見道後至金剛定十地修道。…中略…

五究竟位。金剛定後解脱道中三種仏身。四妙円寂、円満仏果。（T33.525b-c）

《書き下し文》

若し五位に入りて、所修無辺なる勝れたる善法の種を、習所得と名づく。五位とは何ん。

一には資糧位。初めて大菩提心を発起するより、乃し始めて四尋思観を修するに至るまで、四十心に住するを皆な此の位に摂す。一には信等の十心。…中略…二には十住。…中略…三には十行。…中略…四には十迴向。…中略…

二には加行位。資糧より後の四種等持なり。…中略…

三には通達位。四定より後の初地初心の真相の見道なり。

四には修習位。見道より後の金剛定に至るまでの十地の修道なり。…中略…

五には究竟位。金剛定より後の解脱道の中の三種の仏身なり。四妙円寂し、仏果円満す。

《現代語訳》

五位に進み、限りない修行をする勝れた善法の種子を、習所得（習所成種姓）という。五位とは何

か。

一つには資糧位。初めて大菩提心を起こしてから、〔加行位で〕四尋思観を修めるに至るまでである。〔以下の〕四十心はすべてこの位に収められる。一つには信などの十心（十信）。…中略…二つには十住。…中略…三つには十行。…中略…四つには十迴向。…中略…

二つには加行位。資糧より後の四種の等持である。…中略…

三つには通達位。四定より後の初地初心の真相の見道である。

四つには修習位。見道より後の金剛喩定に至るまでの十地の修道である。…中略…

五つには究竟位。金剛定より後の解脱道の中の三種の仏身である。四種の涅槃が成就し、仏果が円満する。

習所成種姓は仏の教えを繰り返し聞くことによって阿頼耶識に熏習されるもので、これが修行を進めていく力になります。大乗仏教の修行階梯は『華厳経』の四十一位を基本としますが、瑜伽行派ではこれを五位にまとめています（次頁の図参照）。

①資糧位は、菩提心を発して修行の資糧（福徳・智慧）を集める段階です。発心し、布施などを行い、仏の教えを学びます。まだ煩悩を伴う有漏の修行ですが、これを積み重ねることで無漏の智慧が生じます。四十一位では十住・十行・十迴向に相当します。『般若心経幽賛』ではこれに十信を加えて四十心としています。

②加行位は、唯識観を行う段階です。四定（四等持。明得定・明増定・印順定・無間定）を行い、諸法の名・義・自性・差別について四尋思観と四如実智観を修めます。これにより真如を覆う障礙（しょうげ）の一部（分別起の煩悩障・所知障）が除かれます。四十一位では十廻向の最後の四善根（煖（なん）・頂（ちょう）・忍（にん）・世第一法（せだいいっぽう））の位に相当します。

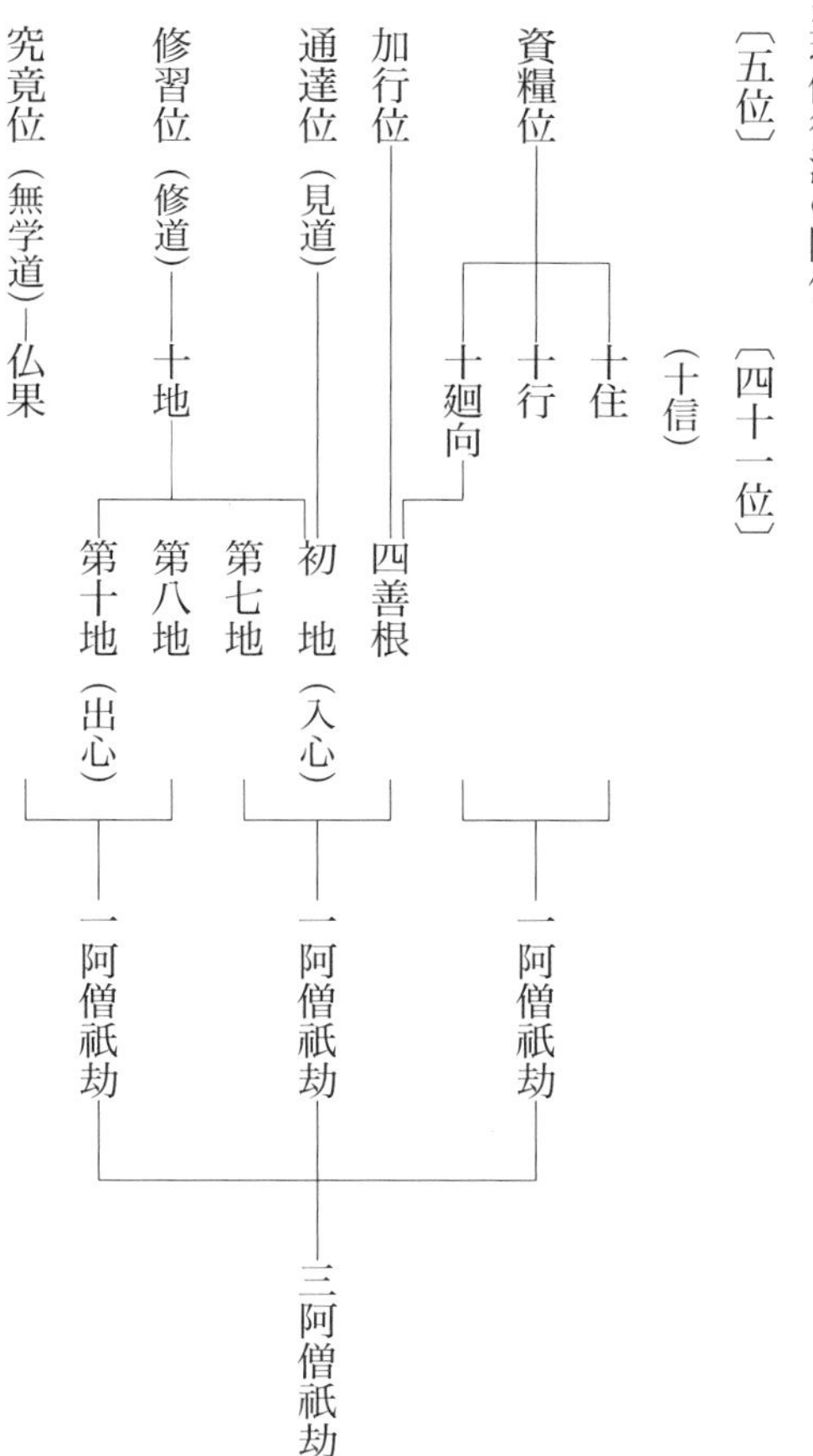

③通達位は、無漏の智慧が生じて、真如を証する段階です。この智慧を無分別智といい、これを得ると虚妄分別が滅して、後得智が生じます。しかし、まだ無分別智と後得智の働きは完全なものではないため、以後、無漏の修行を進めていきます。四十一位では十地の最初である初地の入心（見道）に相当します。

④修習位は、十波羅蜜多（布施・持戒・忍辱・精進・禅定・智慧・方便・願・力・智）を修めて、真如を覆う障礙の残り（倶生起の煩悩障・所知障）を一つ一つ取り除いていく段階です。四十一位では初地から第十地の出心まで（修道）に相当します。第十地の出心では金剛喩定を修めて、最後まで残った微細な障礙を除き、次の瞬間に仏に成ります。

⑤究竟位は、解脱（涅槃）を成就し、智慧を完成させて、仏の三身（自性身・受用身・変化身）を得る段階です。四涅槃（自性涅槃・有余依涅槃・無余依涅槃・無住処涅槃）に住し、四智（成所作智・妙観察智・平等性智・大円鏡智）がはたらく、仏の円満なる境地です。

発心から成仏まで三阿僧祇劫という長大な時間がかかるといいますが、その間の修行の推進力となるのが習所成種姓です。

悟りへのはるかな道のりに呆然としてしまうかもしれません。しかし、仏の教えに静かに耳を傾ければ、一歩でも半歩でも進んでみようという勇気が湧いてきます。それは私たちの阿頼耶識に習所成種姓が熏習されている証ではないでしょうか。

4　発心

《原文》

雖知五位、云何修行。諸修行者、欲証菩提作大利楽、要先発起大菩提心、方興正行。譬如大海初有一滴、能為諸宝作所住処。最初発心亦復如是、五乗善法皆因此生。又如世界初始漸起、即為荷負諸衆生因。此心亦爾、能為五趣無量種類荷負依止。又如空界無不含容、大菩提心亦復如是。遍空有為皆厭離故。如空菩提皆求証故。尽空衆生皆深念故。此初発心雖為下劣、一念福聚尚説難尽。況経多劫発心修行利楽功徳。

因何発心。一者見聞仏等神力。二者聞説菩薩蔵教。三者見聞仏法将滅、念言法住能滅大苦。四者末劫多見衆生痴無慚愧慳嫉憂苦悪行放逸懈怠不信、念言濁世多起如是悪煩悩時、我等発心令余学我起菩提願。由此便発大菩提心。（T33.525c）

《書き下し文》

五位を知ると雖も、云何が修行せん。諸もろの修行者、菩提を証し大利楽を作さんと欲すれば、要ず先に大菩提心を発起して、方に正行を興すべし。①譬えば大海に初めの一滴有りて、能く諸宝の為に所住の処と作るが如し。最初の発心も亦復た是の如く、五乗の善法は皆な此れに因りて生ず。

②又た世界の初始より漸く起こりて、即ち諸もろの衆生を荷負する因と為るが如し。此の心も亦た爾り、能く五趣の無量の種類の為に荷負する依止と為る。③又た空界の含容せざること無きが如く、大菩提心も亦復た是くの如し。遍空のごとく有為を皆な厭離するが故に。如空のごとく菩提を皆な求証するが故に。尽空のごとく衆生を皆な深念するが故に。此の初発心は下劣なりと雖も、一念の福聚すら尚お説きて尽くすこと難し。況んや多劫を経て発心・修行・利楽する功徳をや。

何に因りて発心するや。一には仏等の神力を見聞す。二には菩薩蔵教を説くを聞く。三には仏法の将に滅せんとするを見聞し、「法住すれば能く大苦を滅せん」と念言す。四には末劫に多く衆生の痴・無慚・〔無〕愧・慳・嫉・憂・苦・悪行・放逸・懈怠・不信なるを見て、「濁世に多く是の如き悪煩悩を起こす時、我れ当に発心して余をして我れに学び菩提の願を起こさしむべし」と念言す。此れに由りて便ち大菩提心を発す。

《現代語訳》

五位を知るとしても、どのように修行するのだろうか。修行者が悟りを得て大なる利益・安楽をなそうとするならば、必ず先ず大菩提心を起こし、しかる後に正しい修行をすべきである。①たとえば大海にまず一滴の水があり、それが諸宝のありかとなるようなものである。最初の発心もまたそのようであり、五乗（菩薩乗・独覚乗・声聞乗・天乗・人乗）の善法はみなここから生じる。②また世界が初めに起こり、やがてそれが衆生をになう基盤となるようなものである。発心もまたそのようであり、五趣（五道。天道・人道・畜生道・餓鬼道・地獄道）の無量の衆生をになうより所となる。③また虚空が〔そこに〕容れないものが無いように、大菩提心もまたそのようである。虚空がすべてに遍くゆきわたるように〔発心すれば〕みな有為を離れるからである。虚空がすべてに等しいように〔発心すれば〕みな菩提を求めるからである。虚空がすべてに尽くあるように〔発心すれば〕みな衆生を深く念うからである。この最初の発心は劣ったものではあるが、一念の功徳でさえなお説きつくすことは難しい。まして多劫を経て発心・修行・利楽する功徳はなおさらである。何によって発心するのか。一つには仏などの霊妙な力を見聞きすること。二つには菩薩蔵（大乗）の教えが説かれるのを聞くこと。三つには仏法が滅びようとするのを見聞きして、「仏法が保たれれば大苦を滅するであろう」と思うこと。四つには末劫（劫尽の前。末世）に多くの衆生の愚かさ・無慚・無愧・貪り・妬み・憂い・苦しみ・悪行・放逸・怠惰・不信のさまを見て、「濁世にこのような悪煩悩が多く起きる時、わたしは発心して他者にわたしに学び悟りを得ようという願いを起こさせなければならない」と思うこと。これにより大いなる菩提心を発すのである。

大乗の二種姓があることを確認したならば、修行を始める前にまず発心することが大切です。発心とは発菩提心、すなわち悟りを目指す高邁なこころざしを持つことです。

ここには、発心がいかに大切であるかが、さまざまな比喩で説かれています。それは、①一滴の水から大海が生ずるように、発心からあらゆる善法が生ずる。②世界が初めに起こり衆生のより所となるように、発心もすべての衆生のより所となる。③虚空がすべてに遍く、等しく、尽くあるように、発心も遍く有為を離れ、等しく菩提を求め、尽く衆生を念ずる（三妙観。後述）、というものです。いずれも発心の功徳の広大さを譬えています。

私たちは何をきっかけとして発心するのでしょうか。ここには、①仏の威神力を見聞する、②大乗の教えが説かれるのを聞く、③仏法が滅びようとするのを見聞する、④末世に衆生の悪行を見る、という四つの例をあげています。なお、末世には五種の汚れが現れるといいます。『倶舎論』巻一二（T29.64a）によれば、次のとおりです。

①寿濁…衆生の寿命が次第に短くなること。
②劫濁…飢饉・疫病・戦争などが増えること。
③煩悩濁…貪・瞋・痴などの煩悩が盛んになること。
④見濁…邪悪な思想、見解がはびこること。
⑤有情濁…有情が悪行をほしいままにすること。

《原文》

将欲発心、先具十勝徳、起三妙観。
十勝徳者、親近善友、供養諸仏、修集善根、志求勝法、心常柔和、遭苦能忍、慈悲淳厚、深心平等、

信楽大乗、求仏智慧。

三妙観者、一厭離有為。謂観生死悪趣無暇等衆苦逼迫、自身之中五蘊四大能生悪業、九孔常流臭穢不浄、三十六物之所集起、無量煩悩焼煮身心、如沫如泡念念遷流、痴覆造業六趣輪迴、諦審思惟深心厭捨。

二求菩提。謂観仏果相好荘厳法身本浄、具戒等蘊力無畏等無量勝法、成二妙智慈愍衆生、開導愚迷令行正路、諸有情類遇皆除悩、見是功徳修集希求。

三念衆生。謂観衆生痴愛所惑受大劇苦、不信因果造悪業因、厭捨正法信受邪道、四流所流七漏所漏、雖畏衆苦還為悪業、而常自作憂悲苦悩、愛別離苦見已還愛、怨憎会苦覚已弥怨、為欲起業生苦無厭、求楽犯戒懐憂縦逸、作無間業頑蔽無慚、謗毀大乗痴執生慢、雖懐聡具断善根、妄自貢高常無改悔、生八無暇匱法無修、雖聞不持翻習邪業、得世妙果謂証涅槃、受彼楽終還生悪趣、見是等輩深心悲愍。

(T33.525c-526a)

《書き下し文》

将(まさ)に発心せんと欲すれば、先ず十勝徳を具して、三妙観を起こすべし。

十勝徳とは、①善友(ぜんぬ)に親近(しんごん)し、②諸仏を供養し、③善根を修集(しゅじゅう)し、④勝法(しょうぼう)を志求(しぐ)し、⑤心常に柔和(にゅうわ)にして、⑥苦に遭うも能く忍び、⑦慈悲淳厚、⑧深心平等にして、⑨大乗を信楽(しんぎょう)して、⑩仏の智慧を求むるなり。

三妙観とは、一には有為を厭離す。謂く生死の悪趣は無暇等の衆苦逼迫し、自身の中の五蘊四大は能く悪業を生じ、九孔は常に臭穢を流し不浄にして、三十六物の集起する所となり、無量の煩悩身心を焼煮し、沫の如く泡の如く念念に遷流し、痴覆いて業を造り六趣に輪迴すと観じて、諦審思惟して深心に厭捨す。

二には菩提を求む。謂く仏果は相好荘厳し法身本浄にして、戒等の〔五〕蘊と〔十〕力と〔四〕無畏等との無量の勝法を具え、二の妙智を成じて衆生を慈愍し、愚迷を開導して正路を行かしめ、諸もろの有情類遇わば皆な悩を除くと観じて、是の功徳を見て修集希求す。

三には衆生を念ず。謂く衆生は痴愛の惑う所となりて大なる劇苦を受け、因果を信ぜず悪業の因を造り、正法を厭捨して邪道を信受し、四流の流す所となり七漏の漏す所となり、衆苦を畏ると雖も還て悪業を為し、而も常に自ら憂悲苦悩を作り、愛別離苦を見已るも還て愛し、怨憎会苦を覚り已るも弥いよ怨み、欲の為に業を起こし苦を生ずるも厭うこと無く、楽を求めて戒を犯し憂を懐くも縦逸し、無間の業を作し頑蔽にして慚無く、大乗を謗毀し痴執して慢を生じ、聡敏を懐くと雖も具さに善根を断じ、妄りに自ら貢高して常に改悔無く、八無暇に生じて法に匱しく修むること無く、聞くと雖も持さず翻て邪業を習し、世の妙果を得て涅槃を証すと謂い、彼の楽を受け終りて還て悪趣に生ずと観じて、是れ等の輩を見て深心に悲愍す。

《現代語訳》

発心しようとするならば、まず十勝徳をそなえ、三妙観を起こすべきである。

十勝徳（十種の勝れた徳）とは、①善友に親しみ近づくこと、②諸仏を供養すること、③善根を修め集めること、④勝れた教えを求めること、⑤心を常に柔和にすること、⑥苦しみをよく忍ぶこと、⑦慈悲にあつくなること、⑧心から平等になること、⑨大乗を信じ願うこと、⑩仏の智慧を求めることである。

三妙観（三種の妙れた観察）とは、一つには有為を厭い離れることである。すなわち生死輪廻の悪趣（地獄・餓鬼・畜生）に堕ちれば無間地獄など多くの苦しみに苛まれ、自身の中の五蘊（色・受・想・行・識）や四大（地・水・火・風）が悪業を生じ、九つの孔が常に臭く穢れたものをたれ流し、三十六の不浄のものが集まり起こり、無量の煩悩によって身心を焼き煮られ、泡沫のように一瞬一瞬うつりゆき、愚痴に覆われて業を造り六趣に輪廻すると観察し、明らかにくわしく思惟して心から厭い捨てさることである。

二つには菩提を求めることである。すなわち仏の悟りは相好に荘厳されて法身は本性として清浄であり、戒〔・定・慧・解脱・解脱知見〕などの五蘊（五分法身）と十力と四無畏などの無量のすぐれた特質を具え、〔根本智・後得智の〕二つの妙れた智慧を完成して衆生を愍れみ、愚かさや迷いを除いて正道を行かせ、諸々の有情は〔仏に〕会えばみな悩みを除くと観察し、このような功徳を見てそれらを修集し希求することである。

三つには衆生を念ずることである。すなわち衆生は愚痴や執着に惑わされてはげしい苦しみを受け、

因果を信じることなく悪業の原因を造り、正しい教えを捨てて邪道を信じ、四瀑流（四種の煩悩の激しい流れ。欲瀑流・有瀑流・見瀑流・無明瀑流）に流されて七漏（七種の煩悩。七随眠。欲貪随眠・瞋随眠・有貪随眠・慢随眠・無明随眠・見随眠・疑随眠）に汚され、苦しみを畏れながらかえって悪業を作り、しかも常に自ら憂・悲・苦・悩を作り、愛しいものと別れる苦しみを見ながらかえって愛着し、憎いものと会う苦しみを知りながらさらに憎悪し、欲のために業を起こして苦しみを生じるのに飽くことなく、欲楽を求めて戒を犯し憂いを抱いて放逸し、絶え間なく業を作り頑なにおわれて恥じることがなく、大乗を謗って愚痴にとらわれて慢心を生じ、聡明・鋭敏であってもことごとく善根を断じ、妄りに自らを高くみつもり常に悔い改めることがなく、八無暇（八難。仏を見て正法を聞くことを妨げる八種の苦難。地獄・畜生・餓鬼・長寿天・盲聾瘖瘂・辺地・世智弁聡・仏前仏後）を生じて正法を欠いて修めることがなく、聞いても持たずかえって間違った行いを繰り返し、世間的な悟りを得て涅槃を悟ったと言い、世間的な欲楽を得てかえって悪趣に生じることを観察し、このような人々を見て心から愍れむことである。

ここには、発心しようとする人は、十勝徳と三妙観を実践すべきである、と説かれています。

十勝徳とは、①善友に近づくこと、②諸仏を供養すること、③善根を修めること、④仏の教えを求めること、⑤心を柔和にすること、⑥苦しみを忍ぶこと、⑦慈悲にあついこと、⑧心から平等になること、⑨大乗を信じ願うこと、⑩仏の智慧を求めることです。発心するということは、これらの徳性を身に着けることに他なりません。

三妙観とは、自己・仏・衆生の三つを観察することです。

第一は、自己をよく観察して有為を離れることです。有為（saṃskṛta）とは、因縁（原因と条件）によって作られたものという意味になります。人は五蘊などが集積したもので、因縁によって生滅変化する無常な存在です。にもかかわらず自己を固定的に捉えて執着し、煩悩をほしいままにして悪業を重ね、その結果として輪廻転生を繰り返しています。このように不浄な自己を観察し、有為の世界を厭い離れようとするものです。

第二は、仏をよく観察して菩提を求めることです。菩提を成就して三十二相・八十種好に荘厳された仏の法身は清浄であり、五分法身・十力・四無畏などの特質を具え、智慧を完成し、慈悲により衆生を済度されています。このように清浄な仏を観察し、自らも悟りを求めようとするものです。

十力と四無畏は、次のとおりです。

※十力（仏が具えている十種の力）

①処非処智力（しょひしょちりき）…道理・非理を知る力。

②業異熟（ごういじゅく）智力…業とその果報との因果関係を知る力。

③静慮解脱等持等至（じょうりょげだつとうじとうじ）智力…禅定や三昧を知る力。

④根上下（こんじょうげ）智力…衆生の能力や性質の優劣を知る力。

⑤種種勝解（しゅじゅしょうげ）智力…衆生の意欲や望みをあきらかに知る力。
⑥種種界（しゅじゅかい）智力…衆生の本性を知る力。
⑦遍趣行（へんしゅぎょう）智力…衆生の人・天等の諸世界に趣く行の因果を知る力。
⑧宿住随念（しゅくじゅうずいねん）智力…自他の過去世のことを思い起す力。
⑨死生（ししょう）智力…衆生の未来の生死・善悪の世界を知る力。
⑩漏尽（ろじん）智力…煩悩を滅した涅槃の境地と、それに到達するための手段を知る力。

※四無畏（四無所畏。仏が説法するにあたり畏れるところのない四種の自信）
①正等覚（しょうとうがく）無所畏（むしょい）…一切の法を悟っているという自信。
②漏永尽（ろようじん）無所畏…煩悩をすべて断じ尽したという自信。
③説障道（せっしょうどう）無所畏…悟りを妨げる法（煩悩）を説いて畏れがないという自信。
④説出道（せつしゅつどう）無所畏…悟りに入る正道を説いたという自信。

第三は、衆生をよく観察して悲心を生じることです。衆生は煩悩におおわれて、悪業を重ね、四苦八苦にさいなまれています。仏の教えを聞くことがなく、聞いたとしても信じることがなく、世間の欲楽にふけって善業を積もうとせず、輪廻転生を繰り返しています。それはかつての自分の姿であり、仏が救おうとする人々です。このように愍れむべき衆生を観察し、自らも仏のように悲心を生じようとするものです。

発心するということは、このように汚れた自己、清らかな仏、愍れむべき衆生を観察し、有為を離れ、悟りを求めて、衆生を想うようになるということです。

《原文》

次応発心如是発願。願我決定当証無上正等菩提、能作有情一切義利。或随意楽諸仏之名、如釈迦仏初発希願。…中略…

先起信精進念定慧根、除伏障染。次発大願、常逢善友以為勝縁。雖遇悪友方便沮壊、終不棄捨大菩提心。所修善法運運増長、以不退屈而為策発。斉是名為最初修行。依如上説初発心已、即名趣入無上菩提。預在大乗諸菩薩数、於生死海作出限量、勇猛定当速登彼岸。(T33.526a)

《書き下し文》

次に応に発心するに是の如く発願すべし。「願わくは我れ決定して当に無上正等菩提を証し、能く有情に一切の義利を作さん」と。或いは「意に随いて諸仏の名を楽うこと、釈迦仏の初めに希願を発すが如くせん」と。…中略…

先に信・精進・念・定・慧の根を起こして、障染を除伏す。次に大願を発して、常に善友に逢い以て勝縁と為す。悪友に遇い方便を沮壊すると雖も、終に大菩提心を棄捨せず。修する所の善法は運運に増長し、以て退屈せずして策発を為す。是れを斉て名づけて最初の修行と為す。上説の如きに依りて初めて発心し已らば、即ち無上菩提に趣入すと名づく。大乗の諸もろの菩薩数に預在し、生死の海に於いて出の限量を作し、勇猛にして定めて当に速かに彼岸に登るべし。

《現代語訳》

次に発心するときにはこのように発願すべきである。「願わくは必ず無上正等菩提を得て、有情に一切の利益をもたらしますように」と。あるいは「釈迦仏が初めに発願されたときのように、意のままに諸仏の名号を聞くことができますように」と…中略…

先ず信と精進と念と定と慧との五根（五種の能力）を起こして、煩悩を除き去る。次に大願を発して、常に善友に会うことを勝れた縁とする。悪友によって修行が阻まれたとしても、ついに大菩提心を捨てなければ、修める善法はしだいに増長し、退転せずに〔自らを〕策励する。これを最初の修行という。上に説くように初めて発心したならば、それを無上菩提に趣くと言う。〔そうすれば〕大乗の諸もろの菩薩の仲間に預かり、生死の海から限りなく出離し、勇猛であり必ず速やかに彼岸に登るだろう。

ここには、発心するときの願文が説かれています。

「私は必ず菩提を得て、有情を利益すると誓います」。

発心する時には、信などの心所を起こして煩悩を除き、このような誓いの言葉を発します。願いをあえて言葉にすることで、善が増長し、退転することなく、努力策励するのです。誓いの言葉が願いを成就させてくれるとも言えるでしょう。それが発願の力です。

発願は最初の修行であり、発心したならばすでに悟りに向かっているのです。それは菩薩の仲間入りをしたということであり、菩薩であれば生死の海を渡り、必ずや彼岸に到るはずである、と慈恩大師は述べられています。

5　修行

《原文》

次応修行。此有二種。一略、二広。略復有三。一境、二行、三所得果。…中略…諸仏聖教雖復無辺、説修行門不過三種。故修行者応依此学。（T33.526a-b）

《書き下し文》

次に応に修行すべし。此れに二種有り。一には略、二には広なり。略に復た三有り。一には境、二には行、三には所得の果なり。…中略…諸仏の聖教は復た無辺な

りと雖も、修行を説く門は三種に過ぎず。故に修行者は応に此れに依りて学ぶべし。

《現代語訳》

次に修行すべきである。これには二つがある。一つには略説、二つには広説である。略説にも三つある。一つには境界、二つには修行、三つには所得の証果である。…中略…諸仏の聖教には限りがないとはいえ、修行を説く教えはこの三つを過ぎることはない。故に修行者はこれを依りどころにして学ぶべきである。

ここから修行に関する具体的な説明に入ります。それは唯識思想に基づく独自の修行体系です。修行には略説と広説の二つあります。ここでは略説を見てゆきます。

略説は境・行・果の三つに分けられます。

境は修行の対象であり、修行において観察されるべきものです。それは心が作りだす三つもので三性といいます。

行は修行の内容であり、実修されるべきものです。それは唯識ということを悟るための五重唯識観という観法などです。

果は修行の成果であり、大菩提です。

《原文》

云何名為所観境界。謂初観察。

従縁所生一切色心諸心所等、似空花相誑惑愚夫、名依他起。

愚夫不了於斯妄執為我為法、喩実空花性相都無、名計所執。

依他起上我法本空。由観此空所顕真理、譬若虚空、名円成実。（T33.526b）

《書き下し文》

云何が名づけて所観の境界と為す。謂く初めに観察す。

②縁より生ずる所の一切の色・心・諸もろの心所等の、空花の相の愚夫を誑惑するに似るを、依他起と名づく。

①愚夫の斯れを了ぜずして妄執して我と為し法と為すこと、喩えば実には空花の性・相都て無きがごときを、〔遍〕計所執と名づく。

③依他起の上の我・法は本より空なり。此の空を観ずるに由りて顕わるる所の真理の、譬えば虚空の若きを、円成実と名づく。

《現代語訳》

観察される境界とはどのようなものか。すなわち、初めに〔次のように〕観察すべきである。

②縁によって生じるあらゆる色法・心法・心所法などが、〔眼病を患う人が見る〕空中の花のような相が愚人を惑わするようになることを、依他起性と言う。

①愚人がこれを知らずに誤って我（人）や法（物）に実体があると執することが、たとえば真実には空中の花に性（本性）も相（属性）も全くないようであることを、遍計所執性という。

③依他起性においては我も法も本来は空である。この空を観察することで明らかになる真理が、たとえば虚空のようであることを、円成実性という。

ここには、修行において観察されるべきもの（境）として、①遍計所執性・②依他起性・③円成実性の三性が説かれています。

②依他起性（paratantra-svabhāva 他に依って起こるもの）とは、因縁によって生じたもの（有為法）全てです。物質的なもの（色法）も、精神的なもの（心法・心所法）も、何らかの原因や条件によって生じ、原因や条件がなくなれば滅します。すなわち、それらは全て私たちの心が作り出した仮の現れにすぎません。たとえば「お坊さん」も「机」も自然に存在しているわけではなく、私たちの心がそのように認識しているだけなのです。それは眼病を患う人が見る空中の花にたとえられています。

①遍計所執性（parikalpita-svabhāva 思考されたもの）とは、物事が因縁によって作られていることを知らずに、物事には名前どおりの実体があると思考されたものです。しかし、人であれ物であれ、

私たちが言葉で把握したものに実体はありません。「お坊さん」も親から見れば「子供」であり、「机」もバラして燃やせば「薪」になります。にもかかわらず、私たちは名前どおりのものが存在すると誤認してしまうのです。それは眼病を患う人が空中に見る花に実体があると考えてしまうことにたとえられています。

③円成実性（pariniṣpanna-svabhāva 完全に成就されたもの）とは、物事はもともと空であると観察することで明らかになる真理です。それは依他起性において遍計所執性がなくなることによって現れるものであり、物事が生じたり滅したりする基盤である空間（虚空）にたとえられています。仏の智慧で観察すれば、人であれ物であれ、あらゆる物事はみな空であるということになります。

《原文》

諸所知法不越有無。

無法体無。但可総説名計所執。横遍計心之所執故。

有法体有。理応分別。

諸有為法名依他起。縁生事故。一切無為名円成実。法本理故。

或有漏法名依他起。性顚倒故。諸無漏法名円成実。非顚倒故。（T33.526b）

《書き下し文》

諸もろの所知の法は有・無を越えず。①無とは法体無なり。但だ総じて説きて〔遍〕計所執と名づくべし。横に遍計する心の執する所なるが故に。有とは法体有なり。理として応に分別すべし。②諸もろの有為法を依他起と名づく。縁生の事なるが故に。③一切の無為〔法〕を円成実と名づく。法は本より理なるが故に。或いは②有漏法を依他起と名づく。性顚倒なるが故に。③諸もろの無漏法を円成実と名づく。顚倒に非ざるが故に。

《現代語訳》

知られるものは有と無のほかにはない。①無とは法の本体が無いということである。これを総じて遍計所執性と言う。誤って思考した心が執したものだからである。有とは法の本体が有るということである。道理として〔次のように〕区別することができる。②有為法のことを依他起性と言う。縁によって生じた事象だからである。③あらゆる無為法を円成実性と言う。法は本より真理だからである。あるいは②有漏法を依他起性と言う。顚倒した性質のものだからである。③無漏法を円成実性と言

う。顚倒〔した性質のもの〕ではないからである。

ここでは、三性を有・無に分けて説明しています。①遍計所執性は、誤って思考されたものですから無です。これに対し、②依他起性と③円成実性は有です。②依他起性は、因縁によって作られたもの（有為法）で、悟るまでは煩悩の汚れがあるもの（有漏法）です。③円成実性は、因縁によって作られたのではないもの（無為法）で、煩悩の汚れがないもの（無漏法）です（次の図参照）。

このように、修行においては一切法を三性によって正しく観察することが求められています。

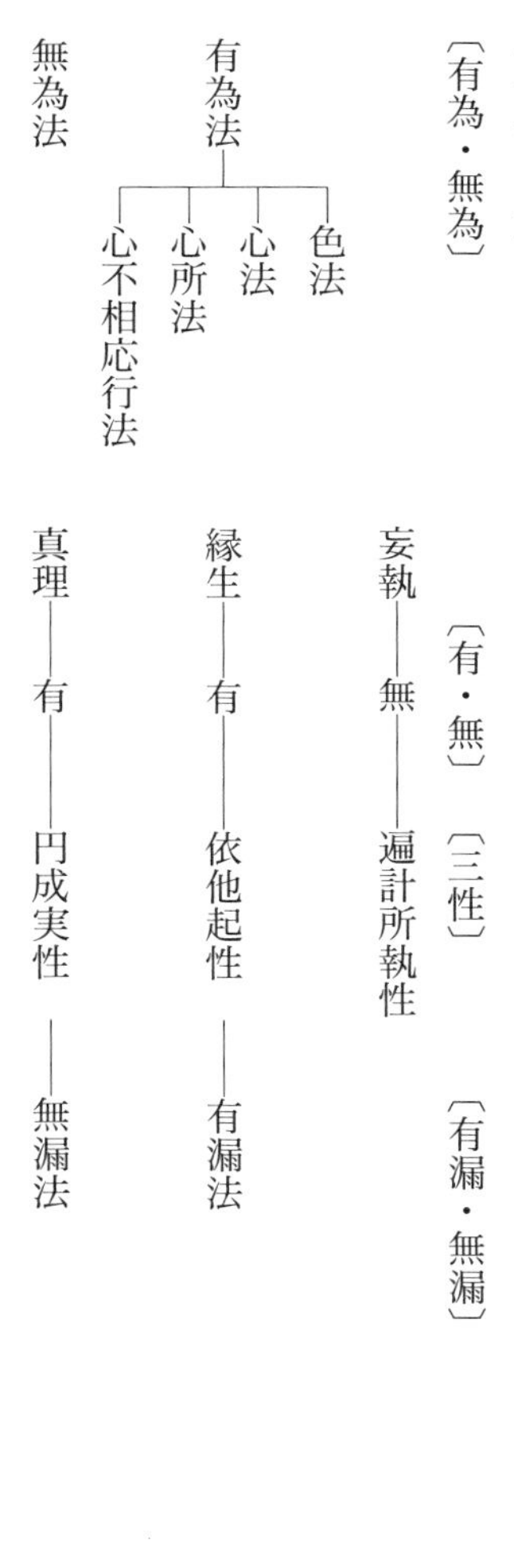

※瑜伽行派の五位百法

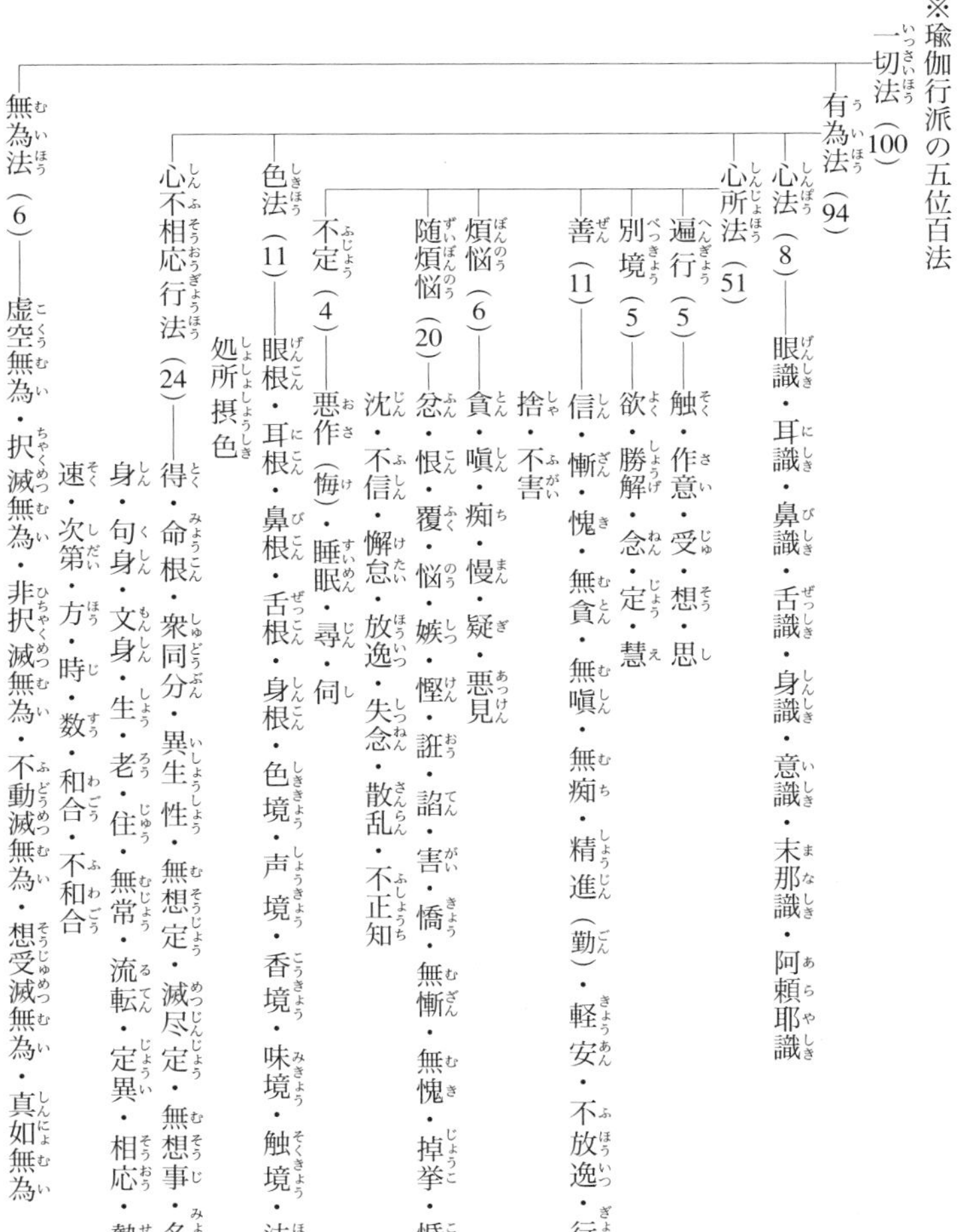
一切法（100）
有為法（94）
心法（8）
眼識・耳識・鼻識・舌識・身識・意識・末那識・阿頼耶識
心所法（51）
遍行（5）
触・作意・受・想・思
別境（5）
欲・勝解・念・定・慧
善（11）
信・慚・愧・無貪・無瞋・無痴・精進（勤）・軽安・不放逸・行捨・不害
煩悩（6）
貪・瞋・痴・慢・疑・悪見
随煩悩（20）
忿・恨・覆・悩・嫉・慳・誑・諂・害・憍・無慚・無愧・掉挙・惛沈・不信・懈怠・放逸・失念・散乱・不正知
不定（4）
悪作（悔）・睡眠・尋・伺
色法（11）
眼根・耳根・鼻根・舌根・身根・色境・声境・香境・味境・触境・法処所摂色
心不相応行法（24）
得・命根・衆同分・異生性・無想定・滅尽定・無想事・名身・句身・文身・生・老・住・無常・流転・定異・相応・勢速・次第・方・時・数・和合・不和合
無為法（6）
虚空無為・択滅無為・非択滅無為・不動滅無為・想受滅無為・真如無為

《原文》

知境界已。応修正行。一因聞所成、二因思所成、三因修所成。…中略…離諸過者、遍観詳審唯識為最。漸悟頓悟、小乗大乗、無不依説此深理故。華厳経説。心如工画師、画種種五陰。一切世間中、無法而不造。如心仏亦爾、如仏衆生然。心仏及衆生、此三無差別。諸仏悉了知、一切従心転。若能如是解、是人見真仏。身亦非是心、心亦非是身、起一切作用、自在未曾有。若人欲求知三世一切仏、応当如是観、心造諸如来。智度論説。菩薩復作是念。三界所有皆心所作。以随心所念皆悉得見。以心見仏、以心作仏。心即是仏、心即我身。心不自知、亦不自見。若取心相、悉皆無智。心亦虚妄。皆従無明出。因是心相、即入諸法実相。故唯識観最為第一。（T33.526b-c）

《書き下し文》

境界を知り已（おわ）んぬ。応に正行（しょうぎょう）を修すべし。一には聞所成（もんしょじょう）に因（よ）り、二には思所成（ししょじょう）に因り、三には修（しゅう）所成（しょじょう）に因る。…中略…諸もろの過を離るるは、唯識（ゆいしき）を遍観し詳審するを最と為す。漸悟（ぜんご）・頓悟（とんご）、小乗・大乗、此の深理を説くに依らざること無きが故に。

『華厳経』に説く。「心は工画師の如く、種種の五陰（ごおん）を画（えが）く。一切世間の中に、法として造らざる無し。心の如く仏も亦た爾り、仏の如く衆生も然り。心と仏と及び衆生と、此の三に差別無し。諸仏は悉く了知す、一切は心より転ずると。若し能く是の如く解すれば、是の人は真仏を見る。身も亦た是の心に非ず、心も亦た是の身に非ざれば、一切の作用を起こして、自在なること未曾有なり。若し人求めて三世一切の仏を知らんと欲すれば、応当に是の如く観ずべし、心は諸もろの如来を造ると」。

『智度論』に説く。「菩薩も復た是の念を作す。三界の所有は皆な心の所作なり。心の所念に随いて皆な悉く見るを得るを以てなり。心を以て仏を見、心を以て仏を作る。心即ち是れ仏にして、心即ち我が身なり。心は自ら知らず、亦た自ら見ず。若し心相を取らば、悉く皆な智無きなり。心も亦た虚妄なり。皆な無明より出ず。是の心相に因りて、即ち諸法の実相に入る」と。

故に唯識観を最も第一と為す。

《現代語訳》

すでに境界を知った。〔次に〕正行を修めるべきである。一つには聞が成就するものにより、二つには思が成就するものにより、三つには修が成就するものによる。…中略…

諸々の過失を離れるには、唯識〔の道理〕を遍く観察して審らかにすることが最上である。漸悟であれ頓悟であれ、小乗であれ大乗であれ、この深い道理を説かないことがないからである。

『華厳経』（巻九 T9.465c-466a）には次のように説かれている。「心は巧みな絵師が五陰（色受想行

識）〔からなる人〕を描きあげるように、一切の世界において造りださないものはない。心のように仏もまたそのようであり、仏のように衆生もまたそのようである。心と仏と衆生と、この三つに区別はない。諸仏はみな、あらゆるものは心より起こるということをはっきりと知っている。もしこのように理解することができるならば、その人は真の仏を見るだろう。〔そのとき〕身もまた心ではなく、心もまた身ではなく〔しかも両者がかかわりあい〕、あらゆるはたらきをなすことが、いまだかつてないほど自在であろう。もし人が三世の一切の仏を知りたいと思うならば、心が諸々の如来を造ると観察すべきである」と。

『大智度論』（巻二九 T25.276b）には次のように説かれている。「菩薩はまたこのように思うべきである。三界のあらゆるものはみな心が作り出したものである。心に思念したとおりに全てを見ることができる。心によって仏を見て、心によって仏を作る。心はすなわち仏であり、心はすなわちわが身である。〔しかし〕心は〔実体がなく〕自ら知ることができず、自ら見ることができない。もし心に〔何らかの〕相があると見るならば、それはみな智慧が無いということである。心もまた〔実体がなく〕虚妄であり、すべて無明から起こったものだからである。このような心の相に基づいて、諸法の実相（事物の真実の相）に入る」と。

このように〔諸々の経論では〕唯識観が第一であるとされている。

ここから、実修されるべきもの（行）が説かれます。

先ず、修行の因は聞・思・修が成就するものだと言います。聞・思・修とは、仏の教えを聴聞し、思惟し、実修することです。これにより聞慧・思慧・修慧という三慧が生じます。これは原始仏教に由来する基本的な修行のあり方です。唯識の修行でも、仏の教えを聴聞し、思惟し、実修することで智慧を生じるという過程が基本となります。

次に、過ちを離れるには唯識ということを観察するのが最上であると言います。そして、それを証明するものとして『華厳経(けごんぎょう)』や『大智度論(だいちどろん)』が引用されます。そこでは、あらゆるものが心によって作り出されること、心が仏を作ることが、仏によって力説されています。いずれも唯識思想の基礎となる考え方であり、このような仏の教えを依りどころとして修行すべきだというのです。

《原文》

識者心也。由心集起綵画為主、独立唯名摂所余法。唯言為遮所執我法離心而有。識言為表因縁法性皆不離心。顕法離心決定非有、名為唯識。

非謂一切唯一識心更無余物。善友悪友、諸果諸因、理事、真俗、皆不無故。計所執性唯虚妄識、依他起性唯世俗識、円成実性唯勝義識。是故諸法皆不離心。…後略（T33.526c）

《書き下し文》

「識」とは心なり。心の集起(じっき)して綵画するを主と為すに由りて、独り「唯」の名を立てて所余の法

を摂す。「唯」の言は所執の我と法とは心を離れて而も有なるを遮せんが為なり。「識」の言は因縁と法性と皆な心を離れざるを表せんが為なり。法の心を離れて決定して有に非ざるを顕すを、名づけて「唯識」と為す。

一切は唯だ一の識心のみにして更に余物無しと謂うには非ず。善友・悪友、諸果・諸因、理・事、真・俗、皆な無きにあらざるが故に。〔遍〕計所執性は唯だ虚妄の識、依他起性は唯だ世俗の識、円成実性は唯だ勝義の識なり。是の故に諸法は皆な心を離れず。…後略

《現代語訳》

「識」とは心である。心が集まり起こり〔あらゆる法を〕描きだすことを主として、「唯」だ〔識が〕あると言い他の法をまとめるのである。「唯」という言葉は執着された我（人）と法（物）とが心を離れて存在するということを否定している。「識」という言葉は因縁（有為法）も法性（無為法）も心を離れてあるわけではないということを表している。法は決して心を離れて存在することはないということを顕示して、「唯識」というのである。

〔しかし〕ただ一つの識だけがあり、その他のものは存在しないというわけではない。善友と悪友と、諸々の因と果と、理と事と、真と俗とは、みな存在しないわけではないからである。遍計所執性はただ虚妄の識であり、依他起性はただ世俗の識であり、円成実性はただ勝義の識である。このことから諸法はみな心を離れてあるわけではないというのである。…後略

唯識（vijñapti-mātratā）とは、あらゆるものはただ心が知らしめたものであるという意味です。慈恩大師は、唯識という訳語に三性を当てはめ、「唯」が遍計所執性（所執の我・法）が心を離れてあるわけではないことを表し、「識」が依他起性（因縁。事象）と円成実性（法性。真理）も心を離れていないことを表している、という独自の解釈を加えています。

また、唯識は心以外のものは存在しないという意味ではない、ということにも注意が払われています。遍計所執性は虚妄であり無ですが、依他起性は縁起、円成実性は真如として有だからです。

6　五重唯識観

《原文》

今詳聖教所説唯識、雖無量種不過五重。

一遣虚存実。観遍計所執、唯虚妄起都無体用、応正遣除。観依他円成、諸法体実二智境界、応存為有。…中略…遣者空観対破有執。存者有観対遣空執。…中略…非謂空有皆即決定。証真観位、非有非空、法無分別、離思議故。…後略（T33.526c-527a）

《書き下し文》

今聖教の説く所の唯識を詳らかにするに、無量の種ありと雖も五重に過ぎず。一には遣虚存実。遍計所執は、唯だ虚妄の起こるのみにして都て体用無しと観じ、応に正しく遣除すべし。依他と円成とは、諸法の体は実にして二智の境界なりと観じ、応に存して有と為すべし。…中略…遣とは空観もて有執を対破するなり。存とは有観もて空執を対遣するなり。…中略…空・有は皆な即ち決定すと謂うには非ず。証真の観位には、有に非ず空に非ず、法に分別無く、思議し難きが故に。…後略

《現代語訳》

いま聖教に説かれた唯識を詳しくみてみると、はかりしれない種類があるとはいえ五つの段階を出るものではない。

一つには遣虚存実（虚を遣って実を存す）である。遍計所執性は、ただ虚妄〔の諸法〕が起こるのみで本体も作用もまったく無いと観察し、これを遣るべきである。依他起性と円成実性は、諸法の本体は真実であり二智（無分別智・後得智）の認識対象であると観察し、これを存して有るとみるべきである。…中略…遣とは空観によって有執を破ることである。存とは有観によって空執を捨てることである。…中略…〔ただし、この観察で〕空・有がすべて決定するというわけではない。真実を悟るための観察をする位には、有でもなく空でもなく、法（物）に区別はなく、〔言葉による〕思慮が難しいからである。…後略

続いて五重唯識観が説かれます。玄奘三蔵がインドから伝えた唯識経論にはさまざまな修行が説かれていました。これを慈恩大師が五段階に整理したものが五重唯識観です。

第一は遣虚存実、虚を遣って実を存すです。三性のうち遍計所執性の諸法は虚妄であり無であると観察してこれを除きます。依他起性と円成実性の諸法は真実であり二智（無分別智・後得智）の対象であると観察してこれを残します。前者では空観により遍計所執性が有であるという執著を破り、後者では有観により依他起性と円成実性が空であるという執著を捨てます。ただし、空・有の観察はこれだけではなく、真如を証し無分別智を得る時（通達位）には非有非空を観察します。したがって、三性に基づく有観・空観はそれ以前（加行位）に修められるものです。

《原文》

二捨濫留純。雖観事理皆不離識、然此内識有境有心。心起必託境界生故。但識言唯、不言唯境。…中略…由境有濫、捨不称唯。心体既純、留説唯識。…後略（T33.527a）

《書き下し文》

二には捨濫留純。事・理は皆な識を離れずと観ずと雖も、然も此の内識に境有り心有り。心の起こるは必ず境界に託して生ずるが故に。但だ識のみを「唯」と言い、「唯境」と言わず。…中略…境

に濫有るに由りて、捨てて唯と称せず。心体は既に純なれば、留めて唯識と説く。…後略

《現代語訳》

二つには捨濫留純（濫を捨てて純を留める）である。事と理とはみな識を離れるわけではないと観察するが、この内識には境があり心がある。心が起こるのは必ず境界によるからである。…中略…〔しかし内識の〕境には濫（外境と誤認される紛らわしさ）があるから捨てて「唯境」とは言わない。心の本体は純（内識にあることが明らか）であるから留めて「唯識」と言う。…後略

第二は捨濫留純、濫を捨て純を留むです。さきには事象（依他起性）も真理（円成実性）も心を離れてあるわけではないと観察しましたが、心の内を観察してみると、見るもの（識）と見られるもの（境）があることに気づきます。私たちは心の外にあるものを客観的に見ているのではなく、自分の心の中に作り出したものを主観的に見ているのです。心の内に見るものが起こるのは、心の中に見られるものが生じるからです。ただし、見るものは心の内にあることが明らか（純）ですが、見られるものは心の外にあるものと紛らわしい（濫）とも言えます。そこで見られるものを捨て、見るものを留めます。だから「唯識」と言うのだといいます。心の内の見られるものを相分（そうぶん）、見るものを見分（けんぶん）といいます。

《原文》

三摂末帰本。心内所取境界顕然。内能取心作用亦爾。此之二法倶依識有。離識体本末法必無。…中略…摂相見末、帰識本故。…後略（T33.527a）

《書き下し文》

三には摂末帰本。心内の所取の境界は顕然たり。内の能取の心の作用も亦た爾り。此の二法は倶に識に依りて有り。識体の本を離れては末法必ず無し。…中略…相・見の末を摂して、識の本に帰するが故に。…後略

《現代語訳》

三つには摂末帰本（末を摂めて本に帰る）である。心の内にある認識された境界（相分）は顕らかである。〔心の〕内にある認識する心の作用（見分）もまたそうである。この二つは倶に識〔体〕（自体分）に基づいて存在する。識体（自体分）の本を離れて末の法（相分・見分）があるということはない。…中略…相分・見分という末を摂めて、識〔体〕（自体分）という本に帰るのである。…後略

第三は摂末帰本、末を摂めて本に帰るです。さきには心の内に見られるもの（境。相分）と見る

もの（心。見分）があることを観察しましたが、さらに心の内を観察してみると、いずれも心の本体（識体）が作り出していることに気づきます。この心の本体を自体分（自証分）と言います。たとえば、私たちは花を見ている時、「私は花を見ている」と自ら確認することができます。その時、自分が花を見ていることを確認しているのが心の本体、自体分です。心の内を相分・見分に分けるのを二分説、相分・見分・自体分に分けるのを三分説と言います。ここでは三分のうち末である相分・見分を収めて、本である自体分に帰ることを説いているのです。

ちなみに、自体分を確認する心（証自証分）も考えられますが、これ以上は無限遡及の過失に陥りますので、それを確認するのは自体分であるとされています。証自証分まで立てるのを四分説と

※四分説

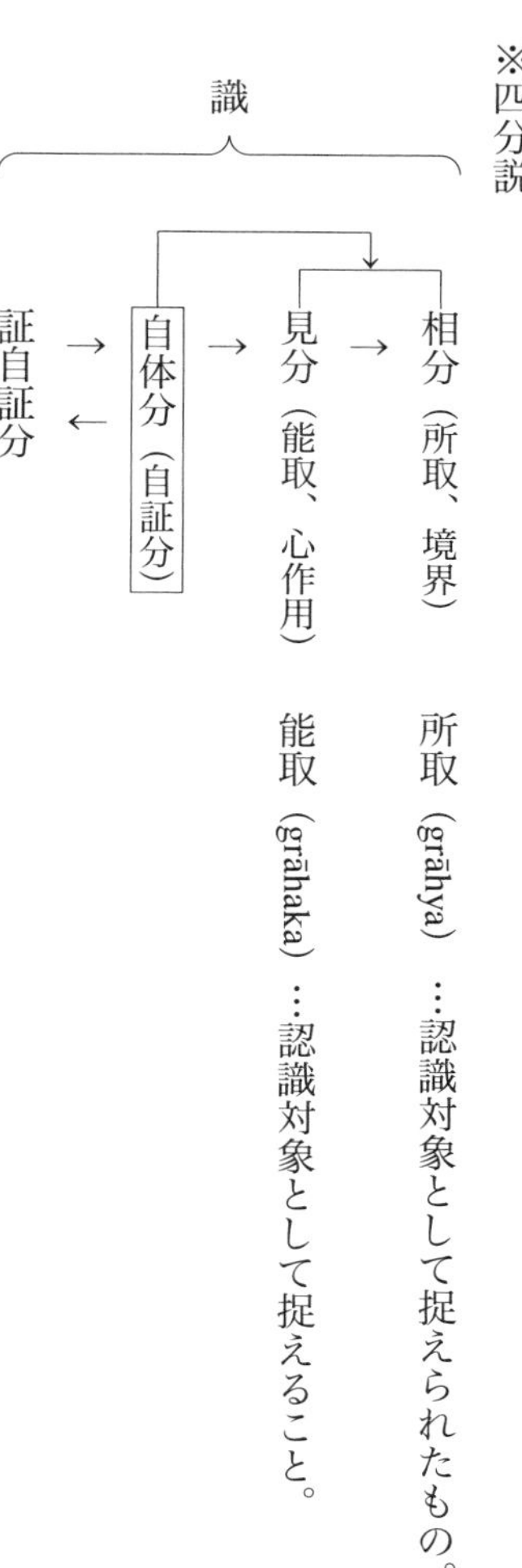

所取（grāhya）…認識対象として捉えられたもの。
能取（grāhaka）…認識対象として捉えること。

言います（前頁の図参照）。

《原文》

四隠劣顕勝。心及心所倶能変現、但説唯心、非唯心所。心王体勝、所劣依王。隠劣不彰、唯顕勝法。…後略（T33.527a）

《書き下し文》

四には隠劣顕勝。心と及び心所とは倶に能く変現するも、但だ「唯心」とのみ説きて、「唯心所」というには非ず。心王は体勝れ、所は劣にして王に依る。劣を隠して彰わさず、唯だ勝法のみを顕わす。…後略

《現代語訳》

四つには隠劣顕勝（劣を隠して勝を顕わす）である。心と心所は倶に〔認識対象を〕変現するが、「唯心」とのみ言い、「唯心所」と言うことはない。心王は体が勝れ、心所は劣り心王を依りどころとする。〔故に〕劣ったもの（心所）を隠して明らかにせず、ただ勝れたもの（心王）のみを明らかにするのである。…後略

第四は隠劣顕勝、劣を隠して勝を顕わすです。さきには三分される心が自体分に収められることを観察しましたが、心は必ず心所とともに起こります。認識主体は認識作用を伴って起こるということです。心を心王、心所を心所有法というように、心が主体であり、心所はそれに付随するものです。そこで劣った心所は隠し、勝れた心のみを明らかにするというのです。

《原文》

五遣相証性。識言所表、具有理事。事為相用、遣而不取。理為性体、応求作証。…中略…依他相識根本性故。…中略…

如是所説空有・境心・用体・所王・事理五種、従麁至細展転相推、唯識妙理総摂一切。

(T33.527a-b)

《書き下し文》

五には遣相証性（相を遣りて性を証す）。識の言の表わす所、具さに理・事有り。事は相用なれば、遣りて取らず。理は性体なれば、応に求めて証を作すべし。…中略…依他の相識の根本は性なるが故に。…中略…

是の如き所説の空有・境心・用体・所王・事理の五種を、麁より細に至るまで展転して相推せば、唯識の妙理総じて一切を摂す。

《現代語訳》

五つには遣相証性（相を遣って性を証らかにする）である。「識」という言葉の表すものには、理・事が具わっている。事は相であり作用であるから捨てて取らない。理は性であり本体であるから求めて悟るべきである。…中略…依他起の相〔を作る〕識の根本は〔円成実という〕性だからである。…中略…

このように〔経に〕説かれる空・有、境・心、用・体、心所・心王、事・理の五種を、粗いものから細やかなものへ次第に推察するならば、唯識の妙理が一切を包摂することになる。

第五は遣相証性、相を遣りて性を証すです。第一の観察で、三性のうち遍計所執性を捨て、依他起性と円成実性を残しました。このうち円成実性は悟りの境界ですから、第二から第四までの修行では依他起性を観察してきたということになります。ただし円成実性は依他起性と全く異なるというわけではなく、真理（理）と事象（事）、本性（性）と属性（相）、本体（体）と作用（用）という関係にあります。ここで依他起性を捨て、円成実性を証するということは、これまで観察してきた唯識ということに通達した時（通達位）、真如という認識対象が顕れるということです。

以上が五重唯識観です。慈恩大師は、空・有、境・心、用・体、心所・心王、事・理という五つの観察を見てみると、唯識という真理が全ての観察をまとめている、と述べています。引用では省略しましたが、たとえば第一の観察には「一切唯識・二諦・三性・三無性・三解脱門・三無生忍・四悉檀・四嗢拕南・四尋思・四如実智・五忍の観等」が摂められ、第五の観察には「一諦・一乗・一依・仏性・法身・如来蔵・空・真如・無相・不生不滅・不二法門・無諸分別・離言の観等」が摂められるといいます。慈恩大師は、唯識の修行を五段階に整理するとともに、その中にすべての仏教の修行を包摂しようとしたのです。

7　五位唯識観

《原文》

以聞思修所成妙慧而為観体。明了簡択。非生得善。若欲界観唯有聞思。色界観中通聞修慧。無色界観但修無余。無漏観修、義通前二。（T33.527b）

《書き下し文》

聞・思・修所成の妙慧を以て観の体と為す。明了に簡択す。生得善に非ず。若し欲界の観ならば唯だ聞・思のみ有り。色界の観の中には聞・修の慧に通ず。無色界の観は但だ修のみにして余は無し。無漏観は修なるも、義は前の二に通ず。

《現代語訳》

聞・思・修が成就する妙れた慧が〔唯識〕観の体である。〔慧とは〕明らかに選ぶことである。これは生まれながらに得られる善ではない。欲界の観はただ聞慧と思慧のみ〔に通じる〕。色界の観は聞慧と修慧に通じる。無色界の観はただ修慧のみ〔に通じるもの〕でその他はない。無漏観は修慧〔に通じるもの〕であるが、意味としては前の二つ（聞慧・思慧）に通じる。

唯識観の本体（体）は、聞・思・修が成就する三慧です。唯識観は仏の教えを聴聞し、思惟し、実践して智慧を得る修行なのです。智慧には真理を明らかに選び取るという作用がありますが、生得的なものではないため修行して初めて得られます。三界でいえば、欲界の観は聞・思が成就する智慧により、色界の観は聞・修が成就する智慧により、無色界の観は修が成就する智慧によると言います。八地以上で行う無漏観も修が成就する智慧を中心とします。菩薩の修行が進むと、仏の教えを聴聞し、思惟するだけでなく、実践できるようになるということです。

《原文》

此諸唯識、従初発意四十心中、聴聞思惟但深信解。随所遇境依教思量、令彼観心漸漸増勝。…後略

（T33.527b）

《書き下し文》

此の諸もろの唯識は、初発意より四十心の中には、聴聞し思惟して但だ信解するのみ。遇う所の境に随い教に依りて思量し、彼の観心をして漸漸に増勝せしむ。…後略

《現代語訳》

この諸もろの唯識〔観〕は、〔資糧位の〕初発心位から四十心（十信・十住・十行・十廻向）においては、聴聞・思惟してただ信解するのみである。観察する境界を教えを依りどころにして思量し、その観心を次第に勝れたものにしてゆく。…後略

唯識観は五位（資糧位・加行位・通達位・修習位・究竟位）の修行階梯でいえば、どのような修行を、どの階梯で行うのでしょうか。

第一の資糧位は、初発心位から四十心（十信・十住・十行・十廻向）までです。ここでは唯識の教えを聴聞し、思惟しますが、ただ受け容れるだけだと言います。しかし唯識の教えに従って認識対象をよく思考し、心の観察を次第に勝れたものにしていきます。聞・思・修でいえば、聞・思が中心です。

《原文》

於加行位四等持中、起四尋思、審観所取若名若義自性差別仮有実無、起如実智、於能取識遍知非有。…後略（T33.527b）

《書き下し文》

加行位の四等持の中に於いて、四尋思を起こし、審らかに所取の若しくは名と若しくは義と自性と差別とは仮有にして実無なりと観じて、如実智を起こし、能取の識に於いて遍く非有なることを知る。…後略

《現代語訳》

加行位の四等持（四定。明得定・明増定・印順定・無間定）において、〔前の二定で〕四尋思を起こして、認識対象の名・義・自性・差別は仮有であり実無であると詳しく観じ（四尋思観）、〔後の二定で〕如実智見を起こして、認識主体の識において〔それらは〕非有であると完全に知る（四如実智観）。…後略

第二の加行位は、十廻向の最後の四善根の位です。煗・頂・忍・世第一法の四位において四定を行い、名・義・自性・差別について四尋思観と四如実智観を修めます。

煗・頂の二位では、認識対象の名（名前）・義（意味）・自性（本性）・差別（属性）は仮有であり

無であると観察します。これが四尋思観です。忍・世第一法の二位では、如実智見（ありのまま完全に知ること）を起こして、認識主体の識においてそれらは非有であると完全に知ります。これが四如実智観です。複雑な説明ですが、ここで唯識観を本格的に行い、唯識ということを悟ろうとしているのです。聞・思・修でいえば修が中心です。これが悟りの直前の段階です。

※四善根位

煖位——明得三昧（明得定）	┐	四尋思観
頂位——明増三昧（明増定）	┘	
忍位——入真義一分三昧（印順定）	┐	四如実智観
世第一法位——無間三昧（無間定）	┘	

五重唯識観の第一重は、四尋思観と四如実智観を摂めることから、この段階に相当することが分かります。

なお、ここまでの修行をまとめて三種善根ともいいます。それは次のとおりです。

※三種善根

順福分　…人・天に生まれる福をもたらすはたらきのある有漏の善根。外凡（十信）。唯識の五位では資糧位に相当。

順解脱分…涅槃の証果（解脱）の一分をもたらすはたらきのある有漏の善根。内凡（十住・十行・十廻向）。唯識の五位では資糧位に相当。

順決択分…無漏の聖道（決択）の一分である見道をもたらすはたらきのある有漏の善根。四善根位（煖位・頂位・忍位・世第一法位）。唯識の五位では加行位に相当。名・義・自性・差別の四つについて尋思観と如実智観を修める。

《原文》

通達位中無分別智、於所縁境都無所得。理智既冥、心境玄会。有空之相時不現前、唯識真理方名証得。…中略…証真識已起後得智、方証俗識。…中略…至此位中名達法界。住極喜地生如来家、自知不久成無上覚。（T33.527b-c）

《書き下し文》

通達位の中の無分別智は、所縁の境に於いて都て無所得なり。理智既に冥し、心境玄会す。有空の相時に現前せざれば、唯識の真理を方に証得すと名づく。…中略…真識を証し已りて後得智を起こし、方に俗識を証す。…中略…此の位の中に至るを法界に達すと名づく。極喜地に住して如来の家に生じ、自ら久しからずして無上覚を成ずと知る。

《現代語訳》

通達位における無分別智は、認識対象を全く得ることが無い。理と智が一致し、心と境が冥合する。有・空の相が現前しなくなると、初めて唯識の真理を悟ったと言える。…中略…真識を悟り終わると後得智を起こし、初めて俗識を悟る。…中略…この〔通達〕位に至ることを法界に達すると言う。極喜地（初地）に住して如来の家に生まれ、自ら遠からず無上正等覚を成就すると知る。

通達位は、十地の最初である初地の入心の位です。ここで仏と同じ智慧である無分別智が生じます。それはものごとを差別することなく、ありのまま平等に捉える認識力です。あらゆるものは無所得・空であると悟ったとき、真理（境）と智慧（心）が一つになるといいます。これが非有非空観であり、唯識という真理を悟った瞬間です。また、無分別智（真識）が生じた直後に、後得智（俗識）が生じます。後得智は仏・菩薩が衆生済度をするために、ものごとを正しく分別する智です。三性でいえば、無分別智が円成実性を起こし、後得智が依他起性を起こします。この通達位に至ることを、法界（真理）に通達すると言います。それは仏の家に生まれることであり、遠からず無上正等覚を成就するという自覚が生じます。聞・思・修でいえば修に集中するところです。

五重唯識観の第五重は、依他起性の染分（ぜんぶん）を捨て、円成実性を証することから、この段階に相当することが分かります。

《原文》

於修習位、修有差別。初四地中、真俗唯識各各別証。於第五地、方少合観。然極用功、未常任運。至第七地、観真俗識。雖得長時、而有加行。八地已上、無勉励修。任運空中、起有勝行。至究竟位、雖更不修、念念具能縁真俗識。（T33.527c）

《書き下し文》

修習位に於いて、修に差別有り。初めの四地の中には、真俗の唯識を各各別に証す。第五地に於いて、方に少しく観を合す。然も極めて功を用うるは、未だ常には任運ならず。第七地に至り、真俗の識を観ず。長時を得と雖も、而も加行有り。八地已上は、勉励して修すること無し。任運に空の中に、有の勝行を起こす。究竟位に至り、更に修さずと雖も、念念に具さに能く真俗の識を縁ず。

《現代語訳》

修習位では、修に差別がある。初めの四地では、真・俗の唯識をそれぞれ別に悟る。第五地では、はじめて少し〔真・俗を〕合わせて観じる。しかしその完全なはたらきは、まだ常に自在というわけではない。第七地に至り、真・俗の唯識を観じる。長時間〔観を〕得られるが、まだ修行がある。

八地以上は、勉めて修めることはない。自在に空にあって、有の勝れた行いを起こす。究竟位に至ると、もう修めることはないが、一念ごとに具さに真・俗の唯識を認識する。

第四の修習位は、初地の住心から十地の出心までです。ここでは唯識の悟りが次第に深められていきます。初めの四地では、真・俗の唯識観を別々に行っています。円成実性と依他起性で別々に唯識観を行っているのです。第五地からは両者を少し同時に行えるようになり、第七地で完全に行えるようになります。ここまでは修行に努力が必要ですが、第八地からは努力することなく、自ずから空において有の行い（衆生済度）ができるようになると言います。空有自在の境地です。

第五の究竟位は、仏地です。仏と成り、一念ごとに真・俗の唯識観を行うといいます。仏は常に円成実性と依他起性で同時に唯識観を行い、真理と一体でありながら衆生を済度し続けているのです。

《原文》

所修有二。一現行、二種子。於初二位、有漏三慧皆通二修、種修無漏。通達位中、無漏修慧通現種修、有漏唯種。在修習位、七地已前、有漏無漏皆具三慧、通現種修。八地已上、有漏唯種、無漏三慧通現種修。於究竟位、有漏皆捨。雖唯無漏、然具現種。所言修者、令観種現、展転増勝、生長円満。有自在者、下亦修上。未自在者、不能上修。

此唯識修総摂諸行。諸行皆依唯識修故。（T33.527c）

《書き下し文》

所修に二有り。一には現行（げんぎょう）、二には種子（しゅうじ）なり。初の二位に於いては、有漏の三慧は皆な二修に通じ、種の修は無漏なり。通達位の中には、無漏の修慧は現・種の修に通じ、有漏は唯だ種のみなり。修習位に在りては、七地已前は、有漏・無漏皆な三慧を具し、現・種の修に通ず。八地已上は、有漏は唯だ種のみにして、無漏の三慧は現・種の修に通ず。究竟位に於ては、有漏は皆な捨す。唯だ無漏のみなりと雖も、然も現・種を具す。言う所の修とは、種・現を観じて、展転（ちんでん）増勝し、生長（しょうちょう）して円満にせしむるなり。自在有る者は、下も亦た上を修す。未だ自在ならざる者は、上を修すること能わず。

此の唯識の修は総じて諸行を摂（せっ）す。諸行は皆な唯識の修に依るが故に。

《現代語訳》

所修（修められるもの。実践の対象）には二つある。一つには現行、二つには種子である。初めの二位（資糧位・加行位）では、有漏の三慧が〔現行・種子の〕二修に通じるが、種子の修は無漏〔の三慧の修〕でもある。通達位では、無漏の修慧が現行・種子の二修に通じるが、有漏〔の三慧〕はただ種子〔の修〕のみである。修習位では、七地以前は、有漏・無漏の三慧を具え、現行・種子の

二修に通じる。八地以上は、有漏〔の三慧〕はただ種子〔の修〕のみであり、無漏の三慧が現行・種子の二修に通じる。究竟位では、有漏はみな捨てられる。ただ無漏のみであるとはいえ、現行・種子を具えている。いわゆる修行とは、種子と現行を観察して、次第に勝れたものにしていき、〔無漏種子を〕生起・増長して円満にさせることである。〔すでに定に〕自在な者は、下地でも上地〔の観〕を修す。また〔定に〕自在でない者は、上地のものを修することはできない。この唯識の修行は諸々の修行を総合する。諸々の修行はみな唯識の修行によるからである。

唯識観によって修められるものは、現行と種子です。現行は阿頼耶識から諸法が現れること、種子はその原因となるもので阿頼耶識に蔵された特殊な力です。

資糧位・加行位では、有漏の三慧が現行・種子を修めます。煩悩がありながら仏の教えを聴聞し、思惟する段階です。しかしその背後で無漏の三慧が種子を修めています。

通達位では、無漏の修慧が現行・種子を修めます。有漏の三慧はただ種子を修めるのみです。

修習位では、七地以前は有漏・無漏の三慧がともに現行・種子を修め、八地以上は無漏の三慧が現行・種子を修め、有漏の三慧が種子を修めます。

究竟位では、無漏の三慧が現行・種子を修め続けます。

以上が実修されるべきもの（行）であり、唯識の修行にはすべての修行が総合されている、と結ばれています。

※有漏・無漏の三慧と現行・種子

〔資糧位・加行位〕

現行　　有漏三慧

種子　　無漏三慧

〔通達位〕

現行　　有漏三慧

種子　　無漏修慧

〔修習位（七地以前）〕

現行　　有漏三慧

種子　　無漏三慧

〔修習位（八地以上）〕

現行　　有漏三慧

種子　　無漏三慧

〔究竟位〕

現行

種子　　無漏三慧

《原文》

此略修行果相云何。有漏修者、能感世間一切妙果。無漏修者、永滅諸障得大菩提、窮尽未来広生饒益。此説別得。若互相資、容得一切。（T33.527c）

《書き下し文》

此の略修行の果相は云何ん。有漏の修は、能く世間の一切の妙果を感ず。無漏の修は、永く諸障を滅して大菩提を得、未来を窮尽(ぐうじん)して広く饒益(にょうやく)を生ず。此れは別に得ることを説く。若し互に相資すれば、一切を得べし。

《現代語訳》
この略修行の証果はどのようであろうか。有漏の修行は、世間のあらゆる妙果を感得する。無漏の修行は、永久に諸障を滅して大菩提を得、未来を尽くして広く利益を生じる。これはそれぞれ別に得ることを説いた。もし〔有漏と無漏の修行が〕互いに助けあうならば、すべて〔の果〕を得るだろう。

最後に修行によって得られる成果（果）が簡潔に説かれます。有漏の修行は、煩悩がありながら世間の悟りを得られます。無漏の修行は、悟りの障害を永久に滅して大菩提を得て、未来を尽くして広大な利益を生じます。

以上が修行の略説です。慈恩大師は、『成唯識論』を中心に唯識経論に説かれたさまざまな修行をとりまとめ、このような独自の修行体系を作られました。続いて『瑜伽師地論』菩薩地に基づいて修行が広説されますが、残念ながら紙幅の都合で省略いたします。

8 五蘊等皆空——三性・三無性

《原文》

経曰。照見五蘊等皆空。

賛曰。此顕由行甚深般若、得正慧眼。達空名照。謂色受等諸有為法、皆有三世内外麁細劣勝近遠。積聚名蘊。此五。謂色受想行識。等言等取処等諸法。（T33.535b）

《書き下し文》

経に曰く。「五蘊等は皆な空なりと照見し」と。

賛じて曰く。此れは甚深の般若を行ずるに由りて、正慧眼を得ることを顕す。空に達するを「照」と名づく。謂く色・受等の諸もろの有為法は、皆な三世・内外・麁細・劣勝・近遠有り。積聚するを「蘊」と名づく。此れに「五」あり。謂く色・受・想・行・識なり。「等」の言は処等の諸法を等取す。

《現代語訳》

経に「五蘊等はみな空であると照見し」と言う。

賛じて言う。これは甚深の般若を行ずることにより、正しい慧眼を得ることを明らかにしている。空に達することを「照」と言う。すなわち色・受などの諸々の有為法には、みな三世・内外・麁細・劣勝・近遠〔などの差別〕がある。〔それらを〕積集したものを「蘊」と言う。これに「五」つある。すなわち色・受・想・行・識である。「等」という言葉は〔十二〕処などの諸法を取りまとめている。

「照見五蘊等皆空」の注釈に入ります。ここには観自在菩薩が深い般若波羅蜜多を行じたことで「五蘊等はみな空である」と観る慧眼が得られたことが説かれている、といいます。「等」は現行本では省略されますが、古写経（法隆寺本など）に見られ、興福寺では今でも「五蘊等」と唱えています。慈恩大師が注釈していることから、玄奘訳にはもともと「等」があったことが分かります。

五蘊とは、色（身体）・受（感受作用）・想（表象作用）・行（意思作用）・識（認識）のことで、人の身心を五つの集まり（蘊）に分けたものです。ほかにも人の感覚・知覚を六つに分けた六根（六内処。眼・耳・鼻・舌・身・意）などの分類があります。

釈尊は弟子たちに、人は五蘊などの要素に分けられるが、そのいずれかに恒常不変の存在はあるだろうかと問い、いずれにも自己（我 ātman）と言えるものが見いだせないことを確認させました。これが釈尊の無我（anātman）という教えです。釈尊はこの教えにより、弟子たちに「われ」や「わがもの」に対する執着を捨てさせようとしたのです。

その後、五蘊に対する考え方は時代とともに変化していきました。部派仏教では、釈尊の教えを整理分類し、全ての教えが連関する教理体系を作り上げようとしました。その中で五蘊や六根は人や物を構成する要素とみなされるようになります。これを法（dharma）といいます。法には真理・性質・教法などの意味がありますが、ここでは事物という意味です。

部派仏教の最大勢力である説一切有部では、法が未来・現在・過去の三世にわたって実在する（三世実有）という「有」の思想に基づいて、仏教の教理体系を確立しました。それによれば、法は未来から現在に生じ、一瞬だけ人や物を構成すると、すぐに現在から過去に滅してしまうといいます。現在だけ見れば、人や物は似たような法が連続して生じたり滅したりしていることになり、その意味で無我であるというのです。

これに対し、大乗仏教では、法はいかなる時も実在しないとする「空」の思想を主張しました。それによれば、あらゆる法は因縁によって成立したものであり、自性（svabhāva そのもの独自の本性）は無く、無自性（niḥsvabhāva）・空（śūnya）であるといいます。そして、説一切有部は人が無我であること（人無我・人空）を説くのみであり、その構成要素である法が無我であること（法無我・法空）まで説いていない、と批判したのです。

『般若心経』の「五蘊等はみな空である」という経文は、この大乗仏教の「空」の思想を端的に表現したものです。それは観自在菩薩のように般若波羅蜜多を行じ、慧眼を得ることで初めて観ることができる、というのが慈恩大師の説明です。

後文（T33.535c）に、眼には①肉眼（人の眼根）、②天眼（定により得られる天の眼根）③慧眼（空理を照らす智慧）④法眼（教法に達する智慧）、⑤仏眼（仏の眼根と智慧。①～④の総合）の五つがあると述べられていますが、慧眼はそのうちの一つです。

《原文》

勝空者言。前破能観執顕能観空。今破所観執顕所観空。若痴所蔽迷勝義理、於蘊等中妄執為有。如処夢者見境現前。若正了知勝義諦理、不生執著。如夢覚位了境非有。故行般若便照性空。（T33.535b）

《書き下し文》

勝空者言く。前は能観の執を破して能観の空を顕す。今は所観の執を破して所観の空を顕す。若し痴に蔽われて勝義の理に迷わば、蘊等の中に於いて妄執して有と為す。夢に処る者の境の現前するを見るが如し。若し正しく勝義諦の理を了知すれば、執著を生ぜず。夢より覚むる位には境の非有なるを了ずるが如し。故に般若を行じて便ち性空なりと照すなり。

《現代語訳》

勝空者は言う。前には観るものの執を破して観るものが空であることを明かにした。今は観られる

ものの執を破して観られるものが空であることを明らかにしている。もし痴に覆われて勝義諦の真理に迷うならば、五蘊等に妄執して有とみなしてしまうだろう。夢のなかにいる者が対象が現前するのを見るようなものである。もし正しく勝義諦の真理を知るならば、〔五蘊等に〕執著を生ずることはない。夢から覚めた時には対象が非有であることを知るようなものである。故に般若を行じて〔五蘊等が〕本性として空であると照見するのである。

先ず、これに対する勝空者（中観派）の解釈が述べられます。それは、これまでは観るものである「観自在菩薩」と「般若波羅蜜多」について、それぞれ人空・法空を明らかにしてきた。ここでは観られるものである「五蘊等」について、それが「空」であることを明らかにしている。それは五蘊などを有と見るのではなく、「非有」であると知ることである、というものです。

中観派では二諦（世俗諦・勝義諦）を説きます。有と見るのが世俗諦（世間的真理）、諸法を空と見るのが勝義諦（出世間的真理）です。この立場からすれば、『般若心経』で五蘊などが空であると知るというのは、「勝義諦」を知るということにほかなりません。

《原文》

如応者言。雖修一切皆行般若、証真遣妄由慧照空。故此偏説。

此中空言即三無性。謂計所執、本体非有、相無自性。所以称空。

諸依他起、色如聚沫、受喩浮泡、想同陽焔、行類芭蕉、識猶幻事、無如所執自然生性。故亦名空。円成実性、因観所執空無方証。或無如彼所執真性。故真勝義亦名為空。（T33.535b）

《書き下し文》

如応者言く。一切を修するを皆な般若を行ずというと雖も、真を証して妄を遣るは慧の空を照らすに由る。故に此に偏に説く。

此の中に「空」の言は即ち三無性なり。謂く①〔遍〕計所執〔性〕は、本より体有に非ざれば、相無自性なり。所以に「空」と称す。

諸もろの②依他起〔性〕は、色は聚沫の如く、受は浮泡に喩え、想は陽焔に同じく、行は芭蕉に類し、識は猶お幻事のごとく、所執の如き自然生無き性なり。故に亦た「空」と名づく。

③円成実性は、所執の空無を観ずるに因りて方に証す。或いは彼の所執の如き真無き性なり。故に真勝義も亦た名づけて「空」と為す。

《現代語訳》

如応者は言う。あらゆる修行をみな般若を行ずるというが、真理を証して妄執を遣るのは慧が空を照見することによる。故にここで偏に説くのである。

この中で「空」という言葉は三無自性（三無性）である。すなわち①遍計所執性は、もとより体

は非有なので、相無自性（相無性）である。ゆえに「空」と称する。
②諸々の依他起性は、色は沫の集まりのようであり、受は水泡のようであり、想は陽炎のようであり、行は芭蕉のようであり、識は幻影のようであり、執着されたような自然の生起がないということ（生無性）である。故にまた「空」と言う。
③円成実性は、執着されたものが無いと観じることで初めて証するものである。あるいはその執着された真理が無いということ（勝義無性）である。故に真理もまた「空」と言う。

次に、如応者（瑜伽行派）の解釈が述べられます。如応者は、真如を証して妄執を捨てるには智慧（般若）が空を照見しなければならない、と言います。そして、『般若心経』の「空」という言葉に三つの解釈を与えていきます。ここはその第一の解釈です。

第一は、「空」とは「三無自性」であるという解釈です。三無自性は三無性ともいいます。三無性（相無性・生無性・勝義無性）とは、三性（遍計所執性・依他起性・円成実性）がいずれも無自性であるという意味です。一つずつ見ていきましょう。

①遍計所執性は、言葉で思考されたものです。私たちは物事に名前を付けて、名前どおりのものが実在すると考えてしまいがちです。しかし、それはあくまでも言葉によって作られたイメージであり、そこに実体と言えるものはありません。このように遍計所執性が実在しないことを「相無性」と言います。『般若心経』はこの意味で「空」と言っているというのです。

②依他起性は、他に依って起こるものです。私たちが認識している物事は、因縁によって生じたものです。五蘊も、聚沫・水泡・陽炎・芭蕉・幻影のように、原因や条件によって生じたものです。このように、依他起性には執着されるような自然に生じたものが無いことを「生無性」と言います。『般若心経』はこの意味でも「空」と言っているといいます。

③円成実性は、完全に成就されたもので、智慧によって観察される物事の真理（勝義）です。真理は執着されたものが無いと観ることで初めて悟ることができます。それは執着されるような真理は無いということでもあります。このように、真理は遍計所執性が無いこと、あるいは遍計所執性としての真理が無いことを、「勝義無性」と言います。『般若心経』はこの意味でも「空」と言っているというのです。

こうしてみると、三無性は三性と別のものを説いているのではないことが分かります。三性が心の作りだすものには存在性がある（自性）という肯定的な説明をしているのに対し、三無性は心の作りだすものには固定的実体がない（無自性）という否定的な説明をしているのです。三性と三無性の関係で言えば、三性は諸法の「有」、三無性は諸法の「空」を明らかにしていることになります。瑜伽行派はこれを「有空中道」や「非空非有中道」と称し、

三性		三無性
遍計所執性	相無性	
依他起性	生無性	
円成実性	勝義無性	
有（非空）	空（非有）	

有空中道（非空非有中道）

諸法の実相を完全に説き明かしたものであると主張するのです。

《原文》

拠実三性、非空非不空。対破有執総密説空、非後二性都無名空。説一切空是仏密意。於有及無総説空故。如世尊説。相生勝義無自性、如是我皆已顕示。若不知仏此密意、失壊正道不能往。（T33.535b）

《書き下し文》

実に拠らば三性は、空に非ず不空に非ず。有執を対破せんとして総じて密かに「空」と説くも、後の二性の都て無なるを「空」と名づくるには非ず。「一切は空なり」と説くは是れ仏の密意なり。有と及び無とに於いて総じて「空」と説くが故に。世尊の説くが如し。「相・生・勝義の無自性を、是の如く我れ皆な已に顕示す。若し仏の此の密意を知らざれば、正道を失壊して往くこと能わず」と。

《現代語訳》

実によれば三性は、空でもなく不空でもない。有執（遍計所執性）を破るために総じて密かに「空」と説かれるが、後の〔依他起性・円成実性の〕二性が全くないことを「空」と言うのではない。

「一切は空である」と説かれるのは仏の密意である。〔依他起性・円成実性の〕有と〔遍計所執性の〕無について総じて「空」と説かれているからである。〔次のように〕世尊が説かれる通りである。「相・生・勝義の無自性を、このように私はみな顕示した。もし仏のこの密意を知らなければ、正道を失い〔正道を〕往くことができないだろう」（『解深密経』巻二 T16.696b）と。

第二は、「空」とは「遍計所執性の無」であるという解釈です。すなわち、真実には三性は三無性と合わせて「非空非有」であるが、『般若心経』では遍計所執性が「有」であるという執着を破るために、あえて諸法が「空」であると説いている。ただし、依他起性と円成実性が無いわけではない、というものです。これは「行」の解釈で見た、三性のうち遍計所執性は無であり、依他起性・円成実性は有である、という説明と同じです。

慈恩大師は、仏は密意（abiprāya, saṃdhāya 密義意趣。秘密の意図）をもって「一切は空である」と説かれた、と述べています。『大般若経』などに「一切は空である」と説かれているとしても、それは遍計所執性の無を知らしめるという意図であり、依他起性と円成実性が無いわけではない、というのです。ここには、勝空者のように勝義諦は空（非有）であるという解釈だけでは、事象や真理の有（非空）まで否定していると受け取られてしまい、修行や救済が実践されなくなるという、如応者からの批判が込められています。

《原文》

又此空者、即真如理。性非空有、因空所顕、遮執為有。故仮名空。愚夫不知、執五蘊等定離真有、起相分別。今推帰本、体即真如。事離於理、無別性故。由此経言。一切有情皆如来蔵、一切法等皆即真如。説有相事則無相空、令諸有情断諸相縛。…後略（T33.535c）

《書き下し文》

又た此の「空」は、即ち真如の理なり。性は空にも有にも非ざるも、空に因りて顕（あらわ）る所なれば、執して有と為すを遮す。故に仮に「空」と名づく。愚夫は知らずして、五蘊等に定めて真を離れて有なりと執し、相を起こして分別す。今推して本に帰すれば、体は即ち真如なり。事は理を離れて、別の性無きが故に。此れに由りて経に言う。「一切有情は皆な如来蔵なり」、「一切法等は皆な即ち真如なり」と。有相の事は則ち無相の空なりと説き、諸もろの有情をして諸もろの相縛（そうばく）を断ぜしむ。…後略

《現代語訳》

またこの「空」は、真如の理である。〔法〕性は空でもなく有でもないが、それは空によって明らかになるものであるから、〔まず五蘊等に〕執して〔それらが〕有であるとすることを否定する。故に仮に〔五蘊等が〕「空」であると言うのである。愚者はこれを知らずに、五蘊等に執着して

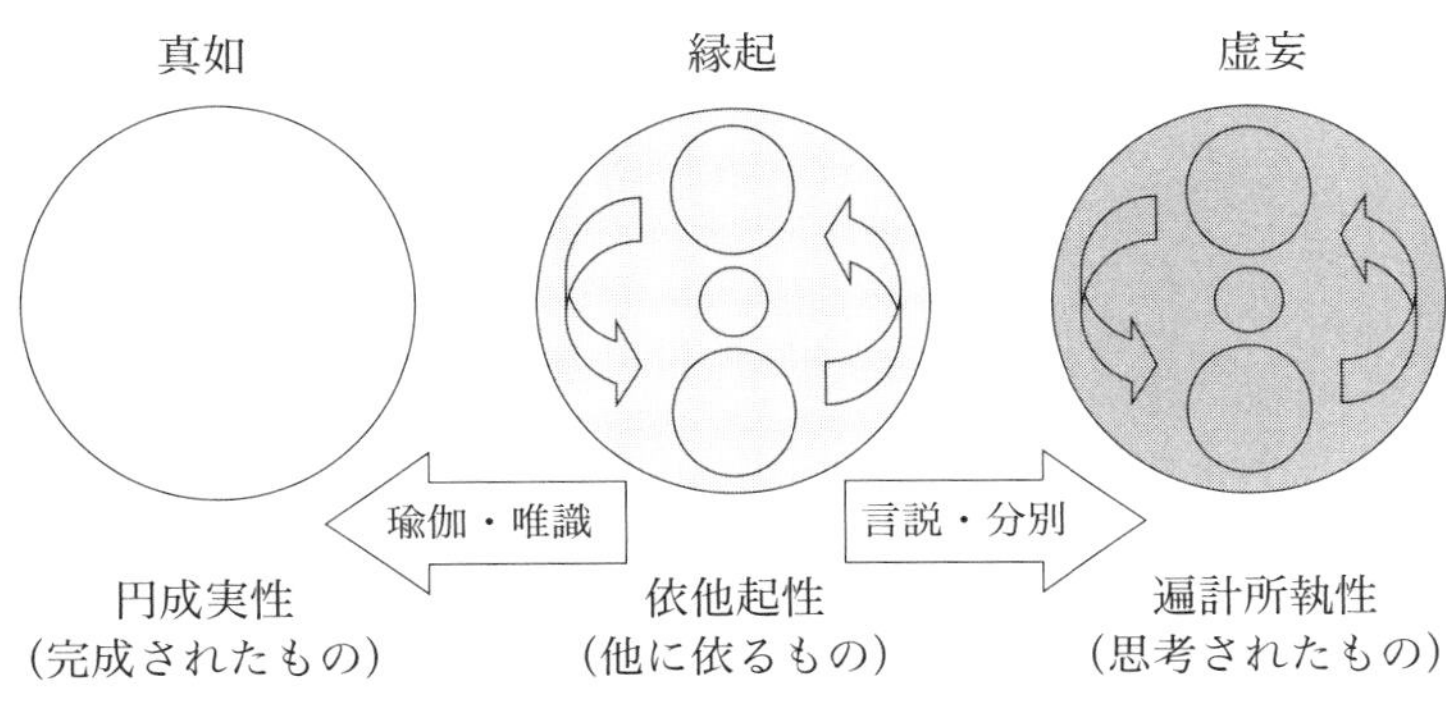

〔それらが〕真如を離れて有であるとし、相を起こして分別する。しかし推しはかって本に帰れば、〔五蘊等の〕体は真如である。事（事象）は理（真理）を離れて、別の性は無いからである。このことから経に言う。「一切有情はみな如来蔵である」（『大般若経』巻五七八 T7.990b）、「一切法はみな真如である」（同巻四七六 T7.414b 等）と。有相の事はすなわち無相の空であると説き、諸々の有情に諸々の煩悩を断じさせようとするのである。…後略

第三は、「空」とは「真如の理」であるという解釈です。すなわち、真如・法性は円成実性（有）＝勝義無性（空）であり「非空非有」であるが、それは五蘊が「有」であるという執着を捨ててはじめて明らかになるため、『般若心経』では仮に五蘊が「空」であると説いている、というものです。

「空」が「真如の理」であるとは、どのような意味でしょうか。五蘊などの事象にはそれぞれ属性（相）が有るように見えますが、それらはみな空という真理を本性（性）としています。これは三性で言えば、依他起性と円成実性の関係に相当します。つまり、ここでは『般若心経』の「空」が円成実性という意味で解釈されているのです。慈恩大師は、『大般若経』に「一切有情はみな如来蔵である」「一切法はみな真如である」と説かれているのも同じ意味であると述べています。確かに、五重唯識観の遣相証性でも、円成実性の中に「如来蔵・空・真如」が摂められていました。空であるということ（空性）は真理の一つなのです。

空という真理が円成実性であれば、それは有であるということです。真如を有であると見るのは、中期大乗仏教の唯識思想や如来蔵思想の特徴の一つです。これも勝義諦をただ空であるとする勝空者の解釈に対する批判となっています。

以上、『般若心経』の「空」について如応者（瑜伽行派）の三つの解釈を見てきました。いずれも、三性・三無性により諸法は「非空非有」であるという前提に立ちながら、どうして『般若心経』では諸法は「空」であると説かれているのか、ということを解釈するものでした。それをまとめると、次のようになります。

第一　三性（有）が三無性（空）でもあることを「空」と説いている。
第二　遍計所執性の無を「空」と説いている。ただし依他起性・円成実性は「有」である。
第三　真如の理（空性）を「空」と説いている。ただし円成実性は「有」である。

《原文》

然此空性、資糧位中、聴聞思惟、多唯信解。在加行位、方純修観。雖皆名照、猶帯相故、而未証真。住十地中、起無漏観、通達真理、方実照空。至如来位、照見円満。…後略（T33.535c）

《書き下し文》

然も此の空性は、資糧位の中において、聴聞・思惟するも、多くは唯だ信解するのみ。加行位に在りて、方に純ら修観す。皆な「照」と名づくと雖も、猶お相を帯するが故に、而も未だ真を証せず。十地の中に住して、無漏観を起こし、真理に通達して、方に実に空を照らす。如来の位に至り、照見すること円満す。…後略

《現代語訳》

ただしこの空性は、資糧位においては、聴聞・思惟しても、多くはただ信解するのみである。加行位にあって、初めて専ら観を修める。〔これらを〕みな「照」と言うが、まだ相を伴うため、真理を証してはいない。〔通達位・修習位の〕十地において、無漏の観を起こし、真理に通達して、初めて実に空を照見する。如来の〔究竟〕位に至り、照見することが円満となる。…後略

空性は五位の修行階梯のうち、どこで悟るのでしょうか。この説明によれば、資糧位では空性の教えを聴聞し、思惟しますが、まだ信じて受け容れるだけです。加行位では有漏の唯識観を修めま

すが、まだ真理を悟れません。通達位ではじめて無漏の唯識観（非有非空観）により真理に通達し、はじめて空性を悟ります。三性で言えば、無分別智が生じて円成実性が起るということです。修習位では悟りが次第に深められ、究竟位では悟りが完全になります。

後文（T33.535c-536a）には、観自在菩薩が舎利子に法空のみを説く理由や、十六空（内空・外空・内外空・大空・空空・勝義空・有為空・無為空・畢竟空・無際空・無散空・本性空・相空・一切法空・無性空・無性自性空）ないし二十空という空の分析が述べられますが、これらは省略することにいたします。

9　度一切苦厄

《原文》

経曰。度一切苦厄。

賛曰。勝空者言。此上略説、破二執顕二空、能度衆苦。既照性空離諸分別、如蛾出繭*永離纏裹、便度苦厄疾証涅槃。雖依勝義無度無得、随世俗中有度有得。（*「繭」、大正は「蠒」に作る。甲本により改める。）**（T33.536a）**

《書き下し文》

経に曰く。「一切の苦厄を度す」と。

賛じて曰く。勝空者言く。此の上は略して、二執を破し二空を顕して、能く衆苦を度することを説く。既に性空を照らして諸もろの分別を離るること、蛾の繭より出でて永に纏裹（てんか）を離るるが如ければ、便ち苦厄を度し疾く涅槃を証す。勝義に依れば度も無く得も無しと雖も、世俗に随う中には度有り得有り。

《現代語訳》

経に「一切の苦厄を度した」と言う。

賛じて言う。勝空者は言う。上文には、二執を破し二空を明らかにして、多くの苦を度することを略説している。〔五蘊等が〕本性として空であると照見して諸々の分別を離れることは、蛾が繭から出て永久に纏（まと）いを離れるようなものであるから、すぐに苦厄を度して速やかに涅槃を証する。勝義諦によれば度することもなく得ることもないが、世俗諦に従えば度することもあり得ることもある。

ここから「度一切苦厄」の注釈に入ります。

先ず、勝空者（中観派）の解釈が述べられます。それは、ここまでが二執を破して二空を明らかにすることで苦厄を度することを説いている。それは蛾が繭から出るように、永久に苦厄を度して速やかに涅槃を得ることである。ただし、これは世俗諦による説明であり、勝義諦では苦厄を度することも涅槃を得ることもない、というものです（ここまでの勝空者の解釈は表参照）。

※勝空者の解釈

観自在菩薩	我執を破し、我空を説く。
行深般若波蜜多時	法執を破し、法空を説く。 世俗諦では空観を行ずる。 勝義諦では行ずるものはない。
照見五蘊皆空	ここまで能観の執を破し、能観の空を説く。 ここでは所観の執を破し、所観の空を説く。 勝義諦（空、非有）の理を悟る。
度一切苦厄	世俗諦では苦厄を度し、涅槃を得る。 勝義諦では苦厄を度することもなく、涅槃を得ることもない。

《原文》

如応者言。由照性空、能越生死顕先修益。第三練磨心也。謂観転依深妙難証、若生退屈応練磨心。

世間有情行麁施等、於命終位尚招勝果。況我今修無障妙善、当来不証度苦転依。如彼行慧已度苦厄、捨麁重依得無麁重、我亦応爾励己＊増修、不応自軽而生退屈。…後略（＊「己」、大正は「已」に作る。文義により改める。）**(T33.536a)**

《書き下し文》

如応者言く。性空を照らすに由りて、能く生死を越え先の修益を顕す。第三の練磨心なり。謂く転依は深妙にして証し難しと観じ、若し退屈を生ずれば応に心を練磨すべし。世間の有情の麁施等を行うすら、命終の位に於いて尚お勝果を招く。況んや我れ今無障の妙善を修するに、当来に証して苦を度し転依せざらんや。彼の慧を行じ已に苦厄を度して、麁重の依を捨て麁重無きを得るが如く、我れも亦た応に爾るべく己を励まして増修し、応に自ら軽んじて退屈を生ずべからず。…後略

《現代語訳》

如応者は言う。本性が空であると照見することにより、生死を越えて先の修行の利益を明らかにする。〔これが〕第三の練磨心である。すなわち転依は甚深微妙であり〔菩提は〕証しがたいと観て、もし退転〔の心〕を生じるならば心を練磨すべきである。世間の有情が普通の布施を行うことさえ、命が終わるときに勝れた果を招くものである。ましてわたしはいま障礙のないすぐれた善を修めているのであるから、どうして未来に〔菩提を〕証し苦厄を度して転依しないことがあるだろうか。

彼（観自在菩薩）が慧を行じて苦厄を度し、煩悩の依りどころ（八識）を捨てて煩悩のないもの（四智）を得たように、わたしもまたそうなるように己を励まして修行を増し、自ら軽んじて退転〔の心〕を生じてはならない。…後略

次に、如応者（瑜伽行派）の解釈が述べられます。それは、「度一切苦厄」には生死輪廻を超えるという修行の利益が明らかにされており、第三の練磨心が説かれている、というものです。

唯識では修行によって心が迷いの状態から悟りの状態に転換すると説明されます。これを転依（āśraya-parāvṛtti 所依を転ずること）と言います。それは八識（六識・末那識・阿頼耶識）を転じて四智（成所作智・妙観察智・平等性智・大円鏡智）を得ることであり、通達位から修習位にかけて次第に修練され、究竟位で完成するとされています。つまり転依とは菩提を証して成仏することに他なりません。

ここでは、このような転依はとても証しがたいと思った時は、観自在菩薩を念じて心を励ますべきだ、と言います。日常の布施などの善行ですらよい来世を招きます。まして六波羅蜜多を行い、菩提心を発こし、唯識観を修めるという善行をしているのですから、どうして未来に菩提を証して苦厄を度し、転依しないことがあるでしょうか。観自在菩薩が智慧（般若）を行じて空性を悟り、八識を転じて四智を得たように、わたしも自らを励まして修行を推し進めるべきであり、自らを軽んじてひるんではならない、と言うのです。

慈恩大師はここでも高邁な目標に向かって、修行に邁進すべきことを力説しています。勝空者（中観派）の勝義諦の解釈では修行しないことが悟りであるかのように受け取られる恐れがあります。そのため、慈恩大師は如応者（瑜伽行派）の立場から修行の意義を強調しているのです（これまでの如応者の解釈は表参照）。

※如応者の解釈

観自在菩薩	初錬磨心。修行者（観自在菩薩）を示し、発心を勧める。
行深般若波蜜多時	第二練磨心。修行者が学んだ智慧（般若波羅蜜多）を示す。行じても、行ずることにとらわれない。
照見五蘊皆空	五重唯識観・五位唯識観を行う。 第二練磨心。修行者が智慧により諸法を空と観ることを説く。諸法は三性三無性であり非空非有であるが、ここでは①三無性（空）、②遍計所執性の無、③真如の理（空性）を示すために偏に空を説く。
度一切苦厄	第三練磨心。修行者の利益を明らかにする。苦厄を度し、転依して、菩提を証する。

続いて、「度」とは超越・解脱すること、「苦」とは三界の有情（生存する者）とその生処（生存する場所）のことで、惑（煩悩）と業（行為）によって生じるものであり、「厄」すなわち災難である、という説明がなされます。引用は省略いたします。「苦」には三苦・四苦・八苦などの分類があります。

※三苦（有情の三つの苦しみ）
①行苦（ぎょうく）…事物が移り変わることで感じる苦しみ。
②壊苦（えく）…好ましいものが壊れることで感じる苦しみ。
③苦苦（くく）…好ましくないものが迫ることで感じる苦しみ。

※四苦八苦（①〜④が四苦。①〜⑧が八苦）
①生苦（しょうく）…生まれに起因する苦しみ。
②老苦（ろうく）…老いに起因する苦しみ。
③病苦（びょうく）…病に起因する苦しみ。
④死苦（しく）…死に起因する苦しみ。
⑤愛別離苦（あいべつりく）…愛する者と別れる苦しみ。
⑥怨憎会苦（おんぞうえく）…怨み憎む者と会う苦しみ。

⑦求不得苦（ぐふとっく）…求めても得られない苦しみ。
⑧五蘊盛苦（ごうんじょうく）…五蘊（色受想行識）が盛んである苦しみ。

また、「厄」には八難処（修行ができない八つの境界。地獄・餓鬼・畜生・長寿天・辺地・諸根不具・世智弁聡・仏前仏後）、諸々の急難（王賊難等）、小三災（刀兵災・疾病災・飢饉災）などの分類があります。

そして慈恩大師は、五蘊等が空であることを知らないと、それらに相（属性）があると見て心に虚妄分別（誤った考え）を生じ、惑（煩悩）と業（行為）を起こして、輪廻転生という苦が生じることになる。反対に、三無性であることが空であると知り、あるいは五蘊等が真如・空性であると知るならば、虚妄分別は生ぜず、惑と業も起こさず、苦も滅することになる。これが「一切の苦厄を度した」という意味である、と述べています。

《原文》

即此空相、資糧位中聞思等照、初十心位第六心後、信心不退不断善根、便永伏度極重苦厄。…中略…

十住中至第四住後、麁無明等皆始不行、方能伏度悪趣苦厄。…中略…第七住後更不退位、伏離二乗所応苦厄。

至通達位初証真空、後能永度三悪趣八処、無暇貧疾等種一切苦厄。或有亦能永離三界分段苦厄。怖煩悩故。

有八地後方離此厄。七地已前留煩悩故。第十地終照空円満、一切有漏種子永除、変易死等苦厄皆尽。

至如来位利楽衆生。或時示現非実如是。

此観自在猶未成仏、由照空故当必皆除。勧示発心言度一切。（T33.536b）

《書き下し文》

即ち此の空相は、資糧位の中には聞思等もて照し、初の十心の位の第六心の後には、信心不退にして善根を断ぜず、便ち永に極重の苦厄を伏度す。…中略…

十住の中の第四住の後に至り、麁の無明等皆な始めて行ぜず、方に能く悪趣の苦厄を伏度す。…中略…第七住の後には更に不退位にして、二乗所応の苦厄を伏離す。

通達位に至りて初めて真空を証し、後に能く永に三悪趣・八処の、無暇の貧疾等の種の一切苦厄を度す。或いは亦た能く永に三界の分段の苦厄を離すること有り。煩悩を怖るるが故に。

八地に有りてより後に方に此の厄を離る。七地已前には煩悩を留むるが故に。第十地に終に空を照すること円満して、一切の有漏種子を永に除き、変易死等の苦厄皆な尽く。

如来の位に至りて衆生を利楽す。或いは時に示現するも実に是くの如くには非ず。

此の観自在は猶お未だ成仏せざるも、空を照するに由るが故に当に必ず皆な除くべし。発心を勧示して「一切を度す」と言う。

《現代語訳》

すなわちこの空相は、資糧位の中では聞慧・思慧などで照見し、初めの十信心の位の第六〔不退〕心の後には、信心不退となって善根を断ずることがなくなり、永久に極めて重い苦厄を度する。…中略…

十住の中の第四〔生貴〕住より後になると、麁の無明などはみな現行しなくなり、はじめて悪趣の苦厄を度する。…中略…第七〔不退〕住の後にはさらに不退位となり、二乗に応じた苦厄を離れる。

通達位〔初地〕に至り初めて真如・空性を証し、後に永久に三悪趣〔地獄・餓鬼・畜生〕・八難処の、暇（いとま）のない貧疾等のあらゆる苦厄を度する。あるいはまた永久に三界の分段生死（ぶんだんしょうじ）〔寿命に限界がある生死〕の苦厄を離れる〔こともある〕。煩悩を怖れるからである。

〔修習位の〕第八地より後にはじめて〔完全に〕この苦厄を離れる。第七地以前には煩悩を留めるからである。第十地についに空を照見することが円満になり、あらゆる有漏種子を永久に除き、変（へん）易生死（やくしょうじ）〔寿命を変化させることのできる生死。初地以上の生死〕などの苦厄もみな尽きる。

如来の位〔究竟位〕に至ると衆生を利益・安楽する。ある時には〔苦厄を〕現すこともあるが、実にはそのよう〔に苦厄を生じているわけ〕ではない。

この観自在菩薩はまだ成仏はしていないが、空を照見していることから必ず〔苦厄を〕みな除くは

ずである。〔そこで〕発心を勧めるために〔観自在菩薩が〕「一切〔の苦厄〕を度した」と言うのである。

苦厄は五位のうち、どこで度するのでしょうか。この説明によると、次のように段階的に度するといいます。

資量位……十信の第六心で、永久に極重の苦厄を度する。
　十住の第四住で、悪趣の苦厄を度する。
　十住の第七住で、二乗の苦厄を離れる。
通達位……十地の初地で、永久に三悪趣・八難処の苦厄を度する。
修習位……十地の第八地で、永久に分段生死の苦厄を離れる。
　十地の初地で、永久に分段生死の苦厄を離れることもある。
　十地の第十地で、変易生死の苦厄が尽きる。
究竟位…苦厄を現すこともあるが、苦厄を生じているわけではない。

これによれば、観自在菩薩は第十地の菩薩ですので、衆生済度のために輪廻転生する変易生死の苦厄はまだ尽きていないことになります。しかし、五蘊等が空であることを知っているため、やがて一切の苦厄を除き、成仏することは間違いありません。そこで、わたしたちに発心を勧めるために、あえて観自在菩薩が「一切の苦厄を度した」と説かれているのだ、と述べられています。

以上で、如応者（瑜伽行派）が『般若心経』を三分するうちの第一、「観自在菩薩、行深般若波羅蜜多時、照見五蘊皆空、度一切苦厄」の説明が終わりました。この部分では、観自在菩薩の修行をあげて発心を勧め、わたしたちの心を練磨させようとしている、というのが如応者の説明であり、慈恩大師の主張でもあります。

第二章　唯識の空

「舎利子」以下の注釈に入ります。勝空者の解釈では前分の続きになりますが、如応者の解釈では全体を三分するうちの中分に入ります。「色不異空、空不異色。色即是空、空即是色」の注釈で、勝空者（中観派）と如応者（瑜伽行派）の解釈の違いが鮮明になります。それぞれの教理によって何が主張されているのか、という点に注意しながら読み進めていきたいと思います。

1　舎利子

《原文》

経曰。舎利子。

賛曰。勝空者言。生由法立。法即生因。此広生空、法空後顕。（T33.536b）

《書き下し文》

経に曰く。「舎利子よ」と。

賛じて曰く。勝空者言く。生は法に由りて立つ。法は即ち生の因なり。此には生空を広くし、法空は後に顕す。

《現代語訳》

経に言う。「舎利子よ」と。

賛じて言う。勝空者は言う。衆生は法（事物。構成要素的存在）により成立する。法は衆生の因である。ここでは衆生の空（人空。我空）を広説し、法の空は後に明らかにする。

まず、勝空者（中観派）の解釈が述べられます。それは、「舎利子」の部分は人空を明らかにし、「色不異空」以下の部分は法空を明らかにする、というものです。人空は人が法（事物）で構成されていて無我であること、法空はその法も無我であることでした。人空・法空（人無我・法無我）は、大乗仏教の「空」の思想の基本となる考えです。

《原文》

如応者言。下陳機感者名、述理垂喩、示彼勝行、除四処也。義段有三。

初舎利子等、総告彰空。

次是故等、別結所空。
後以無所得故、釈成空理。（T33.536b）

《書き下し文》

如応者言く。下は機感者の名を陳べて、理を述べ喩を垂れ、彼の勝行を示して、四処を除くなり。義段に三有り。

初の「舎利子」等は、総じて告げて空を彰す。

次の「是の故に」等は、別して空ずる所を結す。

後の「得る所無きを以ての故に」は、空理を釈成す。

《現代語訳》

如応者は言う。下文には教えを受ける人の名前をあげて、〔空〕理を述べて教えさとし、その勝れた行いを示して、四処を除く。内容に三段ある。

初めの「舎利子」以下は、総じて告げて空を明らかにする。

次に「この故に」以下は、別して空じられるものを集める。

後の「得ることが無いからである」は、空理を解釈・成就する。

舎利子。色不異空、空不異色、色即是空、空即是色。 受想行識、亦復如是。 舎利子。是諸法空相。不生不滅、不垢不浄、不増不減。	総告彰空
是故空中、無色、無受想行識。（五蘊） 無眼耳鼻舌身意、無色声香味触法。（十二処） 無眼界乃至無意識界。（十八界） 無無明亦無無明尽、乃至無老死亦無老死尽。（十二縁起） 無苦集滅道。（四諦） 無智亦無得。	別結所空
以無所得故。	釈成空理

次に、如応者（瑜伽行派）の解釈が述べられます。それは、「舎利子」以下の部分は、舎利子に空理を教えて四処を除かせようとしている、というものです。そして、「舎利子」から「以無所得故」までを、右の表のように三つに分けています。

四処を除くとは、後文（T33.537c）によれば、二乗（声聞乗・独覚乗）の執着を捨てさせることです。つまり、この部分は舎利子に大乗の空理を説くことで、小乗の執着を捨てて大乗に向かわせようとしている、というのが如応者の解釈ということになります。

《原文》

梵云舎利、唐曰春鷲。由母弁才指喩為号。顕彼所生故復称子。母因能論、子仮為名。樹正摧邪、少聞多解。昔揚知見、最初悟入。今演性空、呼而垂喩。唯説勝教以統法、顕是理皆空。独告上人以摂機、即時衆咸告。彼雖秉告而未悟空、先勧練磨方除四処。（T33.536b-c）

《書き下し文》

梵に「舎利」と云い、唐に「春鷲（しゅんじゅう）」と曰う。母の弁才に由り喩を指して号と為す。彼の所生を顕すが故に復た「子」と称す。母能（よ）く論ずるに因（よ）りて、子仮（か）りて名と為す。正を樹（た）て邪を摧（くだ）き、少しく聞きて多く解す。昔、知見を揚（あ）ぐるときに、最初に悟入す。今、性空（しょうくう）を演（の）べんとして、呼びて喩を垂る。唯だ勝教のみを説くも以て法を統べ、是の理皆な空なるを顕す。独り上人のみに告ぐるも以て機を摂（せつ）し、即ち時衆に咸（み）な告ぐ。彼れ告ぐるを秉（う）くと雖も而も未だ空を悟らざれば、先に練磨を勧めて方（まさ）に四処を除かしむ。

《現代語訳》

〔舎利子（Śāriputra）の〕「舎利」（śāri）は梵語であり、唐では「春鶖」（百舌鳥）と言う。〔懐妊中の〕母が弁才を得たことから〔春鶖に〕喩えて名前とした。彼女が産んだことを示すために「子」（putra）と称する。〔懐妊中の〕母が〔見事に〕論じたことから、子がそれを名としたのである。〔舎利子は〕正を顕して邪を摧き、少し聞くだけで多く解した。昔、〔仏が〕知見を顕揚したときに、〔舎利子は〕最初に悟った。今、〔仏は諸法の〕本性が空であることを述べようとして、〔彼の名前を〕呼んで教えさとすのである。ただ勝れた教えのみを説きながら〔全ての〕教えを統合し、この理がみな空であることを明らかにしている。ただ上人（舎利子）のみに告げながら〔全ての〕機根（能力のある者）を包摂し、その時の大衆にみな告げている。彼（舎利子）は〔勝れた教えを〕告げられてもまだ空を悟らないため、先に練磨を勧めて初めて四処を除かせるのである。

続いて、舎利子の名前の由来とともに、『般若心経』がどのような状況で説かれたのかが述べられています。それによれば、「舎利子よ」という呼びかけは、仏によるものだといいます。仏はすべての衆生に空の教えを説きましたが、声聞である舎利子はすぐにそれを悟ることができません。そこで、仏は舎利子のために、まず観自在菩薩が般若を行じて空を悟り苦厄を除いたことを説き、舎利子の心を練磨したうえで、いよいよ空理を説き明かし小乗の執着を捨てさせようとしている、というのです。このことから、如応者は『般若心経』の全体を仏の説法と見ていることがわかります。

2　空――中観派と瑜伽行派の対論②

《原文》

経曰。色不異空、空不異色。色即是空、空即是色。

賛曰。謂四大種及此所造。即十色処及法処色。性皆変現、総立色名。（T33.536c）

《書き下し文》

経に曰く。「色は空に異ならず、空は色に異ならず。色は即ち是れ空、空は即ち是れ色なり」と。

賛じて曰く。謂く四大種（しだいしゅ）と及び此（こ）の所造となり。即ち十色処と及び法処色となり。性（しょう）皆な変現するを、総じて色の名を立つ。

《現代語訳》

経に言う。「色は空に異なることはなく、空は色に異なることはない。色は即ち空であり、空は即ち色である」と。

賛じて言う。すなわち〔色とは地・水・火・風の〕四大種とその所造とである。それは十の色処（しきしょ）（五根・五境）と法処（ほっしょ）の色（法処所摂色（ほっしょしょしょうしき））とである。本性として〔物質的存在を〕変現するものを、総じて色と言う。

ここから舎利子に対する空の説明が始まります。まず五蘊（色蘊・受蘊・想蘊・行蘊・識蘊）のうち色の定義が述べられ、続いて色が空と異なるものではなく、色はすなわち空であるという教説に対する、勝空者と如応者の解釈が述べられます。

色とは物質的存在のことで、四大種（地・水・火・風）という四元素から造られたものであると定義されます。瑜伽行派では色を、①五根（五つの感官。眼根・耳根・鼻根・舌根・身根）、②五境（五つの感官の対象。色境・声境・香境・味境・触境）、③法処所摂色（意識の対象となる特別な色。極微色・極迥色・受所引色・遍計所起色・定所生色）に分類します。これらの法が因縁によって生じたり滅したりすることで、物質的存在が現れると考えるのです。

《原文》

勝空者言。下広法空。…中略…此破二種執。色不異空、空不異色者、破執世俗所取色外別有真空、不悟真空執著諸色、妄増惑業輪転生死。…中略…故依勝義色不異空。如聖教説。因縁生法、我説空故。色即是空、空即是色者、破愚夫執要色無位方始有空、於色於空種種分別。今顕依勝義色本性空、迷悟位殊義彰空色。如何色滅方乃見空。…中略…由此二句、経作是言。色自性空。非色滅空。

（T33.536c）

《書き下し文》

勝空者言く。下は法空を広くす。…中略…此れは二種の執を破す。

「色は空に異ならず、空は色に異ならず」とは、世俗の所取の色の外に別に真空有りと執して、真空を悟らず諸色に執著して、妄（みだ）りに惑・業を増して生死を輪転するを破す。…中略…故に勝義に依らば色は空と異ならず。聖教（しょうぎょう）に説くが如し。「因縁生の法は、我れ空なりと説くが故に」と。

「色は即ち是れ空、空は即ち是れ色なり」とは、愚夫の要（かなら）ず色無き位に方（まさ）に始めて空有りと執し、色に於いて空に於いて種種に分別するを破す。今、勝義に依らば色は本より性空なるも、迷・悟の位殊（こと）ならば義もて空なり色なりと彰す。如何（いかん）が色滅して方に乃ち空を見んや。…中略…此の二句に由りて、『経』に是の言を作す。「色の自性は空なり。色滅して空なるに非ず」と。

《現代語訳》

勝空者は言う。下文には法空を広説する。…中略…これは二つの執着を破している。

「色は空に異なることはなく、空は色に異なることはない」とは、世俗で捉えられる色のほかに〔何か〕別に真実の空があると考え、真実の空を悟らずに諸色に執着し、誤って惑・業を増して生死を輪転することを破している。…中略…故に〔この二句は〕勝義によれば色は空に異ならない

〔ということを明らかにしている〕。聖教（『中論』巻四 T30.33b）に説かれている通りである。「因縁によって生じた法（もの）は、われは空であると説く」と。

「色は即ち空であり、空は即ち色である」とは、愚者が色が無くなって初めて空が有ると考え、色や空について種々に考えてしまうことを破している。今、勝義によれば色は本性として空であるが、迷・悟が異なるため〔色は〕空である〔空は〕色であると〔分けて〕示している。どうして色が滅して初めて空を見るだろうか。…中略…この二句により、『〔維摩〕経』（巻中 T14.551a）に次のように言う。「色の自性は空である。色が滅して空となるわけではない」と。

ここには勝空者の解釈が述べられています。勝空者は、以下は法空を詳しく説くところで、ここでは二つの執着を除こうとしている、と言います。

第一に、「色不異空、空不異色」は、世俗の色と真実の空とは別であると考えて、空を悟らず色に執着して苦しむことを捨てさせるために、勝義によれば色は空に異ならないということを明らかにしている、という解釈です。

第二に、「色即是空、空即是色」は、色が無くなって初めて空が有ると考えて、色とは何か、空とは何かと思考することを捨てさせるために、勝義によれば色は本性として空であるということを明らかにしている、という解釈です。

前者は色に対する執着、後者は色と空に対する執着を捨てさせるという解釈ですが、どちらも色と空が別々に存在するという考えを否定するものです。これらは大乗の二諦説に基づく解釈です。二諦説では、生滅する事象（法相）を世俗諦とし、不生不滅の真理（空性）を勝義諦としますが、両者は別々のものではなく、空性（空であること）が法相（諸法の特徴）であるとみなします。勝空者はこの立場から、色と空は決して別々ではないと説明しているのです。

《原文》

如応者言。若依勝義諸法皆空都無有者、初雖可爾、理未必然。真俗相形、俗無真滅。色空相待、色滅空亡。故非本来色体空也。（T33.536c）

《書き下し文》

如応者言く。若し勝義に依りて諸法は皆な空にして都て有ること無しといわば、初めのは爾るべしと雖も、理は未だ必ずしも然らず。真俗相形するに、俗無ならば真滅す。色空相待するに、色滅すれば空亡ず。故に本来色体は空なるに非ざるなり。

《現代語訳》

如応者は言う。もし勝義によれば諸法はみな空であり全く存在しないとするならば、初めの〔遍計所執性について〕はそうであるが、道理としては必ずしもそうとはいえない。真・俗は相似るため、

俗が無くなれば真も滅する。色・空は相対するため、色が滅すれば空も亡びる。故に本来色そのものが空であるというわけではない。

勝空者の解釈に対し、如応者から疑問が提示されます。ここから如応者と勝空者の「空」をめぐる対論が始まります。

如応者は、勝空者が「勝義によれば諸法はみな空である」と言うのであれば、遍計所執性については そうであるが、依他起性や円成実性についてはそうではない、と述べています。これは唯識の三性説に基づく解釈で、詳しくは後文で説明されます。

ここでは勝空者の解釈を批判して、真諦と俗諦は相対的・相依的であるため、色が無くなれば空も無くなるはずである、それでは色の本体が空であるとは言えないだろう、と述べられます。もし色も空も無くなるとすれば、事象も真実も否定することになり、虚無論に陥ってしまいます。それでは「色はもとより空である」とは言えないだろう、というのが如応者の批判になります。

《原文》

勝空者言。拠実此空、非空不空。翻迷対色、惟説色空。非此空言、即定為空。空亦空故。

（T33.536c）

《書き下し文》

勝空者言く。実に拠らば此の空は、空にも不空にも非ず。迷を翻ぜんとして色に対して、惟だ「色は空なり」と説くのみ。此の空の言は、即ち定めて空と為すに非ず。空も亦た空なるが故に。

《現代語訳》

勝空者は言う。実によればこの空は、空でも不空でもない。迷いを翻えそうとして色に相対して、ただ「色は空である」と説かれているのである。この空という言葉は、必ず空であるということではない。空〔という言葉〕もまた空だからである。

これに対し勝空者は、真実には「空」は空でも不空でもない、『般若心経』では法執を捨てさせようとして色に相対して空と説かれているが、「空」という言葉が必ず空を意味するわけではない、と述べています。

「色は空である」という時の空は、色という実体は無い（空しい）という意味で、否定的に使われています。しかし、空という真理が諸法にあまねく観られる（空しくない）という意味では、肯定的に使われることもあります。このことから、勝空者は「空」は空でも不空でもなく、「空」という言葉も固定的に捉えてはならない、と述べているのです。勝空者は、「空」という言葉には空のほかに不空という意味があるため、「色は空である」と言っても虚無論に陥ることはない、と反論しているのです。

《原文》

如応者言。若因縁色自本都無、応諸愚夫先来智者。是則凡聖、互是聖凡。自処師資、実為誰迷。(T33.536c)

《書き下し文》

如応者言く。若し因縁の色本より都て無ならば、応に諸もろの愚夫は先より来た智者たるべし。是れ則ち凡聖、互いに是れ聖凡たらん。自ら師資に処さば、実に誰か迷うと為さん。

《現代語訳》

如応者は言う。もし因縁〔所生〕の色が本来全て無いとすれば、諸々の愚者は本来智者であるということになるだろう。これでは凡夫と聖者が、それぞれ聖者と凡夫になってしまう。自ら師となり弟子となるならば、実に誰が迷うことになるだろうか。

これに対し如応者は、それでも勝空者が『般若心経』の「色は空である」を「色は無い」という意味で解釈するのであれば、それは因縁によって生じたものは無いと言っているのと同じである、と批判します。因縁によって何かが生じることを否定してしまうと、愚者が修行して智者になるということも無くなってしまいます。それでは修行が成り立ちません。

「行」の注釈のところでも、勝空者の「勝義には何も行じないことが行である」という解釈に対し、如応者は具体的に修行することの意義を述べて批判していました。ここでも如応者は、勝空者の空の解釈が修行無用論に陥ることを警戒し、これを批判しているのです。

また、かりに因縁によって生じたものが無く、修行が無用であるとすれば、愚者はそのまま智者であり、凡夫はそのまま聖者であるということになり、師について学ぶ者もなく、真理に迷う人もいないということになります。しかし、これは事実に反しています。したがって、勝空者の解釈は間違っている、というのが如応者の意見です。

《原文》

勝空者言。煩悩成覚分、生死即涅槃。塵労之儔為如来種、諸衆生等本来寂滅。豈非愚夫先即智者。(T33.536c-537a)

《書き下し文》

勝空者言く。煩悩は覚分を成ずれば、生死は即ち涅槃なり。塵労(じんろう)の儔(ともがら)は如来の種と為れば、諸もろの衆生等は本来寂滅なり。豈(あ)に愚夫は先より即ち智者たるに非ざらんや。

《現代語訳》

勝空者は言う。煩悩は菩提分（悟りに趣く種々の実践）を生じるので、生死は即ち涅槃である。煩悩のたぐいも如来〔になるための菩提〕の種子となるので、諸々の衆生は本来寂滅である。どうして愚者は本来智者でないことがあるだろうか。

これに対し勝空者は、如応者の愚者と智者を二分する考えは誤っていると批判します。すなわち、人は煩悩に苛（さいな）まれるから菩提を得ようとするのであり、生死の苦を厭（いと）うから涅槃の楽を求めようとするものである。煩悩から菩提が生じ、生死の中に涅槃があるのだから、煩悩はすなわち菩提であり、衆生はもともと涅槃にあると言うこともできる。したがって愚者はもとより智者である、というのです。

これは極論のように見えますが、重要なことを指摘しています。もし両者が全く別のもので、決して交わらないとすれば、愚者は愚者のまま、智者は智者のままとなり、衆生は衆生のまま、仏は仏のままとなってしまいます。この断絶を乗り越えるために、初期大乗仏教では両者を結びつけて「煩悩即菩提」「生死即涅槃」という主張を展開しました。もともとは一切衆生が悟りうるという力強いメッセージであり、衆生は修行しなくても涅槃にあるという意味ではなかったのです。

《原文》

如応者言。若許色事有異空理、可捨色迷而求空悟。既空本色、智即為愚。求智捨愚、豈非顛倒。且厭生死求趣涅槃、苦楽不殊、求之何用。愚夫生死已得涅槃、聖者更求極成邪妄。（T33.537a）

《書き下し文》

如応者言く。若し色事には空理に異なること有りと許さば、色の迷を捨てて空の悟を求むべし。既に空は本より色なれば、智は即ち愚たらん。智を求め愚を捨つること、豈に顛倒に非ざらんや。且つ生死を厭い涅槃に趣くを求むるに、苦楽殊ならざれば、之れを求むるに何の用かあらん。愚夫生死に已に涅槃を得れば、聖者は更に求めて邪妄を極成せん。

《現代語訳》

如応者は言う。もし色なる事象には空なる真理と異なるものがあると認めるならば、色の迷いを捨てて空の悟りを求めることになるだろう。〔しかし〕空が本来色であるとすれば、智者はそのまま愚者であるということになってしまう。〔そうすると〕智者になることを求めて愚者であることを捨てるのは、どうして顛倒でないことがあるだろうか。また生死を厭い涅槃に趣くことを求めるのに、苦・楽が異ならないとすれば、これ（涅槃）を求めるのに何の用があるだろうか。愚者が生死においてすでに涅槃を得ているとすれば、聖者は〔正真において〕さらに求めて邪妄を成している

ことになるだろう。

これに対し如応者は、勝空者の主張はもともとの意味ではなく、もはや修行無用論の典拠とされているると見て、愚者と智者を安易に同一視する考えを批判していきます。

すなわち、色（事象）が空（真理）と異なるからこそ、人は迷いを捨てて悟りを求めるものである。反対に、もし空がそのまま色であるとすれば、智者はそのまま愚者であるということになり、智者になろうとして愚者であることを捨てるのは間違いということになる。また、人は生死の苦を厭うからこそ、涅槃の楽を求めるものである。もし苦・楽が異ならないとすれば、涅槃を求める意味はなくなってしまう、というのです。

かりに愚者が生死にありながら涅槃にいるとすれば、聖者は真実にありながら虚妄であるということになります。しかし、そのように逆説的なことはありえません。だから勝空者の解釈は間違っている、というのが如応者の主張です。

《原文》

勝空者言。俗事迷悟、求聖去凡。真理色空、何成取捨。（T33.537a）

《書き下し文》

勝空者言く。俗事に迷悟あれば、聖を求め凡を去る。真理には色は空なれば、何ぞ取捨を成ぜんや。

《現代語訳》

勝空者は言う。俗事（世俗）には迷・悟があるため、聖位を求めて凡位を去るという。〔しかし〕真理（勝義）には色は空であるため、どうして取捨が成り立つだろうか。

これに対し勝空者は、世俗においては迷いと悟りとがあるため、凡夫が聖者になると言うこともできるが、勝義においては色はそのまま空であるため、一方を取って一方を捨てるようなことはない、と述べています。

これは二諦説による解釈です。勝空者は、如応者の解釈は世俗諦によるもの、勝空者の解釈は勝義諦によるものとして、両者を会通（えつう）しようとしているのです。

《原文》

如応者言。若許事別、亦説即空、倶勝義中、自成釾楯。応未悟者知色即空、其已悟者不悟空色。精勤聖者可愍可傷。懈怠愚夫可欣可楽。（T33.537a）

《書き下し文》

如応者言く。若し事は別なりと許し、亦た即ち空なりと説かば、倶(とも)に勝義の中にありて、自ら鉾(む)楯(じゅん)を成ぜん。応に未だ悟らざる者は色は即ち空なりと知り、其の已(すで)に悟る者は空は色なりと悟らざるべし。精勤(しょうごん)する聖者(しょうじゃ)は愍(あわれ)むべし傷(いた)むべし。懈怠(けたい)の愚夫は欣(よろこ)ぶべし楽しむべし。

《現代語訳》

如応者は言う。もし事象は〔真理と〕別であることを認めながら、また〔色は〕空であると説くならば、〔事象の色と真理の空とが〕ともに勝義の中にあることになり、自ら矛盾を生じることになるだろう。〔それでは〕まだ悟っていない者は色がそのまま空であると知り、すでに悟った者は空が色であると悟らないということになってしまう。精進する聖者は哀れみ悼(いた)むべきである。怠惰な愚者は喜び楽しむべきである。

これに対し如応者は、勝空者の解釈には矛盾があるして、先の会通を受け入れません。勝空者は、世俗においては色は空と異なると言い、勝義においては色がそのまま空であると説くが、それでは勝義の中に事象の色と真理の空があることになり矛盾を生じる、と述べています。

もしそれを認めるとすれば、愚者が「色即是空」を悟り、智者がそれを悟らないという矛盾した状態になり、修行に努める智者が悲しみ、修行を怠ける愚者が喜ぶことになってしまいます。したがって勝空者の解釈は認められない、というのが如応者の主張です。

3　色即是空

《原文》

如世尊言。…中略…此経意説。一切愚夫如言所執実有、可説諸法自性、如実幻夢皆無自性、都無有事無生無滅。非無聖智真俗諦境離言法性。非如幻夢形質亦体都無名無性等。達所執無、名悟非有。達聖境有、名悟非無。故言菩薩、不取少分、不捨少分、無知為無、有知為有。

…後略（**T33.537a-b**）

《書き下し文》

世尊の言うが如し。…中略…此の経の意に説く。①一切の愚夫の言うが如き所執の実有も、説くべき諸法の自性も、如実には幻夢にして皆な無自性、都(すべ)て事有ること無く無生無滅なり。②聖智の真俗諦の境の離言の法性(ほっしょう)は無きに非ず。③幻夢の形質(ぎょうぜつ)の如きも亦た体都て無にして無性等と名づくるに非ず。

①所執は無なりと達するを、非有を悟ると名づく。②③聖境(しょうぎょう)は有なりと達するを、非無を悟ると名づく。故に「菩薩は、少分を取らず、少分を捨てず、無の無たるを知り、有の有たるを知る」と言う。…後略

《現代語訳》

世尊は次のように言われる。…中略…この〔『瑜伽師地論』に引かれる〕『経』の意図は次のようである。①あらゆる愚者が言葉どおりに有ると執着したものも、言語表現された諸法の自性も、真実には夢幻のようにみな無自性であり、全くそのものが存在することはなく生ずることもなく滅することもない。②〔しかし〕聖者の智慧の真諦・俗諦の対象である離言の法性が無いわけではない。③また夢幻の本体のようなものも全く無いことから無自性などと言うわけではない。①執着されたものは無であると達観することを、非有を悟ると言う。②③聖智の境界は有であると達観することを、非無を悟ると言う。故に「菩薩は、一部分を取らず、一部分を捨てず、無が無であると知り、有が有であると知る」と言うのである。…後略

ここで如応者は、『瑜伽師地論』（巻四五 T30.540c-541b）から、仏が自ら説かれた空性の経典を会通する方法を引用して、その意味を解説します。

それは、①言葉で思考して執着したものや、言語表現された諸法の自性は、夢幻のようなもので実在することはない。しかし、②聖者が智慧により真諦・俗諦において観察する言語表現を離れた法性（諸法の自性）は存在しないわけではない。③言葉で思考した夢幻の本体のようなものも無いわけではない、というものです。これは唯識の三性説による解釈です。①は遍計所執性（へんげしょしゅうしょう）が無であ

ること、②は円成実性（えんじょうじっしょう）が有であること、③は依他起性（えたきしょう）が有であることを示唆しています。

そして、①が無であると達観することを「非有」を悟ると言い、②③が有であると達観することを「非無」を悟ると言い、いずれかを取捨することなく、無は無、有は有として知ることが、空性の経典を巧みに会通する方法である、と述べられます。

後文では、この教説に従えば、勝空者の「勝義によれば諸法はみな空である」という解釈は、①を取り、②③を捨てていることになる、と批判しています。

《原文》

由此故知。此経意破先執色有。故説色空。空者無也。非法性空。…中略…故断依他、遣計所執。…中略…二乗外道執実作用因縁生法、性都非有。…中略…非謂依他如幻之色亦皆空也。…中略…雖無所執作用因縁、而有功能縁可得故。此若無者、応無俗諦。俗諦無故、真諦亦無。依誰由誰而得解脱。

或此空者即法性空。若執遍計所執諸色及依他色定異真有、真俗定別極成迷乱。今顕二色性即空如無相無為非詮智境、応捨二執求趣真空。故摂帰空、双除妄見。法性之色、体即真相、不異即空。此復何惑。（T33.537b）

《書き下し文》

此れに由るが故に知る。此の経の意は先に色は有なりと執するを破す。故に「色は空なり」と説く。空とは無なり。法性の空なるには非ず。…中略…故に依他〔起性〕を断じて、〔遍〕計所執を遣る。…中略…二乗・外道の執する実の作用ある因縁生の法は、性都て有に非ず…中略…依他〔起性〕の幻の如き色も亦た皆な空なりと謂うには非ざるなり。…中略…所執の作用の因縁は無しと雖も、而も功能の縁は得べきこと有るが故に。此れ若し無くば、応に俗諦無かるべし。俗諦無きが故に、真諦も亦た無し。誰に依り誰に由りてか解脱を得ん。

或いは此の空は即ち法性の空なり。若し遍計所執〔性〕の諸色と及び依他〔起性〕の色と定めて真に異なりて有なりと執すれば、真・俗定めて別にして極めて迷乱を成ず。今、二の色の性は即ち空如・無相・無為にして詮・智の境に非ざれば、応に二執を捨てて真空を求趣すべきを顕す。故に摂して空に帰し、双びに妄見を除く。法性の色は、体即ち真相にして、空と不異なり即なり。此れ復た何ぞ惑わん。

《現代語訳》

このことから次のことが知られる。この『〔般若心〕経』の意図は先ず色は有であるという執着を破ることにある。故に「色は空である」と説くのである。空とは無いということである。法性が空であるということではない…中略…。故に依他起性〔における妄情〕を断じて、遍計所執性を捨てるのである。…中略…二乗・外道が執着する現実に作用のある因縁所生の法は、自性が全く非有である。…中略…〔しかし〕依他起性の幻のような色もみな空であると言うわけではない。…中略…執着される作用のある因縁〔所生の法〕は無いが、そのようにはたらく縁は得られるからである。これがもし無いとすれば、俗諦は無いということになるだろう。俗諦が無ければ、真諦もまた無いことになる。〔それでは〕いったい何によって解脱を得るというのだろうか。

あるいはこの空は法性の空である。もし遍計所執性の色と依他起性の色とは必ず真とは異なるもので有であると執着するならば、真・俗が必ず別となり極めて混乱するであろう。ここでは二つ〔遍計所執性と依他起性〕の色の本性は空如・無相・無為であり言説や智慧の対象ではないため、二つの執着を捨てて真空を求めるべきことを示している。故に〔二つを〕まとめて空として、いずれの妄見をも除くのである。法性の色は、そのまま真相であり、空と異なることはなく〔空と〕即している。これにどうして惑うことがあるだろうか。

如応者は続けて、『瑜伽師地論』に説かれた方法に従い、『般若心経』の空を唯識の三性説によって会通してゆきます。それには二つの解釈があります。

第一は、「色は空である」と説かれたのは、「色は有である」という執着を破るためであり、遍計所執性としての色が無いという意味である、という解釈です。遍計所執性は言葉で思考されたものです。当然、言葉によって定義された色の自性も無いということになります。

ただし、依他起性としての色は無いわけではありません。依他起性は他によって起こるものです。因縁によって生じた色のはたらきは無いわけではないからです。依他起性としての色が無いとすれば、聖者が観察する俗諦も無いことになり、それと相対する真諦も無いことになってしまいます。

第二は、「色は空である」と説かれたのは、「遍計所執性の色と依他起性の色は有である」という執着を破るためであり、いずれの色も無いという意味である、という解釈です。これは円成実性の色だけが有るということです。円成実性は完全に成就されたもので、真如・法性です。法性としての色は空と別ではなく、色すなわち空ということになります。

第一の解釈では、遍計所執性の色が無（非有）、依他起性の色が有（非無）となります。第二の解釈では、遍計所執性の色と依他起性の色が無（非有）、円成実性の色が有（非無）となります。これが仏が説かれた「非有非無」を悟るための空の解釈である、というのが如応者の主張です。この立場からすれば、勝空者の「諸法はみな空である」という解釈は、ただ遍計所執性の無（非有）を説いているにすぎないということになるでしょう。

このように、如応者は唯識の三性説による「空」の解釈を主張して、勝空者との対論を締めくくっています。

《原文》

聖説二諦、各有浅深。彼互相形、皆有真俗。有俗俗俗。有俗俗真。有真真真。有真真俗。…中略…

既非無色而独有空、亦非色空定不異即。故真空与色、非異非不異、非即非不即。今遮定異等、唯説不異即。此不異即言、亦非不異即。…中略…今説色空互相顕者、令義増明破疑執故。（T33.537b-c）

《書き下し文》

聖の二諦を説くに、各おの浅・深有り。彼互いに相形（そうぎょう）して、皆な真・俗有り。有（ある）いは俗は俗にして俗なり。有いは俗は俗にして真なり。有いは真は真にして真なり。有いは真は真にして俗なり。…中略…既に色無くして独り空有るに非ず、亦た色と空と定めて不異にして即なるに非ず。故に真空と色とは、異にも非ず不異にも非ず、即にも非ず不即にも非ず。今は定めて異なる等を遮して、唯だ「異ならず」「即ち」とのみ説く。此の「異ならず」「即ち」の言は、亦た「異ならず」「即ち」には非ず。…中略…今は色と空とを説きて互いに相顕すは、義をして明を増し疑執を破せしめんとするが故に。

《現代語訳》

聖者が二諦を説くのに、それぞれ浅・深がある。それら（真諦・俗諦）は互いに相似して、みな真諦・俗諦がある。あるいは俗諦は俗諦であり俗諦〔そのもの〕である。あるいは俗諦は俗諦であり真諦〔と相対するもの〕である。あるいは真諦は真諦であり真諦〔そのもの〕である。あるいは真

諦は真諦であり俗諦〔と相対するもの〕である。…中略…〔すなわち〕色が無いのに空のみが有るということもないが、また色と空が必ず異ならないで即するということもない。このことから空と色とは、異なることもなく異ならないこともなく、即することもなく即さないこともない。ここでは必ず異なる〔即さない〕等を否定して、ただ「異なることはない」「即ち」とのみ説いている。〔しかし〕この「異なることはない」「即ち」という言葉は、また〔言葉どおり〕「異なることはない」「即ち」ということではない。…中略…ここでは色・空を説いて互いに〔空・色と異なることはない・即ちと〕示しているのは、〔色が空であることの〕意味を明らかにして疑惑・邪執を破らせようとするためである。

如応者は、さらに唯識の二諦説を述べ、そこから「不異」と「即」の解釈に進んでいきます。唯識では、真諦と俗諦のそれぞれに浅深の四重（世間・道理・証得・勝義）があるとし、両者をあわせて四重二諦といいます。真諦と俗諦は次のような関係にあります。

〔俗諦〕　〔真諦〕
世間世俗
道理世俗――世間勝義
証得世俗――道理勝義

勝義世俗――証得勝義
　　　　　勝義勝義

真諦と俗諦は各別でありながら相対でもあります。如応者は、色と空もそのようであり、色がなければ空もないという相対関係にありながら、色と空が必ず異ならないわけでもないと述べています。したがって、異なることもなく異ならないこともなく、即することもなく即さないこともない、というのが四重二諦説による色と空のあり方になります。

このような観点からすると、『般若心経』は色と空が「異」「不即」であることを説かず、「不異」「即」であることだけを説いているように見えるかもしれません。しかし、それは言葉どおりに受け取るべきではなく、色が空であることを明らかにして疑惑や執着を除かせようとするために「不異」「即」のみを説いていると見るべきである、というのが如応者の解釈です。

《原文》

前説観自在、教練磨心。今説色空等、令除四処。
一者二乗作意狭劣、欣厭不楽利他。
二者於大乗中顚倒、推求及起疑惑。
三者於聞思等言我能然、種種法執。

四者現前安立骨鎖色等、乃至菩提執著分別。
今説色等不異即空、令捨二乘劣作意等、得無分別出世行成。（T33.537c）

《書き下し文》

前に「観自在」と説き、心を練磨せしむ。今は「色は空なり」等と説き、四処を除かしむ。

一には二乗の作意は狭劣にして、欣厭して利他を楽わず。

二には大乗の中に於いて顛倒して、推求及び疑惑を起こす。

三には聞思等の言に於いて「我れ能く然り」と言う、種種の法執なり。

四には現前に骨鎖の色等を安立し、乃し菩提に至るまで執著し分別す。

今、色等は空に「異ならず」「即ち」と説くは、二乗の劣なる作意等を捨て、無分別の出世の行を成ずるを得しめんとするなり。

《現代語訳》

前に「観自在」と説き、心を練磨させた。今は「色は空なり」等と説き、四処を除かせる。〔四処とは何か〕。

一つには二乗の考えは狭く劣っており、〔楽を〕喜び〔苦を〕厭い利他を願わないことである。

二つには大乗について誤解して、追求したり疑惑を起こしたりすることである。

三つには聞いたり考えたりする言葉について「わたしが〔聞き考えることは〕その〔言葉〕どおりである」と言う、種々の法執である。
四つには現前に白骨の色などを仮設して、菩提に至るまで執着して分別することである。
ここで色は空に「異なることはない」「即ち」と説くのは、二乗の劣った考えなどを捨て、〔言葉で〕思考しない出世間の行を成就させようとしてのことである。

如応者は、『般若心経』では、仏が色などが空であると説くことで、舎利子に四処を除かせようとしている、と述べています。四処とは、①二乗（声聞乗・独覚乗）が自利を求め利他を願わないこと、②大乗を誤解して追求し疑惑を抱くこと、③仏の教えを言葉どおりに捉えること、④観法において現前する事物にとらわれることの四つです。

これらはすべて言葉や認識対象に対する執着であり、三性説でいえば遍計所執性です。遍計所執性を捨てて、菩提に趣く出世間の修行をさせるために、「色不異空」「色即是空」が説かれた、というのが如応者の解釈であり、慈恩大師の見方になります。

《原文》

経曰。受想行識等、亦復如是。
賛曰。恐彼疑執、唯色不異空、唯色体即空、余法不爾。故以受等亦例同色。

能領納境起苦楽捨名受。

能取於境有相無相小大無量無少所有分斉名想。

思造善悪無記分位及余心所等遷流名行。

心意識三皆能了別並通名識。

謂四識住及能住識。如色而領、如領而知、如知而作、如作而了。故色受等如是次第。

然由世執我事有五。謂我身具我受用我言説我造作我自体。今顕是蘊唯法功能、無実自性非我我所。

故唯説五不減不増。

愚夫不知為破我執於非蘊中仮説為蘊、遂執為有。故今対破並説為空。…中略…

等者、等取下処界等五種善巧。…中略…

勝空如応、二皆准釈。…後略（T33.537c-538a）

《書き下し文》

経に曰く。「受・想・行・識等も、亦復た是の如し」と。

賛じて曰く。彼疑いて、唯だ色のみ空に異ならず、唯だ色体のみ即ち空にして、余法は爾らずと執するを恐る。故に受等を以て亦た色に例同す。

能く境を領納して苦・楽・捨を起こすを「受」と名づく。

能く境の有相無相・小大・無量無少の所有る分斉を取るを「想」と名づく。

善・悪・無記を思造する分位と及び余の心所等の遷流とを「行」と名づく。心・意・識の三皆な能く了別するを並びに通じて「識」と名づく。謂く四の識住と及び能住の識となり。色の如く領し、領するが如く知り、知るが如く作(な)し、作すが如く了す。故に色受等は是の如く次第す。

然も世の執するに由りて我事に五有り。謂く我身具・我受用・我言説・我造作・我自体なり。今、是の蘊は唯だ法の功能(くうのう)のみにして、実の自性無く我と我所とあるに非ざるを顕(あらわ)す。故に唯だ五のみを説きて減ぜず増せず。

愚夫は我執を破さんが為(ため)に非蘊の中に於いて仮説(けせつ)して蘊と為すを知らず、遂に執して有と為す。故に今対破して並びに説きて空と為す。…中略…

「等」とは、下の処・界等の五種の善巧(ぜんぎょう)を等取す。…中略…

勝空と如応と、二は皆な准じて釈す。…後略

《現代語訳》

経に「受・想・行・識等も、またこのようである」と言う。

賛じて言う。彼が疑って、ただ色のみが空に異なることはなく、ただ色体のみが即ち空であり、他の法はそうではないと執着することを恐れる。故に受等をまた色と同じであるとするのである。

対象を受け入れて苦・楽・捨（非苦非楽）を起すことを「受」と言う。

対象の有無・大小・多少のあらゆる区別を知ることを「想」と言う。善・悪・無記を思いなすことと〔受・想を除く〕他の心所が遷り変わることを「行」と言う。心・意・識の三つがみな〔対象を〕明了に区別することを普く「識」と言う。すなわち〔五蘊とは〕四つの識の所住（色・受・想・行の四蘊）と能住の識（識蘊）とである。色のとおりに受け入れ、受け入れたとおりに知り、知ったとおりに思いなし、思いなしたとおりに区別する。故に色・受〔・想・行・識〕等はこのように次第する。

しかし世間の執するところによれば我に五つある。すなわち我が身体・我が感受・我が言葉・我が思考・我れ自体である。ここではこの〔五〕蘊（skandha 集められたもの。類別されたもの）はただ法のはたらきのみであり、実の自性はなく我・我所もないことを示している。故にただ五つのみを説いて減らすこともなく増やすこともないのである。

愚者は〔仏が〕我執を破そうとして非蘊において仮に蘊と説かれたことを知らず、ついに執着して〔五蘊を〕有としてしまう。故にここで破してみな空であると言うのである。…中略…

「等」とは、〔五蘊〕以下の十二処・十八界〔・十二縁起・四諦〕などの五種の善巧（ぜんぎょう）〔方便〕をまとめている。…中略…

勝空者と如応者は、いずれもみな〔これに〕准じて解釈する。…後略

ここには、色が空であるように、受・想・行・識などもまた空であると説かれています。五蘊の

うち色蘊だけではなく、残りの四蘊などもまた空と異なることなく、即しているというのです。

受は、対象を感受する心作用です。これには苦受・楽受・捨受（非苦非楽受）の三受があります。

想は、対象を知覚する心作用です。有無・大小・多少など、あらゆる差異を言葉によって明確に捉えます。

行は、善・悪・無記（非善非悪）の意志（思）を造る心作用です。また、受と想を除く他の心作用をこれに含めることもあります。

識は、対象を認識するこころのはたらきです。こころを表す言葉には心・意・識の三つがあります。なかでも対象を感受し、知覚し、思考する認識主体のことを識と言います。

つまり五蘊とは、識が働く四つの場所（色・受・想・行の四蘊）と識そのもの（識蘊）と言うことができます。また、対象を感官が捉え、感受し、知覚し、思考して、認識が成立することから、色・受・想・行・識の順序になると説明されています。

どうして五つなのかといえば、世間では自己の身体・感受・言葉・思考・認識の五つに我執を抱いてしまうからです。これを五つの我事と言います（『阿毘達磨雑集論』巻一 T31.695a-b）。これに対し、仏は五つの蘊（集まり）はただ法のはたらきにすぎず、それらに自性（そのもの独自の本性）や我（自己。識蘊）・我所（自己の所有。色・受・想・行の四蘊）がないことを示されたため、五つであるというのです。

また、仏は衆生の我執を破るために仮に五蘊を説かれたが、愚者はそれを知らずかえって五蘊が有であると捉えてしまうため、『般若心経』では五蘊はみな空であると説かれている、とも述べられています。

なお、等は、五蘊・十二処・十八界・十二縁起・四諦の五つをまとめているとされています。これらの解釈は、勝空者と如応者に共通するといいます。

4　諸法空相

《原文》

経曰。舎利子。是諸法空相。不生不滅、不垢不浄、不増不減。
賛曰。前告法体空、今告法義空。是諸法者、指前対空色受等法。本無今有名生、暫有還無名滅。障染名垢、翻此名浄。相広名増、翻此名減。（T33.538a）

《書き下し文》

経に曰く。「舎利子よ。是の諸法は空相なり。不生にして不滅、不垢にして不浄、不増にして不減なり」と。

賛じて曰く。前は法体の空を告げ、今は法義の空を告ぐ。「是の諸法」とは、前の空に対する色・受等の法を指す。本(もと)無くして今有るを「生」と名づけ、暫(しばら)く有りて還(ま)た無きを「滅」と名づく。障(しょう)

染（ぜん）を「垢」と名づけ、此れに翻（ほん）ずるを「浄」と名づく。相（あい）広ずるを「増」と名づけ、此れに翻ずるを「減」と名づく。

《現代語訳》

経に「舎利子よ。この諸法は空を特質とする。生じることもなく滅することもなく、垢なることもなく浄なることもなく、増すこともなく減ることもない」と言う。賛じて言う。さきには法の本体が空であることを告げていたが、ここでは法の特質が空であることを告げている。「この諸法」とは、さきの空に対する色・受等の法を指している。本は無く今は有ることを「生」といい、しばらく有ってまた無くなることを「滅」という。汚れを「垢」といい、この反対を「浄」という。広大になることを「増」といい、この反対を「減」という。

続いて「諸法空相。不生不滅、不垢不浄、不増不減」の注釈に入ります。

これまでは色・受・想・行・識などの法そのものが空であること（空性 śūnyatā）が説かれてきましたが、ここでは諸法が空を特質とすること（空相 śūnyatā-lakṣaṇa）が説かれている、と述べられています。それは、諸法が生じることも滅することもなく、汚れることも清まることもなく、増えることも減ることもない、という三つの説示です。

《原文》

勝空者言。依世俗諦、許色等有。可有生等。依勝義諦、色等本空。如何空中、更有生等。故生滅等、空相皆無。(T33.538a)

《書き下し文》

勝空者言く。世俗諦に依らば、色等の有を許す。生等有るべし。勝義諦に依らば、色等は本より空なり。如何が空の中に、更に生等有らんや。故に生・滅等は、空相にして皆な無なり。

《現代語訳》

勝空者は言う。世俗諦によれば、色などが有ることが認められる。〔故に〕生などは有ることになる。勝義諦によれば、色などは本より空である。どうして空の中に、さらに生などが有るだろうか。故に生・滅などは、空を特質としてみな無いのである。

勝空者は空相を二諦説に基づいて解釈します。

世俗諦によれば諸法は有であると認められるため、生じたり滅したりすることなども有ると言えます。しかし、勝義諦によれば諸法は本性として空であり、空を特質とするため、生じたり滅したりすることなども無いと言えます。勝空者は、ここには勝義諦により諸法の空相が説かれている、と解釈しているのです。

ただし、諸法がそのまま空性であり生・滅などが無いとされる一方で、同じ諸法が有でもあり生・滅などが有るというのは、矛盾しているようにも見えます。そこで以下、如応者は一切法を有為法（因縁によって作られたもの）と無為法（因縁によって作られたのではないもの）に分ける解釈を提示して、勝空者の諸法がそのまま空性であるという解釈を批判していきます。

《原文》

如応者言。遍計所執及依他上自然生法、本性空無。法性色等体即空理。皆無如彼二乗等執生等位別。故説空相不生滅等。

又若有執。有為遷流定有生滅。無為在纏出纏位別実有垢浄。未証真位及証真已有為無為互有増減。如是定執、皆所執故体相都無。…中略…如見陽焰執為実水、此水本空何有生等、非無陽焰似水生等。

（T33.538a）

《書き下し文》

如応者言く。遍計所執〔性〕と及び依他〔起性〕との上の自然生の法は、本性空無なり。法性の色等は体即ち空理なり。皆な彼の二乗等の執するが如き生等の位の別無し。故に「空相なり。不生にして〔不〕滅」等と説く。

又た若しくは執す。「有為は遷流すれば定めて生・滅有り。無為は在纏・出纏の位の別あれば実に垢・浄有り。未だ真を証せざる位と及び真を証し已るときとの有為と無為とは互いに増・減有り」と。是の如き定執は、皆な〔遍計〕所執〔性〕なるが故に体相都て無なり。…中略…陽焔を見て執して実の水と為すに、此の水は本より空なれば何ぞ生等有らんも、陽焔の水に似て生ずる等は無きに非ざるが如し。

《現代語訳》

如応者は言う。遍計所執性と依他起性の上の〔因縁によらず〕自然に生じた〔ように見える〕法は、本性として空であり無である。〔また円成実性における〕法性の色などはそのものが空という真理である。〔故に〕みな二乗が執するような生ずるなどの区別は無い。故に「空を特質とする。生ずることもなく滅することもない」等と説くのである。

またある者は執する。「有為法は変化するため必ず生ずることや滅することがある。無為法は在纏・出纏の区別があるため実に汚れることや浄まることがある。まだ真如を証していない時と真如を証した時との有為法と無為法とは互いに増えたり減ったりすることがある」と。このような執着は、みな遍計所執性であるから体も相もすべて無である。…中略…〔ただし〕陽炎を見て誤って本当の水であると思うとき、この水（遍計所執性）は本性として空であるため生ずることなどが有るわけではないが、陽炎（依他起性）があたかも水のように生ずることなどが無いわけではない。

如応者は空相を三性説に基づいて解釈します。

すなわち、遍計所執性と依他起性において自然に生じたように見える法は、本性として空であり無である。また、円成実性における法性は、その空という真理である。これら自然生の法や法性は、いずれも空を特質とし、生じたり滅したりすることなどは無いといえる。『般若心経』はこの意味で「諸法空相。不生不滅」などと説いている、というのが如応者の解釈です。

そして、ある者の「有為法は変化するため生・滅があり、無為法は在纏・出纏の区別があるため垢・浄があり、真如を悟る前と後とでは有為法と無為法の数に増・減がある」という解釈を遍計所執性であると否定しながら、陽炎の譬えをあげて、遍計所執性（水）は有るわけではないが依他起性（陽炎）は無いわけではない、と述べています。これは、依他起性である有為法は無いわけではなく、そこには生じたり滅したりすることが有る、ということを示唆しています。

如応者は、遍計所執性と依他起性において自然に生じたように見える法（水）は無であると述べながら、依他起性において因縁によって生じた法（陽炎）は無いわけではないと考えているのです。

遍計所執性─無─空─法（自然生）─不生不滅等
依他起性─有─空─法（因縁生）─有為法─生滅等
円成実性─有─空性─法性（真如）─無為法─不生不滅等

因縁生の法とは有為法のことであり、そこには生じたり滅したりすることが有ると言えます。そうでなければ事象は成立しなくなり、菩薩の修行も如来の救済も成り立たなくなるからです。

依他起性の因縁生の法が有為法であるとすれば、円成実性の法性・真如は無為法であるということになります（前頁の図参照）。

これによれば、すべての法がそのまま空性であり生じたり滅したりしないというわけではなく、因縁生の法である有為法が空であり生じたり滅したりするということになります。如応者は諸法をこのように解釈し、次にその立場から、勝空者の諸法がそのまま空性であるという解釈を三点にわたって批難しつつ、三性説によって「不生不滅、不垢不浄、不増不減」を解釈していきます。

《原文》

又設難言。若摂帰性、依他色等皆即空如。彼有生滅、此亦応爾。

今義答言。如太空中色雖生滅、而空相無。如是依他雖有生滅、真空不爾。（T33.538a）

《書き下し文》

又た設し難じて言く。「若し性に摂帰すれば、依他〔起性〕の色等は皆な即ち空如なり。彼に生・滅あれば、此れも亦た応に爾るべし」と。

今義もて答えて言く。太空の中には色は生・滅ありと雖も、而も空相には無きが如し。是の如く依他〔起性〕には生・滅有りと雖も、真空には爾らず。

《現代語訳》

またもし〔ある者が〕難じて言うとしよう。「もし本性に帰すれば、依他起性の色等はみな空性・真如である。それ（色等）に生・滅があるならば、これ（空性・真如）もまたそのようであるはずだ」と。

これに答えて言う。虚空の中には色などに生・滅があるが、虚空の特質にはそれが無いようなものである。このように依他起性〔の色など〕には生・滅が有るが、〔円成実性の〕真如・空性にはそのようなことはない。

第一に、勝空者の解釈によれば「依他起性の諸法は本性としては空性・真如であるから、諸法に生・滅があるならば、その本性にも生・滅があるはずだ」という論難が起こると言います。これに対し如応者は、虚空の譬えをあげ、依他起性の諸法には生・滅があるが、円成実性の真如・空性には生・滅がないと解釈すべきである、と述べています。

《原文》

復有難言。若一切法皆即真空、空相遍在貪等垢染信等浄中。如応垢浄。

今義答言。如太空中有色染浄、空相不爾。如是諸法雖有垢浄、而空相無。…後略（T33.538a）

《書き下し文》

復た有るもの難じて言く。「若し一切法皆な即ち真空ならば、空相は貪等の垢染と信等の浄との中に遍在せん。如も応に垢・浄なるべし」と。今義もて答えて言く。太空の中には色の染・浄有るも、空相には爾らざるが如し。是の如く諸法には垢・浄有りと雖も、而も空相には無し。…後略

《現代語訳》

またある者が難じて言う。「もし一切法がみな真如・空性であるならば、空という特質は貪などの染法と信などの浄法とに遍在することになるだろう。〔そうであれば〕空性・真如にも垢・浄があるはずだ」と。これに答えて言う。虚空の中には色の染・浄が有るが、虚空の特質にはそれが無いようなものである。このように〔依他起性の〕諸法には垢・浄が有るが、〔円成実性の〕空という特質にはそれが無い。…後略

第二に、勝空者の解釈では「諸法がみな真如・空性であれば、空相は染法と浄法に遍在するのだから、その空相にも垢・浄があるはずだ」という論難が起こると言います。これに対し如応者は、

再び虚空の譬えをあげ、依他起性の諸法には垢・浄があるが、円成実性の空相には垢・浄がないと解釈すべきである、と述べています。

《原文》

或有難言。若法皆真無別相者、甘露聖教既有増減。真空応爾。
今義答言。如太空中色相増減、空相不然。如是聖教雖有増減、而空性無。（T33.538b）

《書き下し文》

或いは有るもの難じて言く。「若し法皆な真にして別相無しといわば、甘露の聖教（しょうぎょう）に既に増・減有らん。真空も応に爾るべし」と。
今義もて答えて言く。太空の中には色相は増・減あるも、空相には然（しか）らざるが如し。是の如く聖教には増・減有りと雖も、而も空性には無し。

《現代語訳》

あるいはある者が難じて言う。「もし法がみな真如であり別の特質が無いというならば、甘露の聖教にはすでに〔特質の〕増・減が有るだろう。〔そうであれば〕真如・空性もそうであるはずだ」と。

これに答えて言う。虚空の中には色の特質の増・減があるが、虚空の特質にはそれがないようなものである。このように聖教には〔特質の〕増・減が有るが、空性にはそれが無い。

第三に、勝空者の解釈では「諸法がみな真如であれば、それを説く聖教には増・減があるのだから、真如・空性にも増・減があるはずだ」という論難が起こると言います。これに対し如応者は、三たび虚空の譬えをあげ、依他起性の聖教には増・減があるが、円成実性の空性には増・減がないと解釈すべきである、と述べています。

《原文》

皆由事理、体相別故。若一切法唯真如空、如何得有生滅等事。…後略（T33.538b）

《書き下し文》

皆な事・理と、体・相と別なるに由るが故に。若し一切法は唯だ真如にして空ならば、如何が生・滅等の事有るを得んや。…後略

《現代語訳》

みな事象と真理、本体と特質が別だからである。もし一切法がただ真如・空性であるとすれば、ど

うして生・滅などの事が有るだろうか。…後略

このように如応者は、依他起性の諸法（事・相）を有為法とし、円成実性の真如・空性（理・体）を無為法として、明確に区別しています。そうするのは、もし勝空者の解釈のように一切法がそのまま真如・空性であるとすれば、真如・空性に生・滅などが有り、諸法に生・滅などが無いという矛盾が生じてしまうからだというのです。如応者は、依他起性の有為法に生・滅などが有り、円成実性の無為法に生・滅などが無いと解釈するならば、このような矛盾は起こらないと主張しているのです。

5　五蘊・十二処

《原文》

経曰。是故空中、無色、無受想行識。

賛曰。勝空者言。上以色等体義、総対於空明不異即、恐義不明、令観純熟、別結空中所無之法。乗前起結、説是故言。此言通下諸所無法。（T33.538b）

《書き下し文》

経に曰く。「是の故に空の中には、色も無く、受も想も行も識も無く」と。賛じて曰く。勝空者言く。上には色等の体と義とを以て、総じて空に対し不異にして即なることを明すも、義の明からならざらんことを恐れ、観をして純熟ならしめんがために、別して空の中に所無の法を結ぶ。前に乗じて結を起こせば、「是の故に」の言を説く。此の言は下の諸もろの所無の法に通ず。

《現代語訳》

経に「この故に空の中には、色も無く、受も想も行も識も無く」と言う。賛じて言う。勝空者は言う。上文には色等の本体と特質について、総じて空と異なることはなく即していることを明らかにしてきたが、特質が明らかではないことを恐れ、〔空〕観を成熟させるために、別して空の中において無とされる法をつなげる。前に乗じてつなげるため、「この故に」という言葉を説く。この言葉は下文の諸々の無とされる法に通じる。

続いて「是故空中無色、無受想行識」の注釈に入ります。ここには空の中には五蘊といえるものが無いと説かれています。

先ず勝空者の解釈が述べられます。それは、これまで法の本体と特質が空であることを総じて明らかにしてきたが、さらに特質を明らかにして空観を完成させるために、別して空の中で無とされる法をあげる、というものです。

空の中に五蘊が無いことについての説明はありませんが、それはこれまでに十分述べられているからでしょう。勝空者は諸法を二諦説によって解釈します。それによれば、五蘊を有と見るのが世俗諦、空と見るのが勝義諦です。ここには後者が説かれているというのが勝空者の考えです。

《原文》

如応者言。三乗通修五種善巧。謂蘊処界縁起及諦。随彼所応為遠近観。由二乗等皆随執有、今対説無。所執空中体義倶寂。故所執蘊其性都無。然仏方便於有為中施設為蘊。破五我事、漸令入真、説為善巧。非謂実有。…中略…有為之法尚非定蘊。所執蘊等何理成真。法性空如故非蘊相。是故空中都無五蘊。…後略（T33.538b）

《書き下し文》

如応者言く。三乗は通じて五種の善巧（ぜんぎょう）を修す。謂く蘊と処と界と縁起と及び諦となり。彼の所応に随いて遠（おん）・近（ごん）の観を為す。

二乗等の皆な随いて有と執するに由り、今対して無と説く。〔遍計〕所執〔性〕は空の中において体と義と倶に寂なり。故に〔遍計〕所執〔性〕の蘊は其の性都（すべ）て無なり。

然も仏は方便もて有為の中に於いて施設（せせつ）して蘊と為す。五の我事を破し、漸（ようや）く真に入（い）らしむるを、説きて善巧と為す。実有なりと謂うには非ず。…中略…

有為の法すら尚ほ定蘊に非ず。所執の蘊等何の理ありてか真を成ぜんや。法性は空如なるが故に蘊相に非ず。是の故に空の中に都て五蘊無し。…後略

《現代語訳》

如応者は言う。三乗は共通して五種の善巧を修する。すなわち〔五〕蘊と〔十二〕処と〔十八〕界と〔十二〕縁起と〔四〕諦とである。〔三乗は〕その応ずる所に従って遠・近の〔空〕観を行う。二乗はみな有と執することから、今は〔二乗に〕対して無と説いている。遍計所執性は空の中には本体も特質も共に静まっている。故に遍計所執性の〔五〕蘊はその本性がすべて無である。しかし仏は方便をもって有為法の中に〔五〕蘊を設けられた。五つの我事（我身具・我受用・我言説・我造作・我自体）を破り、しだいに真如に入らせることを、善巧と言う。〔仏は五蘊が〕実有であると言っているわけではない。…中略…

〔依他起性である〕有為法でさえ定まった〔五〕蘊ではない。〔まして〕遍計所執性の〔五〕蘊がどうして真〔の有〕となるだろうか。〔円成実性である〕法性は空性・真如であるから〔五〕蘊という特質はない。このことから空の中には全く五蘊が無いのである。…後略

次に如応者の解釈が述べられます。如応者は「舍利子」から「以無所得故」までを三つに分けま

すが、これまでが第一の「総告彰空」であり、ここからが第二の「別結所空」になります。これまでは総じて空を明らかにしてきましたが、これからは別して空とされるものをあげるということです。この点は勝空者の解釈と変わりません。

如応者は、ここからは声聞・独覚・菩薩の三乗が、五蘊・十二処・十八界・十二縁起・四諦の五つの善巧方便（仏の巧みな手段）を修め、遠・近の二つの観察を行う、と述べています。つまり、ここには空とされるものがただ並んでいるわけではなく、三乗の空観の修行階梯が示されているというのです。

勝空者の解釈でも空観を完成するために無とされる法をあげると述べられていましたが、如応者の解釈ではそれがより組織的になっています。

- 色 ── 色法（11）
- 受・想・行（受想以外） ── 心所法（51）
- 行 ── 不相応法（24）
- 識 ── 心法（8）
- 色法・心所法・不相応法・心法 ── 有為法（94）
- 無為法（6）

如応者は、ここでは声聞・独覚の二乗に対して五蘊は無であると説いている、と述べています。すなわち、二乗は五つの我事（自己の身体・感受・言葉・思考・認識に対する我執）を抱いてしまうため、仏はこれを破るための方便として五つの蘊（集まり）を仮設された。したがって五蘊が実在するわけではないが、二乗はこれを有であると捉えてしまうので、『般若心経』では空の中には五蘊は無いと説かれている、というのが如応者の解釈です。

また如応者は、空の中には五蘊は無いと観察する方法を、三性説に基づいて説明しています。すなわち、遍計所執性としての蘊は本性として無であり、依他起性としての蘊は有為法であるから実有ではなく、円成実性としては空性・真如であるから蘊という特質はない、というものです。慈恩大師は、ここで三性説に基づく空観を具体的に説明することで、『般若心経』の五蘊以下の部分にも「唯識の修行」が説かれていると主張しているのです（五蘊と五位百法の関係は前頁の図参照）。

《原文》

経曰。無眼耳鼻舌身意、無色声香味触法。
賛曰。此説空中無十二処。勝空者言。仏権方便説有処等、引令入真。既入真已、依真実義故説皆空。
（T33.538c）

《書き下し文》

経に曰く。「眼も耳も鼻も舌も身も意も無く、色も声も香も味も触も法も無く」と。
賛じて曰く。此れは空の中に十二処無きことを説く。勝空者言く。仏は権方便もて処等有りと説き、引きて真に入らしむ。既に真に入り已れば、真実義に依るが故に皆な空なりと説く。

《現代語訳》

経に「眼も耳も鼻も舌も身も意も無く、色も声も香も味も触も法も無く」と言う。賛じて言う。これは空の中に十二処が無いことを説く。勝空者は言う。仏は仮の方便によって〔十二〕処が有ると説き、引きよせて真如に入らせる。真如に入れば、真実義にもとづいて〔十二処は〕みな空であると説く。

続いて「無眼耳鼻舌身意、無色声香味触法」の注釈に入ります。ここには空の中には十二処といえるものは無いと説かれています。六根（六内処。眼・耳・鼻・舌・身・意。認識能力）と六境（六外処。色・声・香・味・触・法。認識対象）を合わせたものを十二処といいます。

先ず勝空者の解釈が述べられます。それは、仏は方便により十二処が有ると説いて真如を悟らせるが、真如を悟れば真実により十二処はみな空であると説く、というものです。

これまでの勝空者の解釈から考えて、十二処を有と見るのが世俗諦、無と見るのが勝義諦と言えるでしょう。ここには後者が説かれているというのが勝空者の考えです。

《原文》

如応者言。唯由根境能与六行為生長門、説為処義。然以世間相見、問訊、塗香、受膳、侍給、分別

故、仏説処次第如是。…中略…

二十頌曰。依彼所化生、世尊密意趣、説有色等処。如化生有情。此説、仏為妄執有我久沈生死不肯趣求、非処法中説之為処。如遮断見密説化生、引令入真除捨我執。

二乗等不了方便言説。執為実有。今顕所執性本都無、因縁法中既非実処、法性空理亦無処相。故乗前義而結処無。…後略（T33.538c）

《書き下し文》

如応者言く。唯だ根と境と能く六行の与に生・長の門と為るに由りて、説きて処の義と為す。然も世間の相見ると、問訊すると、香を塗ると、膳を受くると、侍給すると、分別するとを以ての故に、仏の処を説く次第も是の如し。…中略…

『二十頌』に曰く。「彼の所化の生に依りて、世尊は密意趣もて、色等の処有りと説く。化生の有情の如し」と。此れは、仏は妄りに我有りと執して久しく生死に沈み肯て趣求せざるものの為に、処に非ざる法の中に之れを説きて処と為すと説くなり。断見を遮せんがために密かに化生ありと説き、引きて真に入り我執を除捨せしむるが如し。

二乗等は方便の言説を了ぜず、執して実有と為す。今〔遍計〕所執〔性〕は性として本より都て無なり、因縁の法の中に既に実処あるに非ず、法性の空理にも亦た処相無きを顕す。故に前の義に乗じて処無きを結するなり。…後略

《現代語訳》

如応者は言う。ただ根と境のみが六つの〔認識の〕行（gati 場所）を生起・長養する入口となることから、〔六根と六境とを合わせて十二〕処（āyatana 処。認識の場）という。しかも世間において見て（眼・色）、尋ね（耳・声）、香を塗り（鼻・香）、食事を授け（舌・味）、給仕し（身・触）、思考する（意・法）ことから、仏が〔十二〕処を説く順序もこのようである。…中略…

『唯識二十論』（T31.75b）に言う。「その教化する衆生により、世尊はある意図をもって、色等の〔十二〕処があると説かれた。〔それは〕化生の有情のようなものである」と。これは、仏は誤って我が有ると執して長く生死に沈み〔菩提に〕趣かない者のために、処ではない法の中においてこれを処であると説いた、と説くものである。断見を否定しようという意図から化生〔の有情〕があると説き、〔衆生を〕引きよせて真如に入らせ我執を捨てさせるようなものである。

〔しかし〕二乗は方便の言葉を理解せず、〔十二処に〕執して実有であるとする。ここでは遍計所執性は本性としてもともと全て無であり、〔依他起性の〕因縁の法の中には実有の〔十二〕処はなく、〔円成実性の〕法性の空理にもまた〔十二〕処という特質が無いということを顕している。故に〔これは五蘊が無いという〕前の内容に乗じて〔十二〕処が無いことをつなげるものである。…

後略

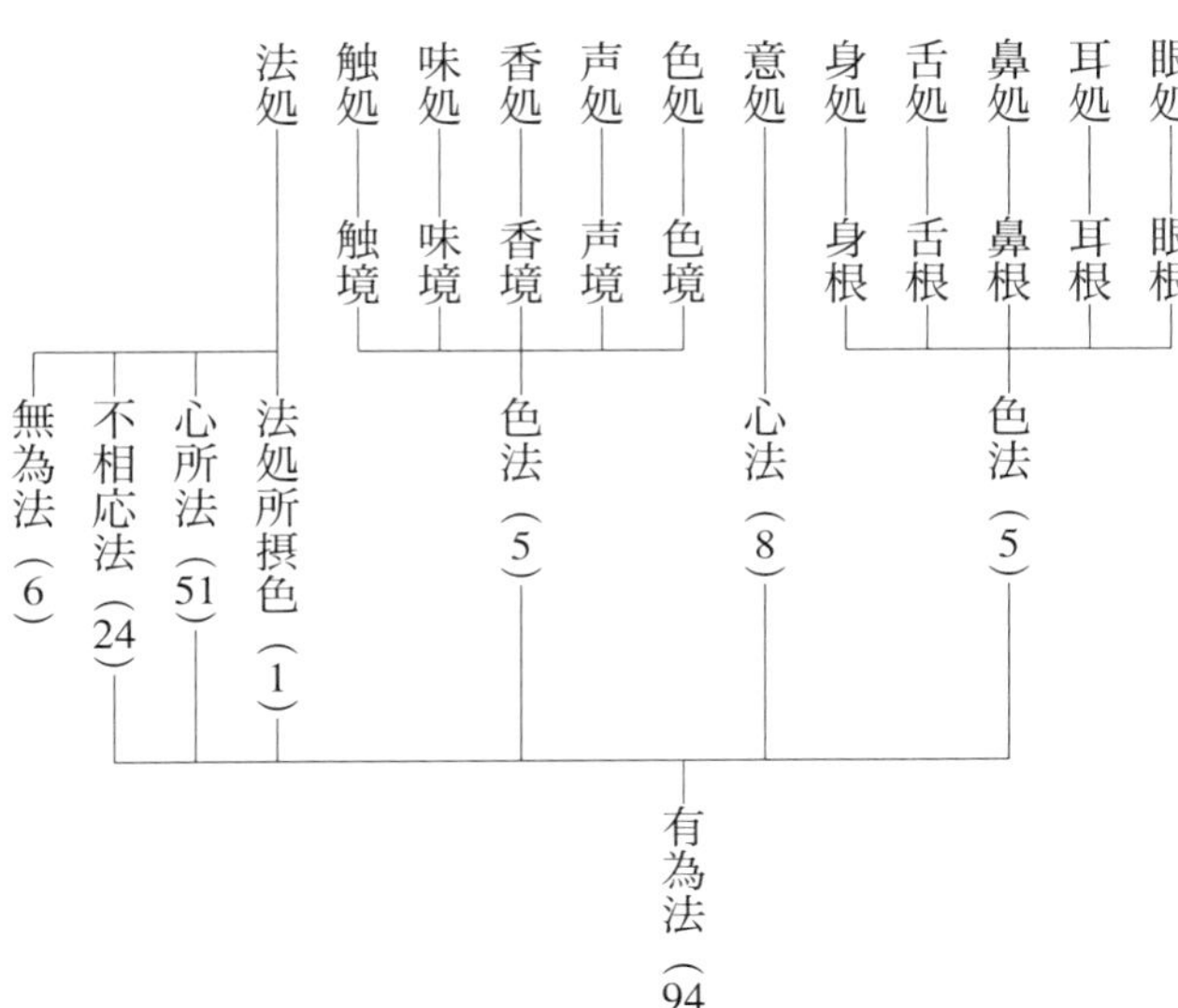

次に如応者の解釈が述べられます。まず、六根と六境が六つの場所を成立させることから、六根と六境をあわせて十二処と言う、といいます。また、世間で聖者を供養する際に眼・耳・鼻・舌・身・意の六根が、色・声・香・味・触・法の六境を順次に捉えて認識の場が成立することから、十二処もそのような順序になる、と説明されています。

如応者は『唯識二十論』の一節を引用して、我執に苦しむ二乗のために、仏が方便として仮設したものが十二の処（認識の場）である、と述べています。したがって十二処が実在するわけではないが、二乗はこれを実有であると捉えてしまうので、『般若心経』では空の中には十二処は無いと説かれている、というのが如応者の解釈です。

また如応者は、空の中には十二処は無いと

観察する方法を、ここでも三性説に基づいて説明しています。それは、遍計所執性としての十二処は本性として無であり、依他起性としての十二処は因縁によって生じたものだから実有ではなく、円成実性としては空性・真如であるから処という特質はない、というものです。そのように観察することで、空の中には十二処が無いことが確認できるというのです（十二処と五位百法の関係は前頁の図参照）。

6　十八界――六識・末那識・阿頼耶識

《原文》

経曰。無眼界、乃至無意識界。

賛曰。此説空中無十八界。

勝空者言。眼界・色界・眼識界・耳界・声界・耳識界・鼻界・香界・鼻識界・舌界・味界・舌識界・身界・触界・身識界・意界・法界・意識界名十八界。今挙無初後、例中間十六界。世俗故説有。勝義故皆無。唯有仮名。自性空故。（T33.538c-539a）

《書き下し文》

経に曰く。「眼界も無く、乃至意識界も無し」と。

賛じて曰く。此れは空の中に十八界無きことを説く。勝空者言く。眼界・色界・眼識界・耳界・声界・耳識界・鼻界・香界・鼻識界・舌界・味界・舌識界・身界・触界・身識界・意界・法界・意識界を十八界と名づく。今は初後無きことを挙げ、中間の十六界を例す。世俗なるが故に有りと説く。勝義なるが故に皆な無し。唯だ仮名(けみょう)のみ有り。自性空なるが故に。

《現代語訳》

経に「眼界も無く、ないし意識界も無い」と言う。

賛じて言う。これは空の中に十八界が無いことを説く。勝空者は言う。眼界・色界・眼識界・耳界・声界・耳識界・鼻界・香界・鼻識界・舌界・味界・舌識界・身界・触界・身識界・意界・法界・意識界を十八界と言う。今は初めの〔眼界〕と後ろの〔意識界〕が無いことをあげ、中間の十六界〔も無いこと〕を例示している。〔十八界は〕世俗諦では有りと説く。勝義諦ではみな無い。ただ仮の名前だけが有る。自性が空だからである。

「無眼界、乃至無意識界」の注釈に入ります。ここには空の中には十八界といえるものは無いと説かれています。

十八界とは、六根（眼・耳・鼻・舌・身・意。認識能力）と六境（色・声・香・味・触・法。認識対象）と六識（眼識・耳識・鼻識・舌識・身識・意識。認識主体）を合わせたものです。部派仏教では、このように人間存在を十八の構成要素に分け、そのいずれにも自己といえるものがないため無我である、と説明します。

六根…眼界・耳界・鼻界・舌界・身界・意界
六境…色界・声界・香界・味界・触界・法界
六識…眼識界・耳識界・鼻識界・舌識界・身識界・意識界
（以上）十八界

これに対し、先ず勝空者（中観派）の解釈が述べられます。それは、『般若心経』で十八界の最初の眼界が無く、最後の意識界も無いと説かれるのは、中間の十六界も無いという意味である。十八界は世俗諦では有ると説かれるが、勝義諦では無いとされる。前者はただ仮の名前が有るということであり、後者はその自性が空であるということである、というものです。勝空者はここでも諸法を二諦説で解釈し、十八界という人や物の構成要素を有であるとするのが世俗諦、それを空であるとするのが勝義諦であり、『般若心経』にはそのうちの後者が説かれているとしています。

《原文》

如応者言。由根及境能持六識、彼復自持因果性義、名之為界。前処次第識界随生。故十八界次第如

是。能取於境是六内界相。眼等所取是六外界相。依根縁境似境了別是六識界相。此中意界即心意識。(T33.539a)

《書き下し文》

如応者言く。根と及び境と能く六識を持し、彼復た自ら因果の性を持する義あるに由りて、之れを名づけて界と為す。前の処の次第もて識界随いて生ず。故に十八界の次第も是の如し。境を能取するは是れ六内界の相なり。眼等の所取は是れ六外界の相なり。根に依りて境を縁じ境に似て了別するは是れ六識界の相なり。此の中の意界は即ち心と意と識となり。

《現代語訳》

如応者は言う。根と境は六識を保持し、それ(六識)はまた自ら因果の性を保持することから、これを界(dhātu 保持するもの)と言う。前の〔十二〕処の順序に従って識界が生じる。故に十八界の順序もこのようである。境を能取するのは〔眼等の〕六つの内界の特質である。眼等の所取は〔色等の〕六つの外界の特質である。根により境を認識して境のように区別するのは〔眼識等の〕六つの識界の特質である。この中の意界とは心と意と識である。

次に如応者(瑜伽行派)の解釈が述べられます。先ず六根・六境は六識を保持し、六識は因果の性質を保持することから、これらを界と言うといいます。界とは何かを保つものという意味で、原理・基礎・要素などの意味があります。十八界の場合は、人や物の構成要素という意味で使われています。また、六根・六境（十二処）の順序にしたがって六識が生じるため、十八界の順序もそのようになるといいます。

十八界のうち、色などの認識対象（境）を捉えることが六つの内界（六根）の特質であり、眼などの認識能力（根）によって捉えられたものが六つの外界（六境）の特質です。これに対し、六根によって六境を認識し、区別することが六つの識界（六識）の特徴だといいます。「境に似て（境のように）」とは、私たちは境そのものではなく、自分のこころが作りだした境のようなものを認識している、ということを示唆しています。

十八界は十二処に似ていますが、こころを詳しく分析しているところが異なります。十二処でこころに相当するものは意処だけでした。しかし、十八界では意界を心・意・識に分けるといいます。後文では、心が第八識（阿頼耶識）、意が第七識（末那識）、識が六識であると説明されます。この六識を意界から別に立てたものが十八界だというのです。したがって、狭義では意界に属するのは阿頼耶識と末那識ということになります。

これは瑜伽行派による独自の十八界の説明です。釈尊が六識を説いたということは部派仏教でも議論されていましたが、釈尊が阿頼耶識や末那識を説いたということは瑜伽行派において初めて主張されました。瑜伽行派では、釈尊が説いた心（citta）、意（manas）、識（vijñāna）という言葉が、それぞれ阿頼耶識・末那識・六識を意味していると解釈します。これが瑜伽行派の八識説です。以下、如応者は八識説に基づいて心・意・識を順次説明していきます。

《原文》

心謂第八識。持種、受熏、趣生等体。善無覆性。能変身器為有情依。有三位名。一我愛執蔵位、名阿頼耶。此翻為蔵。能蔵所蔵執蔵義故。二善悪業果位、名毘播迦。此云異熟。善不善業所招集故。三相続執持位、名阿陀那。此云執持。能執持身不失壊故。(T33.539a)

《書き下し文》

心とは謂く第八識なり。種〔子〕を持し、熏〔習〕を受け、生に趣く等の体なり。善と無覆との性なり。能く身と器とを変じて有情の依と為る。三位の名有り。

一には我愛執蔵位にあるを、阿頼耶と名づく。此に翻じて蔵と為す。能蔵と所蔵と執蔵との義の故に。

二には善悪業果位にあるを、毘播迦と名づく。此に異熟と云う。善と不善との業の招集する所なるが故に。

三には相続執持位にあるを、阿陀那と名づく。此に執持と云う。能く身を執持して失壊せざるが故

に。

《現代語訳》

心とは第八識である。種子を保持し、熏習を受け、後生に趣く主体である。善性（無漏位）と無覆無記性（有漏位）とである。有根身と器世間とを変じて有情の所依となる。三つの名前がある。

一つには我愛執蔵位にあるものを、阿頼耶（ālaya）と言う。ここに翻訳して蔵とする。能蔵（持種）と所蔵（受熏）と執蔵（我愛執蔵）という意味があるからである。

二つには善悪業果位にあるものを、毘播迦（vipāka）と言う。ここに〔翻訳して〕異熟と言う。善と不善との業が招く〔が無記の〕ものだからである。

三つには相続執持位にあるものを、阿陀那（ādāna）と言う。ここに〔翻訳して〕執持と言う。身を執持して失わせないからである。

第八識は阿頼耶識と言い、過去のあらゆる経験を保持し、現在の認識を成立させる潜在的な心です。阿頼耶識に保持されている過去の行為の潜在余力を種子と言います。これが因縁によって引き出され、七転識（六識と末那識）を生じることで現在の認識が成立します。これを現行と言います。それは煩悩に汚された誤った認識（虚妄分別）であり、私たちはその認識に基づいて何らかの行為をしています。仏教では行為のことを業と言い、業には善・悪・無記の性質があるとされます。この善・悪・無記の業の勢力が、第八識に種子として印象づけられることを熏習と言います。

つまり、阿頼耶識に保持された種子（因）が、七転識を生起して現行（果）が生じます（種子生現行）。一方、現行（因）により善・悪・無記の業を起こし、その勢力が阿頼耶識に熏習して種子（果）となります（現行熏種子）。この二つの因果関係によって認識が成立することを阿頼耶識縁起と言います。阿頼耶識は善・悪・無記のあらゆる種子を保持することから一切種子識とも言われます。しかし、阿頼耶識そのものは無記であり、煩悩を伴ってはたらくことはありません。このことを無覆無記と言います。以上は有漏位（煩悩がある時）の場合です。無漏位（煩悩がない時）では第八識は善となり、熏習を受けなくなります。

有漏位では過去・現在の業にしたがって未来に転生しますが、その際に阿頼耶識が後生に趣く主体となります。前生でいかに善・悪の業を積み、後生で善趣（天・人）・悪趣（畜生・餓鬼・地獄）に生まれたとしても、阿頼耶識そのものは無記であり善でも悪でもありません。善・悪の業によって無記の阿頼耶識が生じることを、異熟と言います。未来の阿頼耶識はそれ以前の種子を保持し、新たに有根身（身体）と器世間（世界）を変現します。阿頼耶識は潜在的な心であるばかりでなく、輪廻の主体でもあり、生存の依りどころでもあるのです。

輪廻を繰り返すか、悟りを得て成仏するかは、阿頼耶識が保持する種子によって決まります。迷いをもたらす種子を有漏種子、悟りをもたらす種子を無漏種子と言います。無漏種子には本有（生得的なもの）と新熏（修得的なもの）がありますが、悟りの智慧を生じるのは本有の無漏種子です。

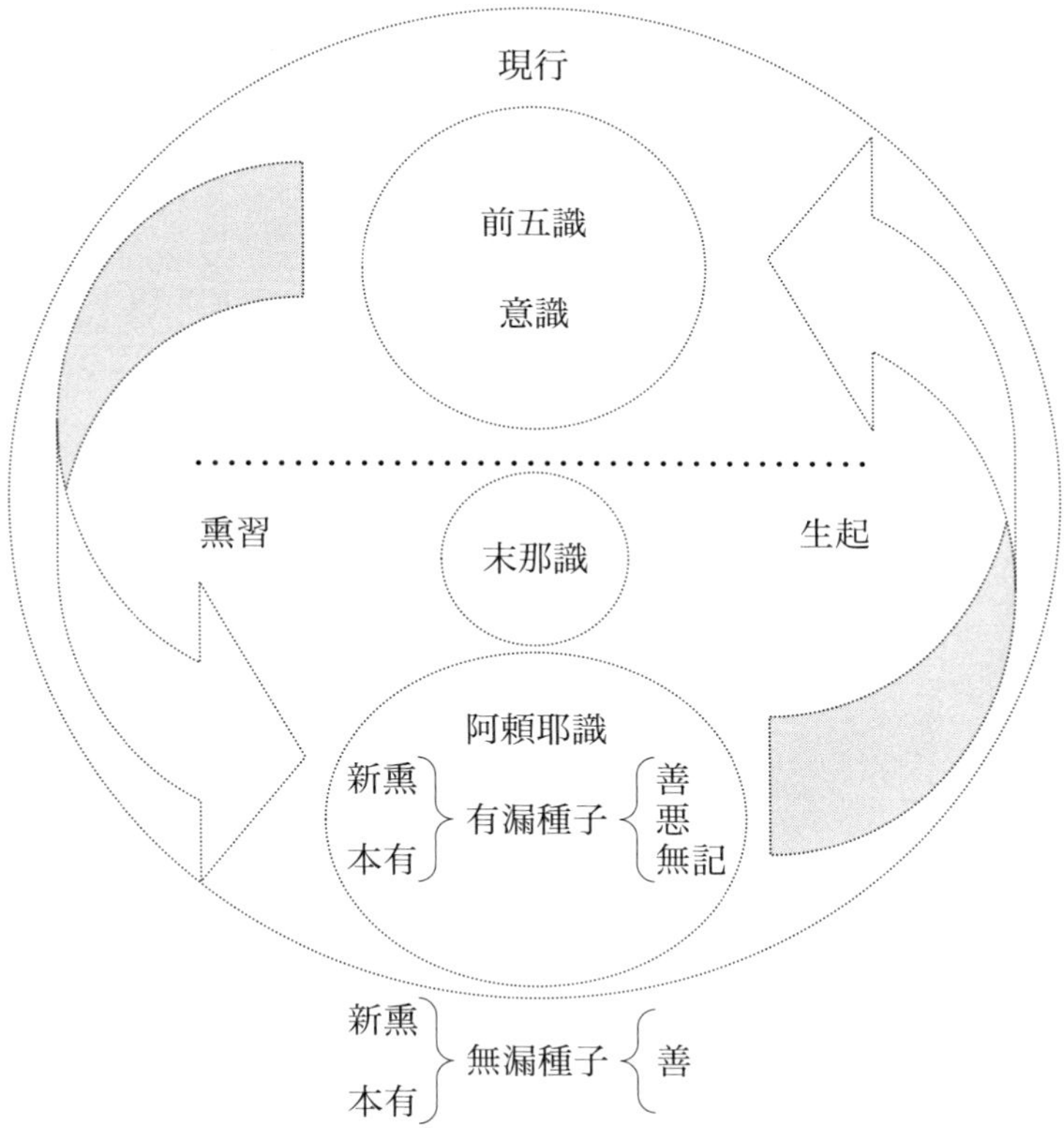
現行
前五識
意識
熏習
末那識
生起
阿頼耶識
新熏
本有
有漏種子
善
悪
無記
新熏
本有
無漏種子
善

声聞種姓・独覚種姓・菩薩種姓にはそれぞれの悟りを得るための無漏種子があり、不定種姓には複数の無漏種子があります。菩薩種姓と不定種姓は、菩薩の無漏種子が現行して無分別智・後得智が生じ、煩悩障（我執）・所知障（法執）を断じて大涅槃・大菩提を得ることで成仏します。

第八識は修行階梯によって使える名前が違います。

第一に、無始から第七地までは、阿頼耶という名前で呼ぶことができます。阿頼耶（ālaya）とは、蔵（貯蔵する）という意味です。この期間の第八識は、種子を保持し（持種）、熏習を受け（受熏）、末那識に我愛の対象として執着されるため、阿頼耶識と呼ばれるのです。特に最後の意味から、この期間を我愛執蔵位と言います。

第二に、無始から第十地までは、毘播迦という名前で呼ぶことができます。毘播迦（vipāka）とは、異熟（異なって熟する）という意味です。この期間の第八識は、輪廻の主体となり、善・悪の業を因（増上縁）として転じ、無記の果として生じるため、異熟識と呼ばれるのです。この期間を善悪業果位と言います。

第三に、無始から仏地までは、阿陀那という名前で呼ぶことができます。阿陀那（ādāna）とは、執持（維持する）という意味です。第八識は、人であれ、仏であれ、その生命が継続している限り身心を維持して失わせないようにするため、阿陀那識と呼ばれるのです。この期間を相続執持位と言います。

これによれば、私たちの第八識は、阿頼耶識でもあり、異熟識でもあり、阿陀那識でもある、ということになります（第八識の三位については図参照）。

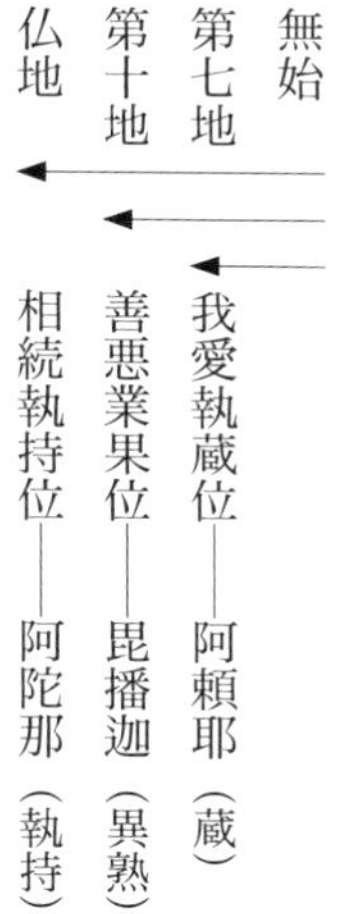

無始 ──→ 我愛執蔵位──阿頼耶（蔵）
第七地 ──→ 善悪業果位──毘播迦（異熟）
第十地 ──→ 相続執持位──阿陀那（執持）
仏地

《原文》

意謂第七識。染執我相為有漏依、浄常平等。性善有覆。亦三位名。
一我執相応位、名有覆末那。縁阿頼耶執為我故。
二法執相応位、名無覆末那。縁毘播迦執為法故。
三思量性位、但名末那。縁阿陀那等起思量故。（T33.539a）

《書き下し文》

意とは謂く第七識なり。染には我相を執して有漏の依と為り、浄には常に平等なり。性は善と有覆となり。亦た三位の名あり。

一には我執相応位にあるを、有覆末那（manas）と名づく。阿頼耶を縁じて執して我と為すが故に。

二には法執相応位にあるを、無覆末那と名づく。毘播迦を縁じて執して法と為すが故に。

三には思量性位にあるを、但だ末那と名づく。阿陀那等を縁じて思量を起こすが故に。

《現代語訳》

意とは第七識である。有漏位では我相を執して有漏の依りどころとなり、無漏位では常に〔自他〕平等である。善性（無漏位）と有覆無記性（有漏位）とである。また三つの名前がある。

一つには我執相応位にあるものを、有覆末那と言う。阿頼耶識を認識して執して我とするからである。

二つには法執相応位にあるものを、無覆末那と言う。異熟識を認識して執して法とするからである。

三つには思量性位にあるものを、ただ末那と言う。阿陀那識などを認識して思量を起こすからである。


第七識は末那識と言い、潜在的な自我意識です。末那識は阿頼耶識を自己と誤認して、我執を起こすはたらきがあります。我執そのものは善でも悪でもないため無記ですが、我痴・我見・我慢・我愛という四つの煩悩を伴ってはたらきます。このことを有覆無記と言います。以上は有漏位の場合です。無漏位では第七識は善となり、常に自他平等にはたらきます。

第七識も修行階梯によって使える名前が違います。

第一に、無始から第七地までは、有覆末那という名前で呼ぶことができます。阿頼耶識に対して我執を生じるからです。この期間を我執相応位と言います。

第二に、無始から第十地までは、無覆末那という名前で呼ぶことができます。異熟識に対して法執を生じるからです。この期間を法執相応位と言います。

第三に、無始から仏地までは、末那という名前で呼ぶことができます。末那（manas）とは思量するという意味であり、阿陀那識に対して思量するからです。この期間を思量性位と言います（第七識の三位については図参照）。

期間	位	名
無始 → 第七地	我執相応位	有覆末那
無始 → 第十地	法執相応位	無覆末那
無始 → 仏地	思量性位	末那

《原文》

能縁所縁短長平等。故七八識各有三名。初二名皆有漏、後一名通無漏。識謂余六。如自名顕。皆通三性。（T33.539a）

《書き下し文》

能縁と所縁と短長平等なり。故に七・八識に各おの三名有り。初めの二名は皆な有漏にして、後の一名は無漏に通ず。

識とは謂く余の六なり。自の名の如く顕すなり。皆な三性に通ず。

《現代語訳》

能縁〔の第七識〕と所縁〔の第八識〕は〔三つの名前のうち第一を第七地に捨て、第二を第十地に捨て、第三を捨てないという時間の〕長短が平等である。故に第七識と第八識に各々三つの名前がある。初めの二つの名前はみな有漏であり、後の一つの名前は〔有漏・〕無漏に通じる。

識とはその他の六識である。自らの名前のとおりに〔認識作用を〕顕す。みな〔善・悪・無記の〕三性に通じる。

第七識と第八識は、能縁（ālambaka 認識するもの）と所縁（ālambana 認識されるもの）の関係にあり、それぞれの名前が使える期間が対応しています。いずれも三つの名前があり、初めの二つは有漏位で呼ぶことができるもの、後の一つは有漏位・無漏位のいずれでも呼ぶことができるものです。

その他の六識（眼識・耳識・鼻識・舌識・身識・意識）が識です。六識は私たちの通常の認識で、それぞれが名前どおりの認識作用を起こします。六識は有覆であり、いずれも善・悪・無記に通じます。以上は有漏位の場合であり、無漏位ではいずれも善となります。

《原文》

至仏位中転異熟識、名円鏡智。九喩影像於中現故。随応初地転二末那、名平等智。能具十種平等性故。三乗見位転第六識、名妙観智。随応具足十勝用故。転前五識、名成事智。起十化業満本願故。因多分別以識為主。果皆決断標智為名。…後略（T33.539a）

《書き下し文》

仏位の中に至りて異熟識を転ずるを、〔大〕円鏡智と名づく。九喩の影像を中に於いて現ずるが故に。応に随いて初地に二の末那を転ずるを、平等〔性〕智と名づく。能く十種の平等性を具するが故に。三乗の見位に第六識を転ずるを、妙観〔察〕智と名づく。応に随いて十の勝用を具足するが故に。前五識を転ずるを、成事智と名づく。十の化業を起こして本願を満ずるが故に。因には多く分別すれば識を以て主と為す。果には皆な決断すれば智を標して名と為す。…後略

《現代語訳》

仏位の中に至って異熟識を転ずることを、大円鏡智と言う。九喩の影像（『仏地経』T16.721b-c）をその中に現ずるからである。応ずるところに従って初地に第二能変の末那識を転ずることを、平等

性智と言う。十種の平等性（『仏地経』T16.721c-722a）を具えるからである。三乗の見道の位に第六識を転ずることを、妙観察智と言う。応ずるところに従って十の勝れた作用を具えるからである。前五識を転ずることを、成所作智と言う。十の教化の業を起こして本願を満たすからである。因位には多く分別するため識を〔名前の〕主とする。果位にはみな決断するため智をあげて名前とする。

…後略

菩薩は初地に入る時（見道）に、第七識を転じて平等性智を得、第六識を転じて妙観察智を得ます。前者は自他を平等に捉える智で、後者はすぐれた説法をする智です。また、仏地に至る時に、第八識を転じて大円鏡智を得、前五識を転じて成所作智を得ます。前者はあらゆる影像をありのままに現す智で、後者は本願のとおりに衆生を教化する智です。

因位では誤って分別（vikalpa）するため識（vijñāna）と言い、果位では正しく決定（niścita）するため智（jñāna）と言います。この八識を転じて四智を得ることが転識得智です。これを図示すれば次のようになります。

仏地〜　前五識　↓　成所作智相応心
初地〜　第六識　↓　妙観察智相応心
初地〜　第七識　↓　平等性智相応心

以上が心・意・識についての如応者の説明です。しかし『般若心経』の本文には、阿頼耶識や末那識は説かれていません。どうしてそれが十八界の中で説明されているのでしょうか。一つには、三性説とともに瑜伽行派を代表する学説である八識説を紹介できるところが、『般若心経』の本文では十八界しかなかったということがあるでしょう。

もう一つには、こころは成仏すると無くなるわけではなく、智慧を伴うこころになるということを示そうとしたのではないでしょうか。勝空者の解釈では、勝義諦においては意界も六識界も無であると誤解されてしまう恐れがあります。慈恩大師はそれを警戒して、十八界は有ると主張したのではないかと思われます。

《原文》

破我能持施設為界、二乗等不了便執為実。所執都無。余非実界。故乗前義亦結此無。（T33.539b）

《書き下し文》

我の能く持するを破せんとして施設して界と為すも、二乗等は了ぜずして便ち執して実と為す。〔遍計〕所執〔性〕は都て無なり。余も実の界あるに非ず。故に前の義に乗じて亦た此の無を結す。

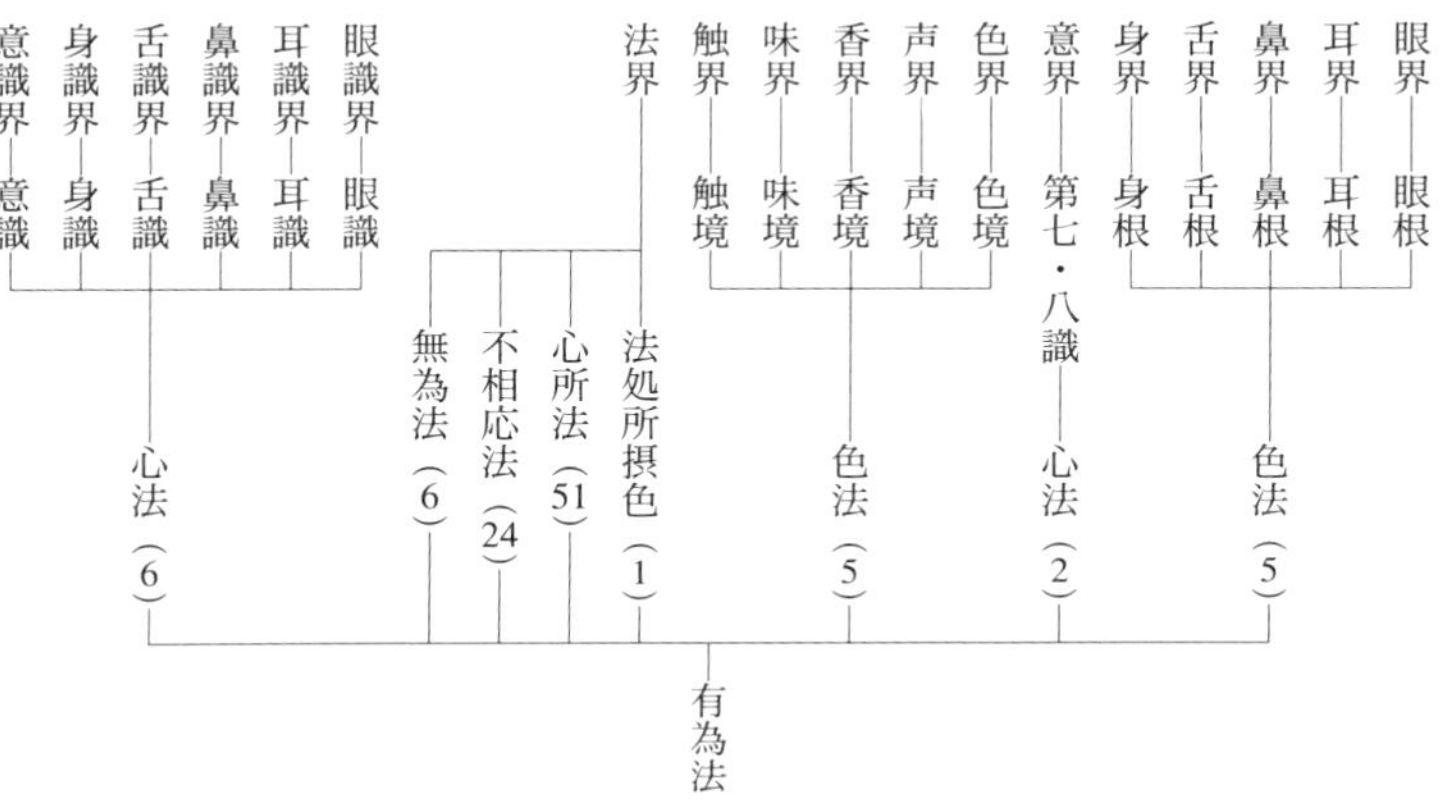

《現代語訳》

〔自己を〕我が保持するということ（執着）を破ろうとして〔仏は十八〕界を仮設（けせつ）したが、二乗はそれを了解せず〔十八界に〕執して実有とした。〔しかし〕遍計所執性〔としての十八界〕は全て無である。その他〔の依他起性や円成実性〕にも実の〔十八〕界があるわけではない。故に〔これは五蘊・十二処が無いという〕前の内容に乗じて、またこれ（十八界）が無いことをつなげるものである。

如応者は、十八界を瑜伽行派の立場から説明したのち、『般若心経』でそれらが無いと説かれている理由を三性説に基づいて説明します。それは、仏は我執を破るために十八界を仮設したが、二乗はこれらを実有であると捉えてしまった。しかし、遍計所執性としての十八界は無であり、依他起性や円成実性としても実有ではない。その意味で『般若心経』では空の中には十八界は無いと説かれている、というものです。ただし、十八界が空であることを悟ったとしても、こころが無くなるわけではない、というのが如応者の解釈になります（十八界と五位百法の関係は前頁の図参照）。

7　十二縁起

《原文》

経曰。無無明、亦無無明尽、乃至無老死、亦無老死尽。

賛曰。勝空者言。上無遠観、下無近観。此無独覚隣近所観。故契経言。為求独覚者、説応十二縁起法。

又説。無明乃至老死唯有仮名。自性空故。今説為無。尽者空也。空亦空故、説無無明尽乃至無老死尽。

十二縁起有空倶無。例余皆爾。今影顕之。（T33.539b）

《書き下し文》

経に曰く。「無明も無く、亦た無明の尽くることも無く、乃至老死も無く、亦た老死の尽くることも無し」と。

賛じて曰く。勝空者言く。上には遠観無きをいい、下には近観無きをいう。此には独覚に隣近の所観無きをいう。故に契経に言く。「独覚を求むる者の為には、応ぜる十二縁起の法を説く」と。又た説く。「無明乃至老死には唯だ仮名のみ有り。自性空なるが故に」と。今説きて「無」と為す。「尽」とは空なり。空も亦た空なるが故に、「無明の尽くることも無く、乃至老死の尽くることも無し」と説く。十二縁起は有も空も倶に無なり。例するに余も皆な爾り。今は之れを影顕す。

《現代語訳》

経に「無明も無く、また無明が尽きることも無く、ないし老死も無く、また老死が尽きることも無い」と言う。

賛じて言う。勝空者は言う。上文には〔凡夫に〕遠観が無いことをいい、下文には〔独覚・声聞に〕近観が無いことをいう。ここでは独覚に〔真如に〕近い所観が無いことをいう。故に経（『妙法蓮華経』巻一 T9.3c）に、「独覚を求める者のためには、所応の十二縁起の法を説く」と説かれている。また、「無明ないし老死にはただ名前のみがある。自性は空だからである」（『大般若経』巻四 T5.17c-18a）と説かれている。ここでは〔十二縁起が空であることを〕「無」と説いている。「尽」とは空である。空もまた空であることから、「無明が尽きることも無く、ないし老死が尽きることも無い」と説いている。〔つまり〕十二縁起は有も空も倶に無である。このようにその他（五蘊・十二処・十八界・四諦）もみなそうである。ここではこのことを顕している。

続いて「無無明、亦無無明尽、乃至無老死、亦無老死尽」の注釈に入ります。ここには、空の中には十二縁起と言えるものは無い、と説かれています。

十二縁起（十二支縁起）とは、人の苦しみが生じる要件を、①無明（無知）・②行（形成作用。業）・③識（認識主体）・④名色（認識対象。境）・⑤六処（認識能力。六根）・⑥触（根境識の和合）・⑦受（感受作用）・⑧愛（欲望）・⑨取（執着）・⑩有（輪廻的生存）・⑪生（出生）・⑫老死（老い死ぬこと）という十二支で説明するものです。これらはすべて前者があれば後者があり、前者が滅すれば後者も滅するという因果関係にあります。すなわち、無明があるから老死の苦しみが生じ、無明を滅すればその苦しみが滅する、というのです。

説一切有部では、十二縁起を輪廻転生に当てはめて、因果関係を時間的に解釈しました。それは、①②は過去の因、③〜⑦は現在の果、⑧〜⑩は現在の因、⑪⑫は未来の果であり、三世にわたり二重の因果が説かれている、という解釈です。これを三世両重の因果と言います。説一切有部は三世実有説に基づいて、過去や現在の業が実在し、それが未来の果を生ずるという、業感縁起によって十二縁起を解釈しているのです。

これに対し、先ず勝空者の解釈が述べられます。初めに、以上には凡夫に遠観（真如に遠い観察対象。五蘊・十二処・十八界）が無いことが説かれ、以下には独覚・声聞に近観（真如に近い観察対象。十二縁起・四諦）が無いことが説かれるが、ここでは独覚に近観（十二縁起）が無いことを説いている、と述べています。十二縁起は独覚のための教えとされますが、独覚はそれを正しく理解していないというのです。

なぜかといえば、独覚は十二縁起の教えにより人の苦しみが生じる要件は分かったものの、今度は無明ないし老死というものが有ると執着してしまうからです。だから仏は無明ないし老死はただ仮の名前であり、空であると説かれるのであり、これが『般若心経』の「無無明」ないし「無老死」である、と言います。そうすると今度は無明などが空であるという言葉に執着してしまいます。だから仏は無明などの空もまた空であるとも説かれるのであり、これが「無無明尽」ないし「無老死尽」である、と言います。

つまり、十二縁起は有であると執してはならず、空であるとも執してはならず、その他（五蘊・十二処・十八界・四諦）についても同様である、というのが勝空者の解釈です。勝空者は、ここでは言葉による概念的思考を徹底的に否定することで、一切法が無自性・空であるということを主張しています。これも中観派の解釈の特徴の一つです。

《原文》

如応者言。慈氏尊説。此於染浄皆有順逆。雑染順観依於生死流転法説、逆依世間加行法説。清浄順観依於根本断障法説、逆依断已重観法説。…後略（T33.539b）

《書き下し文》

如応者言く。慈氏尊の説く。此(こ)れには染(ぜん)・浄(じょう)に於いて皆な順・逆有り。雑染(ぞうぜん)の順観は生死流転の法に依りて説き、逆は世間加行(けぎょう)の法に依りて説く。清浄(しょうじょう)の順観は根本断障の法に依りて説き、逆は断已重観の法に依りて説く。…後略

《現代語訳》

如応者は言う。慈氏尊（弥勒菩薩）は説かれた。これには染・浄においてみな順観・逆観がある。雑染の順観は生死流転の法によって説き、逆観は世間の修行の法によって説く。清浄の順観は根本の障礙を断ずる法によって説き、逆観は断じたのち重ねて観察する法によって説く。…後略

次に如応者の解釈が述べられます。如応者も、独覚が十二縁起は有であると執するため、仏はここで十二縁起は空であると説かれている、と解釈します。しかし、十二縁起や空の解釈はまるで異なります。瑜伽行派でも十二縁起を時間的に解釈しますが、①〜⑩は過去または現在の因、⑪⑫は現在または未来の果であるとし、二世にわたり一重の因果が説かれているとします。これを二世一重の因果と言います。瑜伽行派では過去や未来の業の存在を認めず、阿頼耶識説によって十二縁起を解釈します。それは、③識とは阿頼耶識（異熟識）であり、その中の種子が現行することで苦しみが生じる、というものです（次頁の図参照）。

※瑜伽行派の二世一重の因果

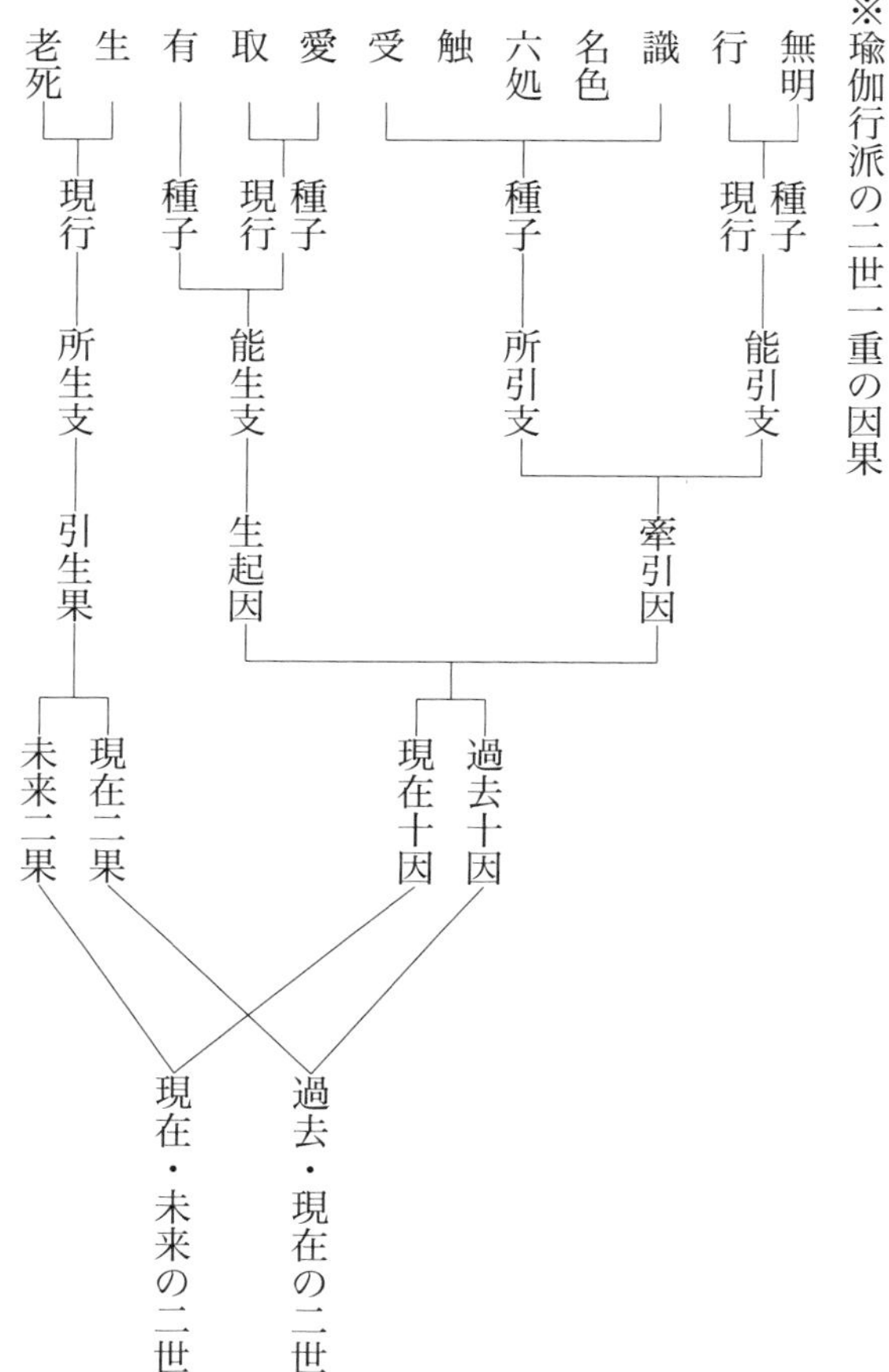

如応者はこの瑜伽行派の解釈に基づいて、十二縁起には雑染の順観・逆観と、清浄の順観・逆観があると言い、それぞれを説明していきます。長文にわたりますので、要点のみをあげておきます（次頁の図参照）。

《原文》

世尊如是方便施設、令独覚等獲自菩提。而彼不了、妄執有実染浄縁起。今説彼無令捨執著、於雑染品、唯説無無明乃至無老死、於清浄品、唯説無無明尽乃至無老死尽。各但無順、而例無逆。挙無初後、例中亦無。…中略…其所無者、謂無所執作者常住二種縁生。非無功能縁起滅理。以契経言、不壊世諦入於勝義、無造受者業不亡故。…後略（T33.540a）

《書き下し文》

世尊は是の如く方便もて施設して、独覚等をして自らの菩提を獲しめんとす。而も彼は了ぜずして、実の染・浄の縁起有りと妄執す。今、彼の無きことを説き執著を捨てしめんとして、雑染品に於いて、唯だ「無明も無く」乃至「老死も無く」と説き、清浄品に於いて、唯だ「無明の尽くることも無く」乃至「老死の尽くることも無し」と説く。各おの但だ順のみ無しといい、而も逆も無きことを例す。初後無きことを挙げ、中も亦た無きことを例す。…中略…

※雑染の順観（生死流転の法）
無明（愚痴）
行（邪行を起こす）
識（異熟識を集める）
名色（五蘊が起こる）
六処（六根が具わる）
触（境界と接触する）
受（苦・楽を受領する）
愛（貪欲を起こす）
取（煩悩を助長する）
有（生を潤して後有をあらしめる）
生（五趣の苦果が生じる）
老死（憂い悲しむ）

※雑染の逆観（世間加行の法）
苦諦の観察　老死⇅生（来世の苦諦）
集諦の観察　有⇅取⇅愛（来世の集諦）
⇅受⇅触⇅六処⇅名色⇅識（現世の苦諦）
滅諦の観察　無明の滅↓老死の滅
道諦の観察　世間の正見の念智を現前・増長させる

※清浄の順観（根本断障の法）
諸諦において有学・無学の清浄の智見を得る（阿羅漢となる）
慧解脱（無明の滅。煩悩障を解脱して無痴と相応する）を証する
心解脱（渇愛の滅。定障を解脱して無貪と相応する）を証する
倶解脱（滅尽定に入る）

※清浄の逆観（断已重観の法）
無作の縁生　無明の現行と種子の無↓老死の無
無常の縁生　無明の現行と種子の滅↓老死の滅

其の無とする所とは、所執の作者(さしゃ)と常住との二種の縁生(えんじょう)無きを謂う。功能(くうのう)の縁起と滅理とは無きに非ず。契経に、「世諦を壊(え)せずして勝義に入(い)る」と言うを以て、造受者は無きも業は亡ぜざるが故に。…後略

《現代語訳》

世尊はこのように方便により施設（仮設。仮に言葉で表現すること）して、独覚などに自らの菩提を獲させようとする。しかし彼は了解することなく、雑染・清浄の〔十二〕縁起が実在すると妄執してしまう。〔そこで〕ここではそれが無いことを説いて執着を捨てさせようとして、雑染〔の十二縁起〕について、ただ「無明も無く」ないし「老死も無く」と説き、清浄〔の十二縁起〕について、ただ「無明の尽きることも無く」ないし「老死の尽きることも無い」と説いている。それぞれただ順観のみが無いといい、逆観も無いことを例示している。〔また〕最初と最後が無いことをあげ、中間もまた無いことを例示している。…中略…

その無いとされるのは、〔有ると〕妄執された〔十二縁起の〕作者と常住という二つの縁生が無いということである。〔ただし〕縁起のはたらきと〔苦の〕滅という真理は無いわけではない。経に、「世俗諦を壊さずに勝義諦に入る」と言われるように、〔十二縁起を〕造受する者は無いが業は亡びないからである。…後略

如応者は、仏は方便として雑染・清浄の十二縁起を説かれたが、独覚などはそれらが有ると執してしまったため、仏は『般若心経』でそれらが無いと説かれている、と述べています。雑染の十二縁起が無いことが「無無明」ないし「無老死」、清浄の十二縁起が無いことが「無無明尽」ないし「無老死尽」であり、それぞれ順観のみをあげることで逆観も例示し、最初と最後のみをあげて中間も例示している、というのがその説明です。

また、『般若心経』で無いとされているのは、十二縁起において有ると誤解された人（行為の主体）や法（常住の観念）であり、縁起のはたらきと苦しみの消滅という真理は無いわけではない、と述べられています。この空の中にも縁起と真理は有るという解釈は、依他起性と円成実性を有るとする瑜伽行派の三性説によるものです。

十二縁起によって苦しむ人は、因縁によって成立するため実在するとはいえません。十二縁起という法も、ただ仮の名前であり常住のものではありません。しかし、十二縁起の順観・逆観という修行や、苦しみの消滅という真理は無いと言えるでしょうか。もし無いとすれば、修行の意味や目的が見失われてしまいます。だから如応者は、業を造りその報いを受ける人は実在しないが、その人の業は滅びない、という解釈を加えているのでしょう。これは修行の意義を強調するものであり、空の中には修行と言えるものが無いとする勝空者の解釈に対する批判が込められています。

8　四諦

《原文》

経曰。無苦集滅道。

賛曰。勝空者言。前無独覚近観、此無声聞近観。…中略…又説。四諦唯有仮名。自性空故。…後略（T33.540a）

《書き下し文》

経に曰く。「苦も集も滅も道も無し」と。

賛じて曰く。勝空者言く。前には独覚に近観（ごんかん）無きをいい、此（ここ）には声聞に近観無きをいう。…中略…又た説く。「四諦は唯だ仮名（けみょう）のみ有り。自性（じしょう）空なるが故に」と。…後略

《現代語訳》

経に「苦も集も滅も道も無い」と言う。

賛じて言う。勝空者は言う。以前には独覚に近観（真如に近い観察対象。十二縁起）が無いことをいい、ここでは声聞に近観（同上。四諦）が無いことをいう。…中略…また、「四諦にはただ名前のみ

がある。自性は空だからである」（『大般若経』巻四 T5.18a）と説かれている。…後略

続いて「無苦集滅道」の注釈に入ります。ここには空の中には四諦と言えるものは無いと説かれています。

四諦（四聖諦）は、釈尊が最初に説かれた教えの一つです。苦（苦しみ）・集（苦しみの原因）・滅（苦しみの消滅）・道（苦しみの消滅にいたる道）という四つの真理であり、迷いの因果と悟りの因果をあわせて明らかにしたものです。四諦は病・病の原因・病の消滅・病を消滅させる方法に譬えられます。後文では、聖者（しょうじゃ）のみがこの四つの真理を知ることから四聖諦（ししょうたい）と言う、と説明されています。

先ず勝空者の解釈が述べられます。勝空者は、さきには独覚が十二縁起を正しく理解していないため十二縁起が無であると説かれたが、ここでは声聞が四諦を正しく理解していないため四諦が無であると説かれている、と述べています。そして『大般若経』の一節を引用し、四諦もただ仮の名前であり、自性は空である、と説明しています。

《原文》

如応者言。勝鬘経説、安立四聖諦非安立四聖諦。如是八聖諦非二乗所知。

分段生死名苦、煩悩及有漏業名集、択滅名滅、生空智品名道。麁顕施設浅智所知、名安立諦。

変易生死名苦、所知障及無漏有分別業名集、自性清浄無住涅槃名滅、法空智品名道。微隠難知非麁浅境、名非安立諦。

総合説者、有漏逼迫皆苦。招感後有名集。故無記法皆非集諦。此即略説生死果因。四種涅槃名滅、無漏有為為証滅路名道。此即略説出世果因。…後略（T33.540b）

《書き下し文》

如応者言く。『勝鬘経』に、安立の四聖諦と非安立の四聖諦とを説く。是の如き八聖諦は二乗の知る所に非ず。

分段生死を苦と名づけ、煩悩と及び有漏の業とを集と名づけ、択滅を滅と名づけ、生空智品を道と名づく。麁顕の施設にして浅智の所知を、安立諦と名づく。

変易生死を苦と名づけ、所知障と及び無漏の有分別の業とを集と名づけ、自性清浄の無住涅槃を滅と名づけ、法空智品を道と名づく。微隠にして知り難く麁浅の境に非ざるを、非安立諦と名づく。

総合して説かば、有漏の逼迫するは皆な苦なり。後有を招感するを集と名づく。故に無記の法は皆な集諦に非ず。此れ即ち略して生死の果と因とを説く。四種涅槃を滅と名づけ、無漏有為にして滅を証せんが為なるを道と名づく。此れ即ち略して出世の果と因とを説く。…後略

《現代語訳》

如応者は言う。『勝鬘経』（T12.221b-c）に、安立の四聖諦と非安立の四聖諦とが説かれている。このような八聖諦は二乗が知るものではない。顕かに施設されたもので浅智でも知られるものを、安立諦と言う。分段生死を苦と言い、煩悩障と有漏の業とを集と言い、択滅を滅と言い、生空の智を道と言う。変易生死を苦と言い、所知障と無漏の有分別の業を集と言い、自性清浄の無住処涅槃を滅と言い、法空の智を道と言う。微かで知り難く浅智では知られないものを、非安立諦と言う。総じて言えば、有漏の逼迫するものはみな苦である。後有を招くものを集と言う。故に無記の法はみな集諦ではない。これは略して生死の果と因とを説くものである。四種涅槃を滅と言い、無漏有為であり滅を証するためのものを道と言う。これは略して出世間の果と因とを説くものである。……後略

次に如応者の解釈が述べられます。如応者は『勝鬘経』に説かれる安立（言語で表されること）の四聖諦と非安立（言語を絶していること）の四聖諦をあげ、このような八聖諦は菩薩のみが知るものである、と述べています。

安立の四聖諦は、凡夫の因果です。凡夫の分段生死（寿命の長さに限界がある生死）は、煩悩障（我執によって涅槃を妨げる全ての煩悩）と有漏の業（煩悩に汚された行為）を因としています。凡夫は我執によって生死の苦しみを繰り返すからです。これに対し、有余・無余の涅槃（択滅。簡択力によって得られた滅。智慧による煩悩の滅）は、我空（生空。人空）を知る智慧によって得られます。これが言葉によって表された、安立の四聖諦です。

非安立の四聖諦は、聖者（初地以上の菩薩）の因果です。聖者の変易生死（寿命の長さを変化できる生死）は、所知障（法執によって智慧を妨げる全ての煩悩）と無漏の有分別の業（煩悩に汚されない分別智による行為）を因としています。聖者は衆生済度のために、あえて法執をとどめて生死を繰り返すといわれます。これが無住処涅槃（生死にも涅槃にも住することのない涅槃）であり、それは法空を知る智慧によって得られます。これが言葉で表すことが難しい、非安立の四聖諦です。

まとめて言えば、凡夫も聖者も、有漏法の苦しみを受けますが、それは後有（後世の生存）を招く善・悪の業によって得られます。これが生死の因果です。また、凡夫も聖者も、四種涅槃（自性涅槃・有余涅槃・無余涅槃・無住処涅槃）のいずれかに住しますが、それは有為無漏の法である智慧によって得られます。これが出世間の因果です。これらの点で凡夫と聖者は共通しますが、凡夫の生死がたんなる苦であり、その涅槃がたんなる楽であるのに対し、聖者の生死はあえて苦を引き受けることであり、その涅槃があえて楽に住まらないという点では、両者は大きく相違しているのです。以上をまとめると、次のようになります。

〔四諦〕〔安立〕〔非安立〕〔総合〕

苦諦	分段生死	変易生死	有漏法	生死の果
集諦	煩悩障・有漏業	所知障・無漏業	業（善・悪）	生死の因
滅諦	択滅（有余・無余涅槃）	無住処涅槃	四種涅槃	出世の果
道諦	生空智	法空智	智（有為無漏法）	出世の因

《原文》

於非苦等中、仏説為苦等。声聞等不了、如言起著。今破彼執故説為無。依他定非苦集等相。真理何由有彼差別。由此並無。故第五地雖作此観、尚執有実染浄麁相。第六地中方除染浄障。染者有漏。即此所無苦集二諦。浄者無漏。即＊此所無滅道二諦。（＊「即」、大正は「既」に作る。文義により改める。）**（T33.540b）**

《書き下し文》

非苦等の中に於いて、仏は説きて苦等と為す。声聞等は了ぜず、言の如く著を起こす。今彼の執を破するが故に説きて無と為す。依他〔起性〕には定めて苦・集等の相あるに非ず。真理には何に由りて彼の差別有らん。此れに由りて並びに無なり。故に第五地に此の観を作すと雖も、尚お実の染・浄の麁相有りと執す。第六地の中に方に染・浄の障を除く。染とは有漏なり。即ち此に無とする所の苦・集の二諦なり。浄とは無漏なり。即ち此に

無とする所の滅・道の二諦なり。

《現代語訳》

非安立の苦などにおいて、仏は〔安立の〕苦等を説かれた。〔それを〕声聞等は了解することなく、言葉どおりに〔苦などは有るという〕執着を起こしてしまった。ここではその執着（遍計所執性）を破るために〔苦などは〕無いと説いている。依他起性には決して苦・集などの特質があるわけではない。真理（円成実性）にはどうしてそのような差別があるだろうか。このことから〔苦などは〕みな無いのである。

第五地にこの観を行うが、まだ実の染・浄の特質が有ると執してしまう。第六地の中で初めて染・浄の〔特質に執する〕障礙(しょうげ)を除く。染とは有漏である。ここで無いとされている苦・集の二諦である。浄とは無漏である。ここで無いとされている滅・道の二諦である。

如応者は、安立と非安立の四聖諦を説いた後、『般若心経』で苦等が無いと説かれる意味を次のように解釈します。それは、非安立の四聖諦では言葉どおりの苦などは無いが、仏が方便として安立の四聖諦を説かれると、声聞等は言葉どおりの苦などが有ると執してしまった。そこで『般若心経』では苦などは無いと説かれているのである。三性説で言えば遍計所執性としての苦などは無いということである。依他起性・円成実性にも苦などの特質といえるものは無い。このように観察できるようになるのは菩薩の第六地からである、というものです。

ここでは安立の四聖諦が無いとされていますが、非安立の四聖諦まで無いと言われているわけではありません。如応者はおそらく、菩薩は安立の四聖諦から、非安立の四聖諦へと進み、衆生済度のために変易生死を繰り返し、法空智を得て無住処涅槃に入る、という修行の過程を考えているのでしょう。四諦は仮の名前であり空であるという勝空者の解釈に対し、如応者は安立の四聖諦を菩薩の修行として積極的に意味づけています。

9　無智・無得

《原文》

経曰。無智、亦無得。

賛曰。勝空者言。上無声聞近観、此無菩薩近観。能証道名智、所証境名得。有能証智、可有所得。証智非有、所得亦空。…中略…若法非空、初有所行、後可有得。法既非有、初無所行。後何有得。

…後略（T33.540b-c）

《書き下し文》

経に曰く。「智も無く、亦た得も無し」と。

賛じて曰く。勝空者言く。上には声聞に近観無きをいい、此には菩薩に近観（ごんかん）無きをいう。能証の道を智と名づけ、所証の境を得と名づく。能証の智有れば、所得有るべし。証智は有に非ざれば、所得も亦た空なり。…中略…若し法の空に非ざれば、初めに行ずる所有りて、後に得るもの有るべし。法既に有に非ざれば、初めに行ずる所無し。後に何ぞ得るもの有らんや。…後略

《現代語訳》

経に「智も無く、また得も無い」と言う。

賛じて言う。勝空者は言う。上文には声聞に近観（真如に近い観察対象。四諦）が無いことをいい、ここでは菩薩に近観（同上。智・得）が無いことをいう。証する道を「智」と言い、証される境を「得」と言う。証する智が有るとすれば、得られるものも有るはずである。〔しかし〕証する智が有るわけではないのだから、得られるものもまた空である。…中略…もし法が空でないとすれば、初めに行ずるものが有り、後に得られるものが有るはずである。〔しかし〕法はすでに有るものではないのだから、初めに行ずるものは無い。後にどうして得られるものが有るだろうか。…後略

続いて「無智、亦無得」の注釈に入ります。ここには空の中には知ることも無く、得ることも無いと説かれています。空においては、真如を知ることも無く、涅槃を得ることも無いということですが、これはどのように解釈すべきでしょうか。

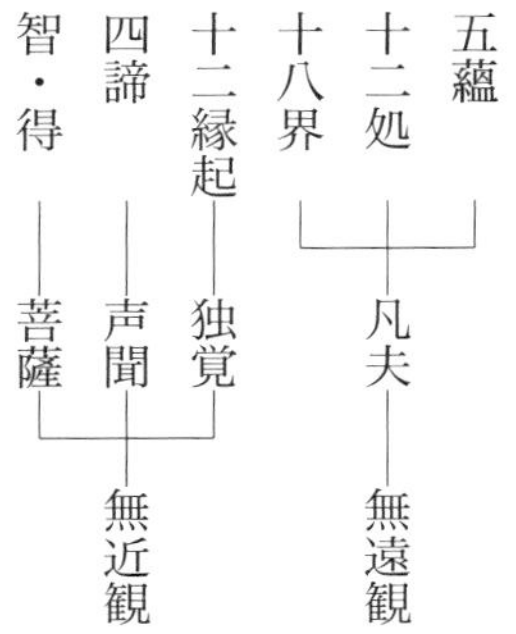

五蘊
十二処　├─凡夫──無遠観
十八界
十二縁起──独覚
四諦──声聞　├─無近観
智・得──菩薩

先ず勝空者の解釈では、さきには声聞が四諦を正しく理解していないことが説かれたが、ここでは菩薩が智と得を正しく理解していないことが説かれている、と述べられています。そして、智とは証する道（修行）であり、得とは証される境（菩提）であるとして、知ることが有れば得られるものも有るが、知ることが無ければ得られるものも空である、と説明されます。つまり、知ることも、得られるものも、いずれも仮の名前であり、空であるという解釈です。

これは修行も菩提も空であるという議論につながります。

もし諸法が有であれば、初めに修行が有り、後にも菩提が有るということになります。しかし、それでは修行と菩提が分別されていることになり、いつまでも悟りを開くことはできません。反対に、諸法が空であれば、初めに修行が無く、後にも菩提が無いことになります。修行と菩提が分別されていないことが、悟りを開いているということなのです。菩薩はこれを正しく理解できていないため、『般若心経』では、修行というものが無いことを「智も無く」と説き、菩提というものが無いことを「得も無し」と説いている、というのが勝空者の主張です。

勝空者の智・得の解釈をまとめると、次のようになります（勝空者の遠観・近観は図参照）。

智　…　能証＝道（修行）→　空・無所行

得　…　所証＝境（菩提）↓　空・無所得

《原文》

如応者言。菩薩真観唯非安立。故総説近亦無智得。…中略…無分別智証真如位、心境冥合平等平等、能取所取一切皆無。後得智中離諸相縛、無虚妄執亦離二取。…中略…余位執種猶未断故、観不分明謂有二取。破実能取故説無智、破実所取復言無得。…後略（T33.540c）

《書き下し文》

如応者言く。菩薩の真観は唯だ安立のみに非ず。故に総じて近を説き亦た智も得も無しという。…中略…。無分別智の真如を証する位に、心境冥合し平等平等にして、能取も所取も一切皆な無し。後得智の中に諸もろの相縛を離れ、虚妄の執無くして亦た二取をも離る。…中略…余の位には執種を猶お未だ断ぜざるが故に、観は分明ならず二取有りと謂う。実の能取を破すが故に「智も無く」と説き、実の所取を破せば復た「得も無し」と言う。…後略

《現代語訳》

如応者は言う。菩薩の真の観察はただ安立のみではない。故に総じて近観（真如に近い観察対象）を説いて智も得も無いという。…中略…無分別智が真如を証する時には、心と境が冥合して平等と

なり、能取も所取も一切みな無くなる。後得智の中で諸々の相縛〔遍計所執性に対する妄執〕を離れ、妄執が無くなりまた二取をも離れる。…中略…他の位〔初地以前〕では妄執の種子をまだ断じていないため、観察が明晰ではなく二取が有ると思っている。〔だから〕能取の実在を破るために「智も無く」と説き、所取の実在を破るためにまた「得も無い」と言うのである。…後略

次に如応者の解釈では、菩薩は安立のみならず非安立をも観察することから智も得も無い、と述べられています。これはどういうことでしょうか。

菩薩は初地において無分別智を得て真如を証するとされますが、このとき心〔認識主体〕と境〔認識対象〕が合一し、能取（grāhaka 捉えるもの）も所取（grāhya 捉えられるもの）も全て無くなるといいます。知るものも、知られるものも、自分の心が作りだしたものであること――唯識ということに気づくからです。

ここで注意しなければならないのは、能取・所取という分別が無くなっても、心と境が無くなるわけではないということです。心は無分別智と相応して、真如を証します。その直後に、心は後得智とも相応して、再び縁起したものを観じます。後得智と相応した心は妄執を離れており、やはり能取・所取を離れている、と説明されています。

しかし、初地以前の菩薩は、まだ阿頼耶識の中の妄執の種子を断じていないため、真如や縁起したものの観察が明瞭ではなく、心と境が分離して、能取も所取も有ると思い込んでいます。そこで

『般若心経』では、能取が有ることを否定するために「智も無く」と説き、所取が有ることを否定するために「得も無し」と説いている、というのが如応者の解釈です。
如応者の智・得の解釈をまとめると、次のようになります。

智　…　能取＝心（認識主体）↓　空　無分別智・後得智
得　…　所取＝境（認識対象）↓　空　真如・縁起
―冥合・平等

《原文》

此釈皆除遍計所執。依他幻事、非定智得。真如体寂、都無二相。故依三性皆説為無。非真智生一切非有。説智及智処倶名般若。真無相取。不取相故。（T33.540c）

《書き下し文》

此の釈は皆な遍計所執を除く。依他は幻事にして、定の智と得とあるに非ず。真如は体寂にして、都て二相無し。故に三性に依りて皆な説きて無と為す。真智の生ずるときに一切は有に非ずというには非ず。智と及び智処とを説きて倶に般若と名づく。真には相取無し。相を取らざるが故に。

《現代語訳》

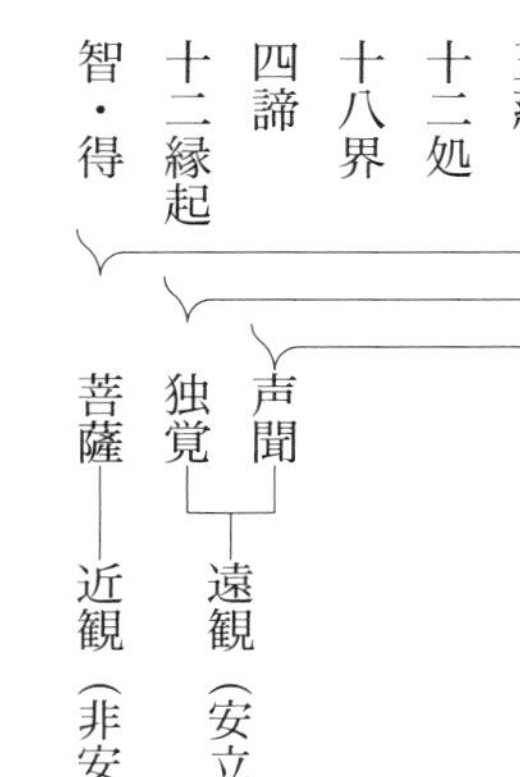

この説明はみな遍計所執性を除くことである。依他起性は幻のようなものであり、定まった智と得とがあることはない。〔円成実性の〕真如の体は寂静であり、全く〔智と得との〕二つの特質はない。だから三性によってみな無であると説くのである。〔ただし〕真智が生ずる時に一切は有ることがない、というわけではない。智と智の対象とを倶に般若と言う。真如には特質として捉えられるものが無い。特質を捉えないからである。

ここでは、能取・所取が空であるということが、三性説によって確認されています。遍計所執性としての能取・所取はすでに否定されました。依他起性としては、知るものも得られるものも因縁によって生滅するため、定まったものはありません。円成実性としては、知るもの（智慧）と得られるもの（真如）が合一していて、それらに二つの特質はありません。このように『般若心経』は三性によって「智も無く」「得も無し」と説いている、と如応者は説明しています。

ただし、真如と合一した智慧が生じる時に一切が無くなるわけではない、という注意がなされています。それは智慧とその対象であるといいます。具体的には、無分別智が真如を対象とし、後得智が縁起したものを対象とすることです。三性で言えば、空においても円成実性と依他起性は無くならないということです。そうでなければ、菩薩の修行や仏の救済が成り立たないというのが、如応者の考えなのです。

慈恩大師は題号の解釈の中で、五種般若を説いていました。そのうち実相般若（真如）については特質を捉えることができません。しかし、観照般若（智慧）・文字般若（正法）・眷属般若（修行）・境界般若（諸法）は、いずれも特質を捉えることができるものであり、それを依りどころにして菩薩の修行や仏の救済がなされると考えられます。如応者の解釈には、空の中においても修行や救済は成立するという慈恩大師の主張が反映されています（如応者の遠観・近観は前頁の図参照）。

10　無所得

《原文》

経曰。以無所得故。

賛曰。勝空者言。前説是故空中無色等者、雖結成上色不異空無生滅等、而未釈色等無之所由。今顕空中無法所以。若色等中体少是有、応依勝義有少所得。既都無得故本皆空。…後略（T33.540c）

《書き下し文》

経に曰く。「得る所無きを以ての故に」と。

賛じて曰く。勝空者言く。前に「是の故に空の中には色無く」等と説くは、上の「色は空に異ならず」「生も滅も無く」等を結成すと雖も、而も未だ色等の無なる所由を釈さず。今空の中に法無き所以を顕わす。若し色等の中に体少しく是れ有らば、応に勝義に依りて少しく得る所有るべし。既に都て得るもの無きが故に本より皆な空なり。…後略

《現代語訳》

経に「得ることが無いからである」と言う。

賛じて言う。勝空者は言う。前に「この故に空の中には色も無く」などと説いたのは、上文の「色は空に異なることはなく」「生ずることもなく滅することもなく」などにつなげるものであるが、まだ色などが無である理由を説明していない。ここでは空の中において諸法が無い理由を明らかにする。もし色などの中に法体が少しでも有るとすれば、勝義によって少しでも得ることが有るはずである。〔しかし法体は〕全く得ることが無いことから〔色等の諸法は〕本よりみな空である。…後略

続いて「以無所得故」の注釈に入ります。ここには、空の中には得ることが無い、と説かれています。何が得られないのでしょうか。

先ず勝空者の解釈です。ここには、空の中において五蘊などの諸法が無い理由が説かれている、

と言います。それは五蘊などの諸法の中に全く法体が得られないということです。

このように、『般若心経』の「得る所無きを以ての故に」とは、五蘊などの諸法の中に法体が得られないという意味であり、これが諸法が無いとされる理由である、というのが勝空者の解釈です。

《原文》

如応者言。弁中辺言。菩薩正修十善巧観。一蘊。二処。三界。四縁起。五処非処。六根。七世。八諦。九乗。十有為無為。由舎利子漸悟大乗故、此倶無三乗通別近遠加行根本六種。二真観位証法事理、所執六相都無所有。依他円成非定六相。故以無得、通釈上無。…後略（T33.540c-541a）

《書き下し文》

如応者言く。『弁中辺（べんちゅうべん）』に言く。「菩薩は正しく十の善巧観（ぜんぎょうかん）を修す。一には蘊。二には処。三には界。四には縁起。五には処非処。六には根。七には世。八には諦。九には乗。十には有為無為なり」と。舎利子の漸く（ようや）大乗を悟るに由るが故に、此に（ここ）倶に（とも）三乗の通・別・近・遠・加行・根本の六種無し。二の真観の位に法の事・理を証すれば、所執の六相都て（すべ）所有無し。依他〔起性〕と円成〔実性〕とにも定めて六相あるに非ず。故に「得るところ無きを以て」とは、通じて上の無を釈すなり。…後

略

《現代語訳》

如応者は言う。『弁中辺論』（巻中 T31.468c）に言う。「菩薩は正しく〔我見を除く〕十の巧みな観察を修める。一つには〔五〕蘊。二つには〔十二〕処。三つには〔十八〕界。四つには〔十二〕縁起。五つには処・非処（悟りの場所）。六つには〔二十二〕根。七つには〔三〕世。八つには〔四〕諦。九つには〔三〕乗。十には有為・無為である」と。

舎利子が次第に大乗を悟ったことで、ここに三乗の通・別・近・遠・加行・根本という六つの特質はみな無くなった。〔無分別智と後得智との〕二つが真如を観察する時に諸法の事象と真理とを証すれば、遍計所執性の六相は全く存在しなくなるからである。依他起性と円成実性にも決して六つの特質があるわけでは無い。だから「得ることが無いからである」とは、〔五蘊などを〕通じて上の〔六相〕が無いことを説明しているのである。…後略

次に如応者の解釈です。ここは、如応者が「舎利子」から「以無所得故」までを三つに分けるうち、第三の「釈成空理」になります。これまでは空とされるものを列挙してきましたが、ここでは空の道理を説明するということです。

如応者は『弁中辺論』の一節を引用して、菩薩が五蘊・十二処・十八界・十二縁起・四諦などを観察することを確認します。また、これらの観察には声聞・独覚・菩薩の三乗において、①共通するもの（安立）、②各別のもの（非安立）、③真如に近いもの（近観）、④真如に遠いもの（遠観）、⑤予備的なもの（加行）、⑥本質的なもの（根本）という六つの特質があるといいます。

そして、舎利子は声聞として五蘊などを観察していたが、ここでは菩薩として五蘊などを観察するようになり、次第に大乗を悟り六つの特質が無くなった、と述べられています。無分別智が真如を証し、後得智が縁起を観るときに、遍計所執性である六つの特質はすべて無くなります。依他起性と円成実性においても六つの特質は得られません。

このように、『般若心経』の「得る所無きを以ての故に」とは、五蘊などの観察において六つの特質が無くなることであり、それは舎利子が菩薩の修行により大乗を悟ったことを意味している、というのが如応者の解釈です。

以上のように、如応者は、声聞・独覚・菩薩の三乗が五蘊・十二処・十八界・四諦・十二縁起・智・得の無を観察する中で、次第に①安立から②非安立へ、④遠観から③近観へ、⑤加行から⑥根本へと進み、心（能取）と境（所取）の分別を離れて唯識を悟ると①～⑥はすべて無くなる、という修行階梯が『般若心経』に説かれていると解釈しています。この解釈は、諸法は仮名であり、空であり、修行（能証）も菩提（所証）も無いとする勝空者の解釈と、さまざまな点で対照的です。

第三章　唯識の悟り

「菩提薩埵」以下の注釈に入ります。ここから、勝空者（中観派）の解釈では全体を二分するうちの後分になり、如応者（瑜伽行派）の解釈では全体を三分するうちの後分になります。いずれも、ここからは仏・菩薩が般若波羅蜜多によって涅槃・菩提を得ることを賛嘆している、と解釈しています。しかし、その内容にはやはり違いがあります。

1　大涅槃

《原文》

経曰。菩提薩埵、依般若波羅蜜多故、心無罣礙。無罣礙故、無有恐怖、遠離一切顛倒夢想、究竟涅槃。

賛曰。勝空者言。上破二執広顕二空。下歎二依彰獲二利。

此歎因依断障染利。依即前説行之異名。罣者障。礙者拘。恐者畏。怖者懼。

未依慧悟滞色等有、拘溺衆苦畏懼恒生、有虚妄顚倒、及生死夢想。由斯欣楽究竟涅槃。既依般若達色等空、便無拘礙苦畏倒想。以色生死即涅槃故。何仮虚求究竟円寂。故依般若一切遠離。

（T33.541a）

《書き下し文》

経に曰く。「菩提薩埵は、般若波羅蜜多に依るが故に、心に罣礙無し。罣礙無きが故に、恐怖有ること無く、一切の顚倒・夢想を遠離して、涅槃を究竟す」と。

賛じて曰く。勝空者言く。上は二執を破して広く二空を顕す。下は二依を歎じて二利を獲ることを彰す。

此には因依の障染を断ずる利を歎ず。「依」とは即ち前に説く行の異名なり。「罣」とは障なり。「礙」とは拘なり。「恐」とは畏なり。「怖」とは懼なり。

未だ慧に依りて悟らず色等の有に滞れば、衆苦に拘溺せられ畏懼恒に生じ、虚妄の「顚倒」と、及び生死の「夢想」と有り。斯れに由りて「涅槃を究竟す」るを欣楽す。

既に般若に依りて色等の空に達すれば、便ち拘礙・苦畏・倒・想無し。色の生死は即ち涅槃なるを以ての故に。何ぞ虚しく円寂を究竟するを求むるを仮らんや。故に「般若」に依りて「一切」を「遠離」す。

《現代語訳》

経に「菩提薩埵は、般若波羅蜜多に依るから、心に罣礙(さまたげ)が無い。罣礙が無いから、恐怖が無く、一切の顛倒・夢想を遠離して、涅槃を究める」と。

賛じて言う。勝空者は言う。上文には〔我・法の〕二執を破して広く〔我・法の〕二空を顕かにする。下文には〔因・果の〕二依を歎じて〔断惑・菩提の〕二利を獲ることを彰かにする。

ここでは因依〔菩薩が般若波羅蜜多を行ずること〕の煩悩を断ずる利益を歎じている。「依」とは前に説いた行の異名である。「罣」とは障(さまた)げである。「礙」とは拘(こだわ)りである。「恐」とは畏れである。「怖」とは懼(おそ)れである。

まだ智慧によって悟らず色などは有であることに滞っていれば、多くの苦に捉われて懼れが恒(つね)に生じ、偽りである「顛倒」と、生死の「夢想」とが有ることになる。これにより「涅槃を究める」ことを欣(よろこ)び楽(ねが)うのである。

〔しかし〕すでに般若によって色などは空であると達したならば、もう礙げ・怖れ・顛倒・夢想が無いことになる。色である生死はそのまま涅槃だからである。どうして虚しく涅槃を究めることを求めるだろうか。故に「般若」に依るから「一切」を「遠離」するのである。

先ず勝空者の解釈が述べられます。勝空者は、これまでは我執・法執を破ることで我空・法空を明らかにしてきたが、ここからは般若波羅蜜多を行ずることで煩悩を断じて菩提を得ることを明らかにしていく、と述べています。

そのうち「菩提薩埵」から「究竟涅槃」までは、菩薩が般若波羅蜜多を行ずることで煩悩を断ずる利益を賛嘆しているといいます。菩提薩埵（bodhisattva）とは菩薩の具名で、悟りを目指す者という意味でした。

勝空者は、般若波羅蜜多（prajñā-pāramitā 智慧の完成）に「依る」とはそれを「行ずる」ことであるといい、次のように説明しています。すなわち、まだ般若波羅蜜多を行じずに諸法は有であるという境地に止まるならば、礙げ、怖れ、顚倒、想夢が有ることになる。だから涅槃を究めたいと願うのである。

しかし、すでに般若波羅蜜多を行じて諸法は空であるという境地に達したならば、礙げ、怖れ、顚倒、夢想は無いことになる。夢想である生死がそのまま涅槃だからである。それなのに、どうして涅槃を究めたいと求めることがあるだろうか。これが般若波羅蜜多を行じて、一切を離れることである、というものです。

このように勝空者は、般若波羅蜜多を行ずることは、諸法が空であると悟ることであり、生死に捉われなくなるだけでなく、涅槃をも求めなくなることである、と述べています。これは有・無の二辺を離れることが空であるとする中観派の解釈に基づくものです。これまでの勝空者の解釈からすれば、勝義諦では行じることはないということでしょう。

《原文》

如応者言。下彰依学徳、歎獲勝利、離苦円証也。此歎菩薩因位修益。菩薩常時縁説文字、学起観照、尋観実相、修持眷属、不妄求知一切境界。名依般若。（T33.541a）

《書き下し文》

如応者言く。下は依学の徳を彰（あらわ）して、勝利を獲（う）るを歎じ、苦を離れ証を円（まどか）にするなり。此（ここ）には菩薩の因位に修する益（やく）を歎ず。菩薩は常時に文字（もんじ）を縁じ説き、学びて観照を起こし、尋（つ）いで実相を観じ、眷属を修持して、妄（みだ）りに一切の境界を知るを求めず。「般若」に「依る」と名づく。

《現代語訳》

如応者は言う。下文には〔般若波羅蜜多に〕依って学ぶ者の徳を明らかにして、勝（すぐ）れた利益を得ることを賛嘆し、苦を離れて悟りを完成することをいう。ここでは菩薩が因位に修行する利益を賛嘆する。菩薩は常に文字を見て説き、学んで〔智慧で〕観照し、次いで実相を観察し、眷属（従属するもの）を修め持（たも）ち、誤って一切の境界を知ることを求めない。〔これを〕「般若〔波羅蜜多〕」に「依る」と言う。

次に如応者の解釈が述べられます。如応者は、ここからは般若波羅蜜多を学ぶ者の徳を明らかにし、その勝れた利益を賛嘆し、苦しみを離れて悟りを完成させることを説いている、と述べています。

そして、ここでは菩薩が因位（成仏の因として修行している時）に修行する利益を賛嘆しているといいます。その修行とは、諸法の実相について文字を見て説き、諸法を智慧で照らし、実相を観じて、従属するものをも修め、諸法を誤認しないことであり、これが般若波羅蜜多に「依る」ことである、と説明されています。

この説明は、題号の解釈で述べられていた五種般若（実相・観照・文字・眷属・境界）に基づいています。五種般若は、般若を抽象的な真理ではなく、具体的な実践において捉えるものでした。ここでも、般若波羅蜜多に「依る」とは、諸法空相を具体的な修行の中で体得することだと主張しているのだと思います。

《原文》

罣謂煩悩障。不得涅槃故。礙謂所知障。不得菩提故。或罣即礙。倶通二障。（T33.541a）

《書き下し文》

「罣」とは謂（いわ）く煩悩障なり。涅槃を得ざるが故に。「礙」とは謂く所知障なり。菩提を得ざるが故

に。或いは「罣」は即ち「礙」なり。倶に二障に通ず。

「罣」とはすなわち煩悩障である。〔煩悩障があるのは〕涅槃を得ていないからである。「礙」とは所知障である。〔所知障があるのは〕菩提を得ていないからである。あるいは「罣」は「礙」である。倶に二障に通じる。

《現代語訳》

次に、「罣礙」の「罣」は煩悩障であり、「礙」は所知障であると述べられます。煩悩障とは我執（自己への執着）のことで、これによって生死に流転するというものです。所知障とは法執（事物への執着）のことで、これによって菩提を得ることができないというものです。両者を合わせて二障と言います。瑜伽行派では、煩悩障を断じて涅槃を証し、所知障を断じて菩提を得ると説明されます。

ただし、『般若心経』の罣礙のサンスクリット語はアーヴァラナ（āvaraṇa 覆うもの）であり、罣と礙に分けることはできません。そのためか、「罣」は「礙」でもあり、いずれも煩悩障・所知障に通じる、という別の解釈も述べられています。

つまり、この解釈は瑜伽行派の学説を、『般若心経』の本文に読み込んで作られたものです。後世の学説を先行する経論に読み込むという解釈方法は仏典全般に見られますが、全ての仏教を総合しようとした瑜伽行派の著作には特に顕著です。慈恩大師もこの伝統を引き継いでおり、ここでは『般若心経』の所説を明確にしようとして、このような解釈を施しているのです。

《原文》

恐怖者謂五怖畏。一不活畏。由分別我資生愛起。二悪名畏。行不饒益有悕望起。三死畏。由有我見失壊＊想起。四悪趣畏。不遇諸仏悪業所起。五怯衆畏。見己＊証劣他勝所起。（＊「壊」、大正は「懐」に作る。甲本により改める。＊「己」、大正は「已」に作る。文義により改める。）**(T33.541a)**

《書き下し文》

「恐怖」とは謂く五怖畏なり。一には不活畏。分別の我と生を資くる愛とに由りて起こる。二には悪名畏。不饒益を行じて悕望すること有るによりて起こる。三には死畏。我見の失壊する想有るに由りて起こる。四には悪趣畏。諸仏に遇わず悪業の所によりて起こる。五には怯衆畏。己の証は劣り他のは勝ると見る所によりて起こる。

《現代語訳》

「恐怖」とはすなわち五怖畏である。一つには不活畏。分別起の我見と後生を資助する渇愛によって起こるもの。二つには悪名畏。〔他者に〕不利益を行じて〔悪名が立たないように〕希望するこ

とによって起こるもの。三つには死畏。我見が失われるという想いがあることによって起こるもの。四つには悪趣畏。諸仏に遇わず悪業の〔ために趣く〕所（畜生・餓鬼・地獄）によって起こるもの。五には処衆怯畏。自分の悟りは劣り他者のは勝ると見ることによって起こるものである。

次に、「恐怖」が『瑜伽師地論』巻四七（T30.554a）の記述に基づいて、五怖畏に分けて説明されます。

①不活畏…生活できなくなる恐怖。分別起の我見（現世における我執）と渇愛（貪欲）から起こる。いずれも後生（来世の生存）のもととなる。

②悪名畏…悪い評判が立つ恐怖。他人に不利益なことをして悪名が立たないようにしたいことから起こる。

③死畏…死ぬ恐怖。我見が失われるという想いから起こる。

④悪趣畏…死後に悪所（畜生・餓鬼・地獄）に趣く恐怖。悪業から起こる。

⑤処衆怯畏…大衆のなかにいる恐怖。自分は劣り、他者は勝れていると見ることから起こる。

如応者は、菩薩が般若波羅蜜多を行じ、二障が無くなると、これらの五怖畏が無くなる、と述べているのです。

《原文》

顚倒者謂七倒。一想。二見。三心。四於無常謂常。五於苦謂楽。六於不浄謂浄。七於無我謂我。於後四種妄想分別名想倒。忍可欲楽建立執著名見倒。心倒者謂煩悩。此有三。一根本。謂愚痴。二体性。謂辺執見一分、戒禁取見取及貪薩迦耶見。三等流。謂余煩悩。（T33.541a）

《書き下し文》

「顚倒」とは謂く七倒なり。一には想。二には見。三には心。四には無常に於いて常と謂う。五には苦に於いて楽と謂う。六には不浄に於いて浄と謂う。七には無我に於いて我と謂う。後の四種に於いて妄想して分別するを想倒と名づく。忍可・欲楽・建立・執著を見倒と名く。心倒とは謂く煩悩なり。此れに三有り。一には根本。謂く愚痴なり。二には体性。謂く辺執見の一分と、戒禁取と見取と及び貪と薩迦耶との見なり。三には等流。謂く余の煩悩なり。

《現代語訳》

「顚倒」とはすなわち七顚倒である。一つには想倒。二つには見倒。三つには心倒。四つには無常を常とおもう倒。五つには苦を楽とおもう倒。六つには不浄を浄とおもう倒。七つには無我を我とおもう倒。

最後の四つを妄想して思考することを想倒と言う。認可・欲求・維持・執著することを見倒と言う。心倒とは煩悩のことである。これに三つある。一つには根本。すなわち痴（無明）である。二つに

は体性。すなわち辺執見の一部分と、戒禁取見と見取見と貪と薩迦耶見とである。三には等流。すなわち他の煩悩である。

次に、「顚倒」が『瑜伽師地論』巻八（T30.314b）の記述に基づいて、七顚倒に分けて説明されます。

①想倒…④～⑦について誤った想念を持つこと。
②見倒…④～⑦について誤った見解を持つこと。
③心倒…④～⑦について誤った心（煩悩）を持つこと。
④於無常常倒…無常なるものを常と思うこと。
⑤於苦楽倒…苦なるものを楽と思うこと。
⑥於不浄浄倒…不浄なるものを浄と思うこと。
⑦於無我我倒…無我なるものを我と思うこと。

顚倒とは、誤った見方のことです。釈尊は④～⑦にあたる常・楽・我・浄の四顚倒（してんどう）を説いたといわれています。わたしたちの心は常である（変わらない）と思っても、事実としては無常なるものです。楽（安らぎ）を感受していると思っても、事実としては苦を避けることはできません。身体が浄らかであると思っても、事実としては不浄なものです。あらゆる物事は我である（固定的実体がある）と思っても、事実としては無我です。これらの事実から目を背けて、無常・苦・無我・不

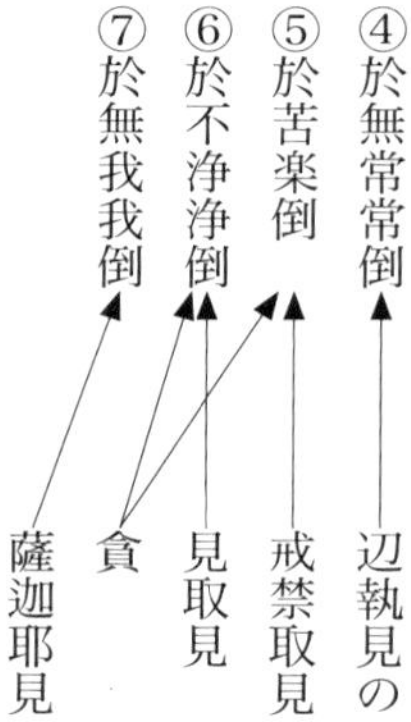

浄なるものを、常・楽・我・浄と思うことを、四顚倒と言います。瑜伽行派では、④〜⑦について、誤った想念を持つことを①想倒、誤った見解を持つことを②見倒、誤った心（煩悩）を持つことを③心倒と言い、これらを加えたものを七顚倒としています。

④於無常常倒 ← 辺執見の一分
⑤於苦楽倒 ← 戒禁取見、貪
⑥於不浄浄倒 ← 見取見、貪
⑦於無我我倒 ← 薩迦耶見

また、煩悩には根本・体性・等流の三種があると述べ、それぞれに根本煩悩を配当しています。根本煩悩とは煩悩の根本となるもので、瑜伽行派では貪（むさぼり）、瞋（いかり）、痴（おろかさ）、慢（おごり）、疑（うたがい）、悪見（悪い見解）の六種があると言います。悪見には、有身見（satkāya-dṛṣṭi 薩迦耶見。五取蘊身に対して我・我所と執すること）、辺執見（五取蘊身に対して断見や常見を起こして執すること）、邪見（因果を誹謗することなど）、見取見（五取蘊身や悪見に執して最勝とみなし涅槃を得たと言うこと）、戒禁取見（五取蘊身と悪見に従った戒禁に執して最勝とみなし涅槃を得たと言うこと）の五つがあり、これを数えて根本煩悩には十種あるとも言います。ここでは十種の根本煩悩を、根本・体性・等流の三種に分けています。

第一の根本は、痴です。事実を正しく知ることができない愚かさです。あらゆる煩悩の根源であり、全ての顚倒を生じます。

第二の体性は、辺執見の一分、見取見、戒禁取見、貪、薩迦耶見です。これらが四顚倒を生じます。『瑜伽師地論』の記述によれば、右の図のような関係になります。

第三の等流は、その他の根本煩悩です。『瑜伽師地論』の記述によれば、邪見、辺執見の一分、瞋、慢、疑になります。

《原文》

夢想者未真智覚恒処夢中。由斯仏説生死長夜。夢由想起故名夢想。前之七倒由妄想生。処夢而行故名夢想。或前諸倒皆生死因、此夢想者即生死果。如処夢中多矚身境。故偏於果標夢想名。（T33.541a-b）

《書き下し文》

「夢想」とは未だ真智もて覚らず恒に夢中に処るなり。斯れに由りて仏は生死の長夜と説く。夢は想に由りて起こるが故に「夢想」と名づく。前の七倒は妄想に由りて生ず。夢に処りて行ずるが故に「夢想」と名づく。或いは前の諸もろの倒は皆な生死の因にして、此の夢想は即ち生死の果なり。夢中に処りて多く身と境とを矚るが如し。故に偏に果に於いて夢想の名を標す。

《現代語訳》

「夢想」とはまだ真智によって覚らず常に夢の中にいることである。このことから仏は「生死の長夜」と説かれたのである。夢は妄想によって起こることから「夢想」と言う。前の七顚倒は妄想によって生ずる。〔それらが〕夢（生死）において起こることから「夢想」と言う。あるいは前の諸々の顚倒はみな生死の因であり、この夢想はその生死の果である。〔それは〕夢の中にいて何度も身体と対象を見るようなものである。故にひとえに〔生死の〕果を夢想と言うのである。

次に「夢想」が説明されます。仏教ではまだ悟っておらず生死輪廻の中にいることを、夜に夢を見ている状態に譬えます。夜には妄想から夢を見るように、生死においては妄想から七顚倒が生じます。これを夢想と言う、と述べられています。

あるいは、前世における七顚倒が生死の因であり、現世における夢想（身体や対象を認識すること）が生死の果である、とも説明されています。

いずれにせよ七顚倒を生じつつ生死を繰り返している状態が「顚倒夢想」であり、如応者によれば、菩薩が般若波羅蜜多を行ずるとこの状態を遠く離れるというのです。

《原文》

梵云涅槃、唐言円寂。即体周遍性湛然義。

雖真如性無二無別、依円尽証説有四種。一自性清浄涅槃。謂一切法実相真如。二無住処涅槃。謂大悲慧常所輔翼、出所知障清浄真如。三有余依涅槃。謂集諦尽所顕真如。四無余依涅槃。謂苦諦尽所顕真如。

有処依初説、諸凡聖平等共有、一切有情無生滅等本来涅槃。有依第二説、諸菩薩住無所住、及声聞等不得涅槃。有依後二説、三乗者同得解脱。（T33.541b）

《書き下し文》

梵に「涅槃」と云い、唐に円寂と言う。即ち体周遍して性湛然たる義なり。

真如の性は二無く別無しと雖も、縁の尽くるに依りて証すれば説きて四種有り。一には自性清浄涅槃。謂く一切法の実相真如なり。二には無住処涅槃。謂く大悲と慧との常に輔翼する所にして、所知障を出ずる清浄真如なり。三には有余依涅槃。謂く集諦尽きて顕る所の真如なり。四には無余依涅槃。謂く苦諦尽きて顕るる所の真如なり。

有る処には初めのに依りて、諸もろの凡・聖に平等に共に有りて、一切有情に生・滅等無く本来涅槃なりと説く。有るものは第二に依りて、諸もろの菩薩は無所住に住し、及び声聞等は涅槃を得ずと説く。有るものは後の二に依りて、三乗は同じく解脱を得と説く。

《現代語訳》

梵語で「涅槃」と言い、漢語で円寂と言う。すなわちそのものが遍くいきわたり性質が静かであるという意味である。

真如というものに二つはなく差別はないが、縁が尽きることで証されるため四種あると説かれる。一つには自性清浄涅槃。すなわち一切法の実相としての真如である。二つには無住処涅槃。すなわち大悲と智慧が常に助けるもので、〔煩悩障のみならず〕所知障をも脱出した清浄な真如である。三つには有余依涅槃。すなわち集諦が尽きて顕（あらわ）れる真如である。四つには無余依涅槃。すなわち苦諦が尽きて顕れる真如である。

ある所には初め〔の自性清浄涅槃〕について、諸々の凡夫・聖者に平等に共有され、一切有情において生じたり滅したりすることなく〔一切有情は〕本来涅槃であると説く。あるいは第二〔の無住処涅槃〕について、諸々の菩薩は住（とど）まる所が無い〔涅槃〕に住まり、声聞〔や独覚〕はこの涅槃を得ないと説く。あるいは後の二つ〔の有余依涅槃と無余依涅槃〕について、三乗は同じくこの解脱を得ると説く。

次に「涅槃」について説明されます。涅槃はサンスクリット語でニルヴァーナ（nirvāṇa）といい、炎を吹き消した状態を意味します。燃えさかる煩悩の火が消滅した境地であり、寂滅、寂静などと訳されます。ここでは円寂と訳し、完全に静まった状態であると説明されています。

瑜伽行派では、涅槃は真如であると言います。真如は唯一平等なものですが、二障（煩悩障・所知障）が尽きることで顕れるため、修行の段階によって四つに分けて説明されます。

第一は自性清浄涅槃。あらゆるものが実相において真如そのものであることです。これによれば、凡夫も、聖者も、本来涅槃そのものであることになります。ただし、凡夫には二障があるため、それを悟ることができません。

第二は無住処涅槃。智慧によって二障を離れるため生死にも住まらず、大悲によって衆生を救うため涅槃にも住まらないという境地です。これは菩薩だけが得ることのできる清浄な真如とされています。

第三は有余依涅槃。煩悩は滅しても肉体（余依。残余の依身）はまだある状態です。ここでは集（苦しみの原因）が尽きて顕れる真如であるとされています。

第四は無余依涅槃。煩悩を滅し、肉体をも滅した状態です。ここでは苦（苦しみ）が尽きて顕れる真如であるとされています。

有余依涅槃と無余依涅槃は、煩悩障を離れることにより、声聞・独覚・菩薩の三乗が得ることができるとされています。

これらを四涅槃（四種涅槃）と言い、四涅槃をまとめて清浄法界（真如）と言います。

以上のことをまとめると、上の図のようになります。

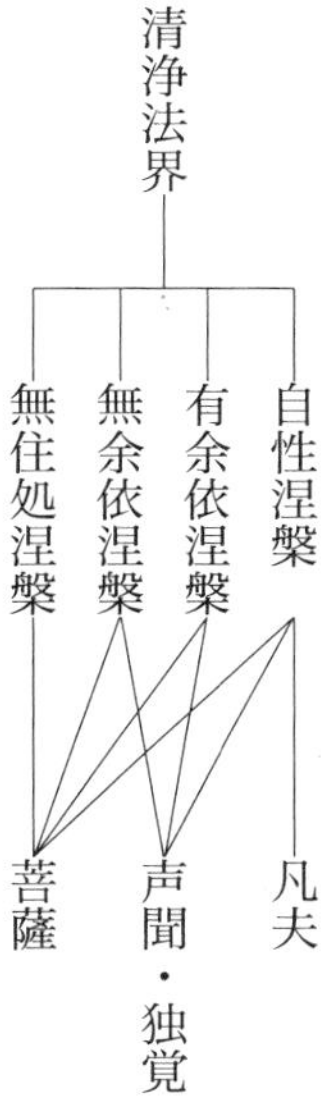

清浄法界
- 自性涅槃
- 有余依涅槃
- 無余依涅槃
- 無住処涅槃

凡夫
声聞・独覚
菩薩

《原文》

此中総説、由諸菩薩依般若故、悟三無性及因我法二空所顕一切空故、其心不為二障所礙、五怖所恐、七倒所纏、夢想所惑、便能究竟契証涅槃。（T33.541b）

《書き下し文》

此の中には総じて、諸もろの菩薩の般若に依るが故に、三無性と及び我・法の二空に因りて顕るる所の一切の空とを悟るに由るが故に、其の心は二障の礙うる所、五怖の恐かす所、七倒の纏う所、夢想の惑わす所と為らず、便ち能く涅槃を究竟して契証するを説く。

《現代語訳》

この中には総じて、諸々の菩薩が般若に依るから、三無性と我・法の二空によって顕れた一切法の空とを悟ることにより、その心が二障に礙げられたり、五怖畏に恐かされたり、七顛倒に纏わりつかれたり、夢想に惑わされたりすることなく、すぐに涅槃を究めて証することを説いている。

ここには如応者の解釈がまとめて述べられています。すなわち、ここでは諸々の菩薩が般若波羅蜜多を行じて、三無性と二空によって顕れた一切法の空とを悟ることで、心が二障に礙げられず、五怖畏に脅かされず、七顛倒に纏わりつかれず、生死の夢想に惑わされず、四涅槃を究めて真如を悟ることが説かれている、というものです。

如応者は、これまで般若波羅蜜多を行ずることや、それによって得られる利益について具体的に説明してきました。これは菩薩の修行とは生死を脱して涅槃を究めることであるという明確な主張です。これを生死にも捉われず涅槃をも求めないという勝空者の解釈と比較すると、極めて積極的な修行論であることが分かります。

《原文》

或諸菩薩由依般若、勝解行位資糧道中、漸伏分別二障現行、於加行道能頓伏尽、亦能漸伏倶生二障、心無罣礙。見道位中断分別執、随願速満無有恐怖、於修道位解行広増、断諸顛倒遠離一切生死夢想、当無学道究竟涅槃。四位所彰従増説故。…後略（T33.541b）

《書き下し文》

或いは諸もろの菩薩は般若に依るに由りて、勝解行位の資糧道の中に、分別の二障の現行を漸伏し、加行道に於いて能く頓伏し尽し、亦た能く倶生の二障を漸伏すれば、「心に罣礙無し」。見道位の中に分別の執を断じ、願に随いて速かに満ずれば「恐怖有ること無く」、修道位に於いて解・行広増し、諸もろの「顛倒」を断じ一切の生死の「夢想を遠離して」、当に無学道において「涅槃を究竟す」。四位に彰す所は増に従いて説くが故に。…後略

《現代語訳》

あるいは諸々の菩薩は般若〔を行ずること〕により、〔十三住の第二の〕勝解行住にある資糧位の中で、分別起の二障の現行を漸伏し、加行位において頓伏し、また俱生起の〔前六識と相応する〕二障〔の現行〕を漸伏するため、「心に罣礙が無い」。見道（通達位）の中で分別起の妄執〔の種子〕を頓断し、誓願に従って速かに満足するため「恐怖が無く」、修道（修習位）において解・行（智解と修行）が増広し、諸々の「顚倒」を断じ一切の生死の「夢想を遠離して」、まさに無学道（究竟位）において「涅槃を究竟する」。〔前の〕四位で彰かにされるもの〔が次第に増広するの〕は〔般若が〕増広するのに従って説かれるからである。…後略

ここには、修行が進むにつれて二障が断じられていく過程と、それが『般若心経』のどこに相当するのかが述べられています。二障には分別起のもの（生まれてから身についたもの。意識と相応する）と俱生起のもの（生まれとともに身についているもの。六識・末那識と相応する）とがあります。前者よりも後者が断じ難いのは言うまでもありません。

また、二障には現行（現象したもの）・種子（現象の原因となるもの）・習気（原因を作ったもの）があり、現行よりも種子が、種子よりも習気が断じ難いとされています。現行は伏し、種子は断じ、習気は捨すと言います。また、次第に断ずることを漸、突然に断ずることを頓、永久に断ずること

を永と言います。

さて、分別起の二障は、資糧位で現行を漸伏し、加行位で現行を頓伏して、通達位（見道）で種子を頓断し、習気をも頓捨します。見道で断じられるため見惑と言います。これに対して倶生起の二障は、加行位で前六識と相応する現行は漸伏しますが、その他の現行・種子・習気は修習位（修道）において伏・断・捨してゆきます。修道で断じられるため修惑といいます。五位の修行と二障の関係をまとめると、左の図のようになります。

五位の修行は、資糧位だけで一阿僧祇劫、加行位から究竟位までで二阿僧祇劫、合わせて三阿僧

［五位］	［分別起二障］	［倶生起二障］	『般若心経』
資糧位	漸伏現行		
加行位	頓伏現行	漸伏現行（前六識）	「心無罣礙」
通達位（見道）	頓断種子 頓捨習気		「無有恐怖」
修習位（修道）		漸・頓・永伏現行 漸・頓・永断種子 漸捨習気	「遠離一切顛倒夢想」
究竟位（無学道）		永捨習気	「究竟涅槃」

祇劫かかるといわれます。したがって、如応者の解釈によれば、何度も生死を繰り返し長大な時間をかけて、二障の現行・種子・習気を伏・断・捨していくことが菩薩の修行である、ということになります。ここにも勝空者と比べて具体的で積極的な修行論が述べられています。

また、その修行の過程が『般若心経』に説かれているという解釈は、『般若心経幽賛』に独自のものです。ここには『般若心経』の注釈を通じて唯識の修行論を示そうとする慈恩大師の気概が感じられます。

後文には十三住の修行と二障の関係が述べられていますが、これは紙幅の都合で省略いたします。

2　大菩提

《原文》

経曰。三世諸仏、依般若波羅蜜多故、得阿耨多羅三藐三菩提。

賛曰。勝空者言。上歎因依断障染利。下歎果依得菩提利。

三世者去来今。諸仏者非一故。梵言仏陀、此略云仏。有慧之主。唐言覚者。得謂獲証。阿云無、耨多羅云上。三云正、藐云等。三又云正、菩提云覚。…中略…無法可過故名無上、理事遍知故名正等、離妄照真復云正覚。即是無上正等正覚。

大智度論説。智及智処倶名般若。三世覚者由依此故証智達空、名得正覚。或唯空性説名菩提。如来

妙体即法身故。（T33.541c）

《書き下し文》

経に曰く。「三世の諸仏も、般若波羅蜜多に依るが故に、阿耨多羅三藐三菩提を得」と。

賛じて曰く。勝空者言く。上には因依の障染を断ずる利を歎ず。下には果依の菩提を得る利を歎ず。

「三世」とは去・来・今なり。「諸仏」とは一に非ざるが故に。梵に仏陀と言い、此に略して仏と云う。慧有るの主なり。唐に覚者と言う。

「得」とは謂く証を獲るなり。「阿」は無と云い、「耨多羅」は上と云う。「三」は正と云い、「藐」は等と云う。「三」は又た正と云い、「菩提」は覚と云う。…中略…法として過ぐべきもの無きが故に無上と名づけ、理・事を遍く知るが故に正等と名づけ、妄を離れ真を照らせば復た正覚と云う。即ち是れ無上正等正覚なり。

『大智度論』に説く。「智と及び智処とを倶に般若と名づく」と。三世の覚者の此れを「依」とするに由るが故に智を証し空に達するを、正覚を「得」と名づく。或いは唯だ空性のみを説きて菩提と名づく。如来の妙体は即ち法身なるが故に。

《現代語訳》

経に「三世の諸仏も、般若波羅蜜多に依るから、阿耨多羅三藐三菩提を得る」と言う。

賛じて言う。勝空者は言う。上文には因依（菩薩が般若波羅蜜多を行ずること）の煩悩を断ずる利益を歎じた。下文には果依（仏が般若波羅蜜多を行ずること）の菩提を得る利益を歎ずる。

「三世」とは過去世・当来世・現在世である。「諸仏」とは〔仏が〕一ではないからである。梵語で仏陀（Buddha）と言い、漢語で略して仏と言う。智慧のある教主である。漢語で覚者と言う。

「得」とはすなわち証を獲ることである。「阿」（an）は〔漢語で〕無と言い、「耨多羅」（uttara）は上と言う。「三」（sam）は正と言い、「藐」（yak）は等と言う。「三」（saṃ）はまた正と言い、「菩提」（bodhi）は覚と言う。…中略…これを超えるものがないことから無上と言い、理・事を遍く知ることから正等と言い、虚妄を離れて真実を照らすことからまた正覚と言う。すなわちこれ（阿耨多羅三藐三菩提 anuttara-samyak-saṃbodhi）は無上正等正覚である。

『大智度論』（巻五四 T25.563a）に、「智と智の対象を倶に般若と言う」と説く。三世の覚者がこれ（般若波羅蜜多）に「依る」ことによって智を証し空に達することを、正覚を「得る」と言う。あるいはただ空性のみを菩提と言う。如来の微妙な本体はすなわち法身だからである。

続いて「三世諸仏」の注釈に入ります。ここには、三世の諸仏も般若波羅蜜多により菩提を得られた、と説かれています。

これについて、先ず勝空者（中観派）の解釈が述べられます。勝空者は、さきには菩薩が般若波羅蜜多を行ずることで煩悩を断ずる利益を賛嘆したので、ここでは仏が般若波羅蜜多を行ずることで菩提を得る利益を賛嘆すると言い、「三世諸仏」と「阿耨多羅三藐三菩提」の意味を説明しています。

三世とは過去世・未来世・現在世のことで、仏はどの時代にも出現されるため諸仏という、と述べられています。過去に現れた仏（過去仏）としては、前世の釈尊に授記された燃灯仏が知られています。他にも過去七仏などが信仰されています。その場合、釈迦仏も過去仏に数えられます。未来に現れる仏（当来仏）としては、弥勒仏が有名です。

大乗仏教では、娑婆世界の他にも様々な世界があり、そこでは現在でも仏が法を説かれていると考えます。東方の妙喜世界の阿閦仏、浄瑠璃世界の薬師仏、西方の極楽世界の阿弥陀仏などは、日本でも篤く信仰されています。この十方（四方四維上下。あらゆる方角）の世界にも三世がありますので、合わせると十方三世諸仏ということになります。

『般若心経』も大乗経典ですから、三世のみならず十方もふくめた広大な時間・空間の中で、あまたの仏たちが悟りを得て衆生を救済している、という考えに基づいて説かれています。

阿耨多羅三藐三菩提は、アヌッタラ・サムヤク・サンボーディの音写で、無上正等正覚と漢訳します。菩提とは仏の悟りのことです。勝空者は、これを超えるものがないから無上であり、理（真理）と事（事象）を全て平等に知るから正等であり、虚妄を離れて真理を照らすから正覚である、と説明しています。

最後に『大智度論』を引用して、菩提を得るとは、智慧を得て空を悟ることだと述べています。これは智慧とその対象である空が、いずれも菩提であるという解釈でしょう。また、悟りとは空性（śūnyatā あらゆる事物に実体がないこと）という真如であるとも述べています。これは悟るもの（智慧）も悟られるもの（空）もなく、真如そのものが菩提であるという解釈です。これは如来の本体が法身（真如）であるという考えによるものです。

《原文》

如応者言。出生死而慧悟、如従夢覚、契法性而敷闡、喩若花開。成真俗智、具自他覚、慧行倶満、標以仏名。覚慧円満雖更不修、然持不捨済有情類。故亦説仏依於般若。或依即修。仏由因位依行般若得正覚故。

此彰五法。一浄法界。即仏法身、真如涅槃。具真性相微妙功徳。由観空理所得果故。余之四智謂有為徳。即是所証受用仏身。修自利因所得果故。為大菩薩所現浄相広大仏身、名他受用。為二乗等現浄穢相不定仏身、名為変化。倶利他因所宜現故。（T33.541c）

《書き下し文》

如応者言く。生死（しょうじ）より出（い）でて慧悟（えご）すること、夢より覚むるが如く、法性（ほっしょう）に契（かな）いて敷闡（ふせん）すること、喩えば花の開くが若し。真・俗の智を成じ、自・他の覚を具し、慧・行倶（とも）に満ずれば、標するに仏の名を以てす。覚慧円満し更に修さずと雖も、然も持して捨てず有情の類を救う。故に亦た仏も「般若」に「依る」と説く。或いは依とは即ち修なり。仏は因位に般若を依行するに由りて正覚を得るが故に。

此には五法を彰す。一には浄法界。即ち仏の法身にして、真如・涅槃なり。真の性相の微妙なる功徳を具す。空理を観ずるに由りて得る所の果なるが故に。余の四智は謂く有為の徳なり。即ち是れ証する所の受用仏身なり。自利の因を修して得る所の果なるが故に。大菩薩の為に現ずる所の浄相の広大なる仏身を、他受用と名づく。二乗等の為に現ずるところの浄・穢の相の不定なる仏身を、名づけて変化と為す。倶に利他の因もて宜しく現ずべき所なるが故に。

《現代語訳》

如応者は言う。生死から出離して悟ることは、夢から覚めるようなものであり、法性と契合して広がることは、花が開くようなものである。真智（無分別智）・俗智（後得智）を成就して、自覚・覚他を具足し、智慧と利行が倶に満足することから、仏の名を標する。覚りの智慧が円満でありさらに修行することなくして、〔利行を〕持ち普く有情を救済する。故にまた仏も「般若〔波羅蜜多〕」に「依る」と説くのである。あるいは依るとは修めることである。仏は因位において般若〔波羅蜜多〕を修行することで正覚を得るからである。

ここでは五法（清浄法界と四智）を明らかにする。一つには清浄法界。すなわち仏の法身（自性身）

であり、真如・涅槃である。真如の性・相の微妙な功徳を具えている。空理を観察することによって得た果である。他の四智（成所作智・妙観察智・平等性智・大円鏡智）はすなわち〔仏の〕有為の功徳である。これは証された自受用身である。自利の因を修行して得た果である。〔初地以上の〕大菩薩のために現された清浄で広大な仏身を、他受用身と言う。二乗などのために現された浄・穢の不定の仏身を、変化身と言う。〔他受用身と変化身は〕倶に利他の因をもって現されるものである。

次に如応者（瑜伽行派）の解釈が述べられます。如応者も、仏の智慧による悟りは法性（dharmatā 事物の本性）という真如そのものと合一することだとしています。ただし、智慧を無分別智と後得智に分けるところが勝空者と違います。無分別智とは、知るものと知られるものの分別のない智で、真如を悟る智慧です。後得智は、真如を悟った後に得る智で、衆生を救うための智慧です。菩薩は、通達位で無分別智を得、修習位で後得智を得て、自ら悟りを究めつつ、他を悟らせる修行を続けていきます。この二智が完成すると、悟りの智慧が円満なものとなり、衆生をおのずと救済する仏になるといいます。

このように瑜伽行派では、仏の悟りを真如との合一だけではなく、衆生の救済と合わせて説明します。そのため、仏は①法身（自性身）であるのみならず、②受用身や③変化身として現れるといいます。これを三身説と言います。

①自性身（法身）とは、真如そのものとしての仏身です。これは清浄法界であり、四種涅槃として顕れます。注釈では、空そのものが真如なのではなく、空を観察することで得られるのが真如であると説明されています。

②受用身（報身）とは、悟りの結果を享受する仏身です。極楽世界の阿弥陀仏など、十方諸仏がこれに当たります。受用身には、自ら悟りの法楽を享受する自受用身と、初地以上の菩薩に法楽を享受させる他受用身があります。

③変化身（応身）とは、地前の菩薩・二乗・凡夫の機根（能力）に応じて現れた仏身です。娑婆世界の釈迦仏がこれに当たります。

①自性身は清浄法界であり、常住不変の真理（無為法）です。これに対し、②受用身と③変化身には四智があり、生滅変化する事象（有為法）の中で衆生を利益します。清浄法界と四智をあわせて五法と言います。

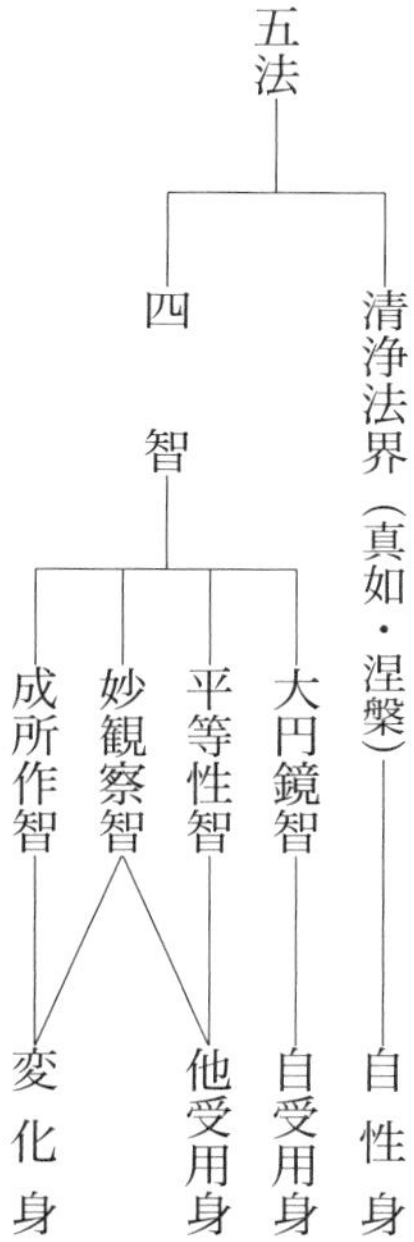

五法と三身の関係については、清浄法界が自性身を、大円鏡智が自受用身を、平等性智と妙観察智が他受用身を、妙観察智と成所作智が変化身を、それぞれ現すとされています。以上をまとめると、上の図のようになります。

- 五法
  - 清浄法界（真如・涅槃）——自性身
  - 四智
    - 大円鏡智——自受用身
    - 平等性智——他受用身
    - 妙観察智——他受用身・変化身
    - 成所作智——変化身

《原文》

自受用身、具百四十不共実徳。謂諸如来三十二種大丈夫相、八十随好、四一切種清浄、十力、四無所畏、三念住、三不護、大悲、無忘失法、永害習気、一切種妙智。及八解脱、八勝処、九次第定、十遍処、四無量、三解脱門、三無生忍、三十七種菩提分法、五眼、六通、四無礙解、無諍願智、恒住捨性、十八仏不共法、乃至一切種＊智。無量功徳説不能尽。他受用身及変化身、亦具有此相似功徳故。（＊「種」、大正は「智種」に作る。甲本により改める。）（T33.541c-542a）

《書き下し文》

自受用身は百四十の不共の実徳を具す。謂く諸もろの如来の三十二種大丈夫相、八十随好、四一切種清浄、十力、四無所畏、三念住、三不護、大悲、無忘失法、永害習気、一切種妙智なり。及び八解脱、八勝処、九次第定、十遍処、四無量、三解脱門、三無生忍、三十七種菩提分法、五眼、六通、四無礙解、無諍願智、恒住捨性、十八仏不共法、乃至一切種智なり。無量の功徳は説くも尽くすこと能わず。他受用身と及び変化身とにも、亦た具さに此の相似の功徳有るが故に。

《現代語訳》

自受用身は百四十の不共の真実の功徳を具足する。すなわち諸々の如来の三十二種大丈夫相、八十

随好、四種清浄、十力、四無所畏、三念住、三不護、大悲、無忘失法、永害習気、一切種妙智である。および八解脱、八勝処、九次第定、十遍処、四無量心、三解脱門、三無生忍、三十七種菩提分法、五眼、六神通、四無礙、無諍願智、恒住捨性、十八仏不共法、ないし一切種智である。〔自受用身の〕無量の功徳は説き尽くすことができない。他受用身と変化身にも、またこれに似た功徳が具わっている。

自受用身には百四十の仏のみが具える功徳があるといいます。それは以下のとおりです。

三十二種相・八十種好…仏や転輪聖王(てんりんじょうおう)などが具える身体的特徴。

四種清浄…仏のみが具える四種の清浄。身清浄・境界清浄・心清浄・智清浄。

十力…仏のみが具える十種の智力。処非処智力・業異熟智力・静慮解脱等持等至智力・根上下智力・種種勝解智力・種種界智力・遍趣行智力・宿住随念智力・死生智力・漏尽智力。

四無所畏…四無畏。説法にあたり何ものをも畏れない四種の自信。諸法現等覚無畏・一切漏尽智無畏・障法不虚決定授記無畏・為証一切具足出道如性無畏。

三念住…三意止。弟子の態度に歓喜・憂愁・両方の心を起こさず平静であること。

三不護…身不護・語不護・意不護。仏の三業は過失がなく守護する必要がないこと。

大悲…広大なあわれみ。

無忘失法…物事を忘れないこと。

永害習気…永久に習気を断じていること。

一切種妙智…あらゆる種類の智慧。


この他にも以下のような功徳があるといいます。


八解脱…八種の解脱。有色観諸色解脱・内無色想観外諸色解脱・浄解脱身作証具足住解脱・空無辺処解脱・識無辺処解脱・無所有処解脱・非想非非想処解脱・想受滅身作証具足住解脱。

八勝処…欲界において色処を観察して克服する八段階の禅定。

九次第定…色界・無色界における九段階の禅定。四禅・四無色定・滅受想定。

十遍処…三界に地・水・火・風・青・黄・赤・白・空・識の十法が遍満していると観じて煩悩を遠離する十の観想。

四無量心…四種の広大な利他の心。慈無量心・悲無量心・喜無量心・捨無量心。

三解脱門…解脱の入口となる三種の禅定。空解脱門・無相解脱門・無願解脱門。

三無生忍…諸法が不生不滅であると認めて安住することの三種。本性無生忍・自然無生忍・惑苦無生忍。

三十七種菩提分法…三十七道品。悟りの智慧を得るための三十七の実践。四念住・四正断・四神足・五根・五力・七等覚支・八聖道支。

五眼…五種の眼力。肉眼・天眼・慧眼・法眼・仏眼。

六神通…六種の神通力。神足通・天眼通・天耳通・他心通・宿命通・漏尽通。
四無礙解…四種の障礙のない智解と弁才。法無礙・義無礙・詞無礙・弁無礙。
無諍願智…自分に対して煩悩を生じさせない智。
恒住捨性…常に差別を捨てること。
十八仏不共法…仏のみが具える十八種の能力。仏十力・四無所畏・三念住・大悲。
一切種智…一切法の差別相を知る智慧。

このように、自受用身の無量の功徳は説き尽くすことができないと賛嘆されています。また、他受用身と変化身にも、自受用身と似た功徳があると述べられています。

《原文》

有為功徳四智所摂。以智為主名菩提智、法身真如名菩提断。如契経言。菩提智菩提断、倶名菩提。由此故知皆称菩提。仮者名仏。即総仮者証得別法。故説諸仏依得菩提。如是総摂諸功徳尽。智断円満、名無上覚。異生邪智、箇名正覚。二乗分智、箇名等覚。菩薩欠智、箇復名正覚。唯仏円証、独得全名。

金剛分言。一切諸仏従此経出。一切如来従此経生。是故三仏倶是菩提。理趣分説。信学此経、速能満足諸菩薩行、疾証無上正等菩提。故三菩提皆由此得。(T33.542a)

《書き下し文》

有為の功徳は四智の所摂なり。智を以て主と為すを菩提智と名づけ、法身真如を菩提断と名づく。契経に言うが如し。「菩提智と菩提断と、倶に菩提と名づく」と。此れに由るが故に皆な菩提と称するを知る。仮者を仏と名づく。即ち総じて仮者は別法を証得すればなり。故に「諸仏」は「依りて「菩提を得」」と説く。

是の如く総じて諸もろの功徳を摂し尽くす。智と断と円満なるを、無上覚と名づく。異生の邪智は、簡びて正覚と名づく。二乗の分智は、簡びて等覚と名づく。菩薩の欠智は、簡びて復た正覚と名づく。唯だ仏のみ円証すれば、独り全名を得。

金剛分に言く。「一切諸仏は此の経より出ず。一切如来も此の経より生ず」と。是の故に三仏は倶に是れ菩提なり。理趣分に説く。「此の経を信学すれば、速やかに能く諸もろの菩薩行を満足し、疾く無上正等菩提を証す」と。故に三菩提は皆な此れに由りて得るなり。

《現代語訳》

〔受用身と変化身の〕有為の功徳は四智に所属する。智を主とすることを菩提智と言い、法身真如を菩提断と言う。経（『瑜伽師地論』巻三八 T30.498c）に説かれる通りである。「菩提智と菩提断とを、倶に菩提と言う」と。これにより〔智と断とを〕みな菩提と称することが知られる。仮者を「仏」と言う。総じて仮者は別法（個別の事物）を証得するからである。故に「〔三世〕諸仏」は〔般若波

羅蜜多に〕「依」り「〔阿耨多羅三藐三〕菩提を得」ると説くのである。このよう総じて諸々の〔有為の〕功徳を包摂し尽くす。〔菩提〕智と〔菩提〕断とが円満であることを、無上覚と言う。異生（凡夫）の誤った智を、簡んで正覚と言う。二乗の限られた智を、簡んで等覚と言う。菩薩の欠けた智を、簡んでまた正覚と言う。ただ仏のみが円満に証することから、ただ〔無上正等正覚という〕全ての名前を得るのである。

能断金剛分（『大般若経』巻五七七 T7.981a）に言う。「一切諸仏はこの経より出る。一切如来もこの経より生じる」と。このことから三世諸仏はともに〔般若波羅蜜多に依り〕菩提〔を得るの〕である。般若理趣分（『大般若経』巻五七八 T7.988b）に説く。「この経を信じて学ぶならば、速やかに諸々の菩薩行を満足して、疾く無上正等菩提を証する」と。故に〔阿耨多羅三藐〕三菩提はみなこれ〔般若波羅蜜多〕によって得られるのである。

ここでは、以上の仏身論をふまえて、如応者の解釈がまとめられています。それは、受用身と変化身の有為の功徳は四智によるものである。受用身と変化身の四智を菩提智と言い、自性身（法身）の真如を菩提断と言う。いずれも菩提であるが、有為法として仮に現れた受用身と変化身のことを仏と言う。それらの悟りは各別であることから、『般若心経』では「諸仏」が菩提を得ると説かれている、というものです。このように、如応者は瑜伽行派の三身説に基づいて、『般若心経』の「諸仏」は受用身と変化身であるという解釈を示しています。

また、阿耨多羅三藐三菩提については、菩提智と菩提断が円満であるから無上覚と言い、凡夫の誤った智ではないから正覚と言い、二乗の限られた智ではないから等覚と言い、菩薩の欠けた智ではないからまた正覚と言い、ただ仏のみがすべてを円満に証するから無上正等正覚と言う、と説明されています。

そして、最後に『大般若経』を引用し、三世諸仏が般若波羅蜜多によって阿耨多羅三藐三菩提を得ることを証明しています。

終章　呪とは何か

《原文》

経曰。故知。般若波羅蜜多、是大神呪。是大明呪。是無上呪。是無等等呪。

賛曰。勝空者言。上已別顕因果二依断得二利。下文総歎般若勝用。乗前起結名曰故知。妙用無方曰神。無幽不燭曰明。最勝第一名無上。無類可類名無等等。大師秘密妙法紀綱、顕正摧邪、除悪務善、霊祇敬奉、賢聖遵持、威力莫加。故名為呪。（T33.542a）

《書き下し文》

経に曰く。「故に知る。般若波羅蜜多は、是れ大神呪なり。是れ大明呪なり。是れ無上呪なり。是れ無等等呪なり」と。

賛じて曰く。勝空者言く。上には已に別して因と果との二依の断と得との二利を顕す。下文には総じて般若の勝用を歎ず。前に乗じて結を起こせば名づけて「故に知る」と曰う。妙用の無方なるを「神」と曰う。幽として燭らさざる無きを「明」と曰う。最勝にして第一なるを「無上」と名づく。類として類すべきもの無きを「無等等」と名づく。大師秘密の妙法の紀綱は、正を顕して邪を摧き、悪を除きて善を務まし、霊祇敬奉し、賢聖遵持して、威力加うる莫し。故に名けて「呪」と為す。

《現代語訳》

経に「故に知る。般若波羅蜜多は、大神呪である。大明呪である。無上呪である。無等等呪である」と言う。

賛じて言う。勝空者は言う。上文には別して因依と果依の断〔惑〕と得〔道〕という二つの利益を顕かにした。下文には総じて般若の勝用を歎ずる。前に乗じてつなげるので「故に知る」と言う。妙用が無限であることを「神」と言う。奥深いもので照らさないものはないことを「明」と言う。最勝であり第一であることを「無上」と言う。類するものがないことを「無等等」と言う。大師（仏）の秘密である妙法の綱紀は、正を顕して邪を摧き、悪を除いて善を勧め、神霊が奉持し、賢者・聖者が遵守するもので、その威力は〔それ以上〕加えるものがないほどである。故に「呪」と言う。

いよいよ「故知。般若波羅蜜多」以下の注釈に入ります。ここには般若波羅蜜多は呪であると説かれています。

呪はサンスクリット語でマントラ（mantra）といい、呪の他に真言などと漢訳されます。もともとはインドのバラモン教で神々に祈願するための「聖なる言葉」を意味しています。それが仏教に取り入れられ、仏の教えを集約した「真理の言葉」を意味するようになりました。聖なる言葉や真理の言葉には、それ自体に霊妙な力があると考えられています。したがって、ここでは般若波羅蜜多（智慧の完成）は呪（真理の言葉）であり、それ自体に霊妙な力があると説かれているのです。

これについて、先ず勝空者の解釈が述べられます。勝空者は、ここからは般若波羅蜜多の勝れた作用、つまり功徳を明らかにしている述べています。そして、般若波羅蜜多は、無限の功徳を持ち（神）、すべてを遍く照らし（明）、最も勝れた（無上）、比類のない（無等等）、仏の秘密である教えの集約であり、破邪顕正、勧善懲悪の威力があるから呪である、と説明しています。勝空者の注釈はこれが最後になりますので、教えの集約とされる呪は、直接には最後の「掲諦 掲諦」というマントラであると考えられます。それを仏の秘密と言うところに、真理は言語表現を超えたものであるとする中観派の考えが表れています。

《原文》

如応者言。梵云陀羅尼、此曰総持。略有四種。一者法。以略教含広。二者義。以略義含広。三者能。得菩薩無生法忍。…中略…四者呪。…中略…此呪神力広説如経。念慧二能具含万徳。順此古説総立呪名。此乗前結法義二持、起下呪持、説故知也。

由此総持、出過異生声聞独覚菩薩四道、或文字妙用、観照円鑑、眷属勝益、実相無喩、或四皆通。故此般若名神等呪。…後略（T33.542a-b）

《書き下し文》

如応者言く。梵に陀羅尼と云い、此に総持と曰う。略して四種有り。一には法。略教を以て広を含む。二には義。略義を以て広を含む。三には能。菩薩の無生法忍を得。…中略…四には呪。…中略…此の呪の神力は広説すること『経』の如し。

念と慧との二は能く具さに万徳を含む。此の古説に順じて総じて呪の名を立つ。此には前に乗じて法と義との二持に結び、下の呪の持を起こせば、「故に知る」と説くなり。

此れに由りて総持は、異生・声聞・独覚・菩薩の四道、或いは文字の妙用、観照の円鑑、眷属の勝益、実相の無喩を出過し、或いは四に皆な通ず。故に此の般若を「神」等の「呪」と名づく。…後略

《現代語訳》

如応者は言う。梵語に陀羅尼と言い、ここに総持と言う。略して四種ある。一つには法。略教に広教を含む。二つには義。略義に広義を含む。三つには能。菩薩が無生法忍を得る。…中略…四つには呪。…中略…この呪の神力は『大般若経』に広説されているとおりである。

念と慧との二つは具さに万徳を含む。この古説に順じて〔法と義も〕総じて呪と言う。ここでは前に乗じて法と義との二つの総持につなげ、下文の呪の総持を起こすので、「故に知る」と説く。このことから総持は、異生・声聞・独覚・菩薩の四道、あるいは文字〔般若〕の妙用、観照〔般若〕の円鏡、眷属〔般若〕の勝益、実相〔般若〕の無喩〔の区別〕を超え、あるいは四つにみな通じる。故にこの般若を「神」等の「呪」と言う。…後略

次に如応者の解釈が述べられます。如応者は、呪を陀羅尼の一つとみなしています。陀羅尼はサンスクリット語でダーラニー（dhāraṇī 陀羅尼）といい、総持（記憶する力）と漢訳されます。如応者は、菩薩の陀羅尼には法陀羅尼・義陀羅尼・能陀羅尼・呪陀羅尼の四種がある、と述べています。これは『瑜伽師地論』巻四五（T30.542c-543b）の記述に基づくもので、そこでは次のように説明されています。

法陀羅尼…経の文句を記憶して忘れない。
義陀羅尼…経の意味を記憶して忘れない。
呪陀羅尼…等持自在を得て呪の神験を起こす。
能陀羅尼…智慧を得て呪や法性に通達したことを認める。

如応者は、仏の教えを記憶して知ること（念・慧）には多くの功徳があり、その意味で法と義も呪であると言います。そして、ここでは上文を受けて法陀羅尼と義陀羅尼につなぎ、下文の呪陀羅尼（掲諦 掲諦 波羅掲諦 波羅僧掲諦 菩提 莎訶）を起こしている、と述べています。

また、異生（凡夫）が般若の文句を記憶するだけでも法陀羅尼の功徳があり、声聞が般若の意味を観照すれば義陀羅尼の功徳があり、独覚が般若の修行をすれば呪陀羅尼の功徳があり、菩薩が般若により諸法実相に通達すれば能陀羅尼の功徳があるといいます。したがって、陀羅尼は異生・声聞・独覚・菩薩の区別を超え、あるいは全てに通じることになります。如応者は、だから般若を大神呪等と言うのだ、と説明しています。

勝空者は般若波羅蜜多は言語表現を超えた仏の秘密の教えとしていましたが、如応者はそれを誰もが記憶することのできる仏の言葉の教えとみなしています。瑜伽行派では、仏の言葉の教えは仮のものではあるが、それを依りどころとして修行することが重要であると考えます。如応者もこの考えに従って、『般若心経』には仏の言葉の教えを記憶し、観察し、実践して、悟りを得るという修行の過程が説かれていると解釈し、どの過程においても般若波羅蜜多は陀羅尼として修行者に功徳をもたらすと主張しているのです。

《原文》

勧諸学者、皆於此経修十法行。慈氏頌言。謂書写供養、施他聴披読、受持正開演、諷誦及思修。行

十法行者、獲福聚無量。勝故無尽故。由摂他不息。（T33.542b）

《書き下し文》

諸もろの学者に勧めて、皆な此の経に於いて十法行を修せしむ。慈氏の頌に言く。「謂く書写と供養と、他に施すと聴くと披読すると、受持すると正しく開演すると、諷誦すると及び思すると修するとなり。十法行を行ずれば、福聚を獲ること無量なり。勝の故に無尽の故に。他を摂すると息まざるとに由るなり」と。

《現代語訳》

諸々の学ぶ者に勧めて、みなこの経において十法行を修めさせる。慈氏の頌（『弁中弁論』巻下T31.474c）に言う。「すなわち書写と供養と、布施と聴聞と披読と、受持と開演と、諷誦と思惟と修習とである。十法行を行うならば、無量の福を獲るであろう。勝れていて尽きることがないからである。他を取りまとめて止むことがないからである」と。

したがって如応者は、仏道を学ぶすべての人に、般若波羅蜜多を説く『般若心経』を書写し、供養し、布施し、聴聞し、披読し、記憶し、演説し、諷誦し、その教えを思惟し、実修することを勧めます。これを十法行といいます。ここからも、如応者が仏の言葉の教えを依りどころとする修行を重視していることがうかがえます。

《原文》

経曰。能除一切苦。

賛曰。前明具徳。此明破悪。信学証説、皆除衆苦。故大経言。能於此経行十法行、一切障蓋皆不能染。雖造一切極重悪業、而能超越一切悪趣。…後略（T33.542b）

《書き下し文》

経に曰く。「能く一切の苦を除く」と。

賛じて曰く。前には徳を具うることを明かす。此には悪を破ることを明かす。信も学も証も説も、皆な衆苦を除く。故に『大経』に言く。「能く此の経に於いて十法行を行ずれば、一切の障蓋皆な染すること能わず。一切の極重の悪業を造ると雖も、而も能く一切の悪趣を超越す」と。…後略

《現代語訳》

経に「一切の苦しみを除く」と言う。

賛じて言う。さきには〔般若波羅蜜多が〕功徳を具えていることを明らかにした。ここでは悪を破ることを明らかにする。〔般若波羅蜜多を〕信じることも学ぶことも証することも説くことも、み

な多くの苦しみを除く。故に『大般若経』（巻五七八 T7.987b-991b）に言う。「この経において十法行を行うならば、あらゆる障礙（煩悩）はみな〔その者を〕汚すことはできない。あらゆる極めて重い悪業をなしたとしても、あらゆる悪趣（地獄・餓鬼・畜生）を超越する」と。…後略

続いて、「能除一切苦」の注釈に入ります。

如応者は、ここでは般若波羅蜜多が悪を破ることを明らかにしていると言い、般若波羅蜜多を信じ、学び、悟り、説くことは、多くの苦しみを除くことになると説明しています。そして『大般若経』の記述を要約し、十法行を行うものは、煩悩に染まらず、悪趣に堕ちず、正法を記憶して忘れず、善が増し、悪が減り、諸々の仏土に往生し、菩薩行を満足し、無上正等菩提を証し、心願が成就する、と述べています。

《原文》

経曰。真実不虚。

賛曰。除疑勧信、重説此言。何有棄大宝輪王之位、処寂林而落飾、称慈父法王之尊、践衆道而提誉、対諸龍象、導彼天人、誑誘群生。誠為未可。所以経言。如来是真語者、乃至不異語者。故応信奉。勿起驚疑。（T33.542b-c）

《書き下し文》

経に曰く。「真実にして虚しからず」と。

賛じて曰く。疑を除き信を勧めんとして、重ねて此の言を説く。何ぞ大宝輪王の位を棄て、寂林に処して落飾し、慈父法王の尊を称し、衆道を践みて誉を提げ、諸もろの龍・象に対し、彼の天・人を導きて、群生を誑誘すること有らんや。誠に未だ可ならずと為す。所以に経に言く。「如来は是れ真語者なり、乃至不異語者なり」と。故に応に信奉すべし。驚疑を起こすこと勿れ。

《現代語訳》

経に「真実であり虚偽ではない」と言う。

賛じて言う。疑いを除き信を勧めようとして、重ねてこの言葉を説く。どうして転輪聖王の位を棄て、閑寂な林中で落飾し、慈父・法王の尊号を称し、多くの道を歩んで誉をあげ、諸々の龍・象〔の王〕と対し、かの天・人を導かれた方が、多くの衆生を誑かすことがあるだろうか。誠に未だかつてそのようなことはありえない。だから経（『金剛般若経』T8:750b）に言う。「如来は真実を語る者であり、ないし不異を語る者である」と。故に信じるべきである。驚きや疑い〔の念〕を起こしてはならない。

続いて、「真実不虚」の注釈に入ります。

如応者は、ここでは疑いを除き信を勧めるために、さらに言葉を重ねている、と述べています。仏の般若波羅蜜多（智慧の完成）は呪（真理の言葉）であるから、真実であり、虚偽ではなく、信じるべきであり、驚いたり疑ったりしてはならないという説明です。

《原文》

経曰。故説般若波羅蜜多。呪即説呪曰。掲諦 掲諦 波羅掲諦 波羅僧掲諦 菩提 莎訶。

賛曰。前説法義二持雖勧信学、欲令神用速備更説呪持。

仏以大劫慧悲難修誓行加略文字。意趣深遠教理幽広、不易詳賛。（T33.542c）

《書き下し文》

経に曰く。「故に般若波羅蜜多の呪を説く。即ち呪を説きて曰く。掲諦（ギャテイ） 掲諦（ギャテイ） 波羅掲諦（ハラギャテイ） 波羅僧掲諦（ハラソウギャテイ） 菩提（ボジ） 莎訶（ソワカ）」と。

賛じて曰く。前には法と義との二の持を説きて信と学とを勧むと雖も、神用（しんゆう）を速やかに備えしめんと欲して更に呪の持を説く。

仏は大劫における慧と悲との修し難き誓行（せいぎょう）を以て略文字（もんじ）を加う。意趣（いしゅ）深遠にして教理幽広なれば、詳賛すること易（やす）からず。

《現代語訳》

経に「故に般若波羅蜜多の呪を説く。すなわち呪を説いて言う。掲諦 掲諦 波羅掲諦 波羅僧掲諦 菩提 莎訶」と言う。

賛じて言う。さきには法と義の二つの総持を説いて信じて学ぶことを勧めたが、〔ここでは〕霊妙な作用を速やかに備えさせようとしてさらに呪の総持（陀羅尼）を説く。

仏は大劫における智慧と慈悲との修しがたい誓願・修行をもって略義の文字〔般若〕を加えられた。意趣は深遠であり教理は広大であるため、詳しく賛ずることは容易ではない。

続いて、「掲諦　掲諦」以下の注釈に入ります。

如応者は、ここでは般若波羅蜜多の功徳を速やかに備えさせようとして呪陀羅尼を説いていると述べています。それはサンスクリット語のガテー　ガテー　パーラガテー　パーラサンガテー　ボーディ　スヴァーハー（gate gate pāragate pārasaṃgate bodhi svāhā）の音写で、「行けるものよ、行けるものよ、彼岸に行けるものよ、彼岸に完全に行けるものよ、悟りよ、幸いあれ」などと翻訳されます。今日の研究では、このマントラは般若波羅蜜多に対する呼びかけであり、般若波羅蜜多を讃えたものと考えられています。

如応者の解釈によれば、呪陀羅尼は眷属般若に当たるため、これは等持（定。精神集中）の修行におけるマントラということになります。われわれもこれを唱えることで『般若心経』を記憶したり、精神の集中を実感したりすることができます。

しかし、如応者が最後に称賛しているのは、仏が智慧と慈悲による誓願・修行によって加えられた法陀羅尼、すなわち文字般若です。ここからすると、『般若心経』における般若波羅蜜多の教えは、あくまでも文字で説かれたもの、仏が説かれた言葉が中心であり、われわれはそれを依りどころとして修行を進めるべきだ、というのが如応者の解釈であることが分かります。マントラを唱えてその功徳を実感するだけでなく、般若波羅蜜多の教えを文字で知り、実践することでさらなる功徳が得られるというのが、慈恩大師のお考えではないかと思います。

おわりに

慈恩大師の『般若心経幽賛』は『般若心経』の最古の注釈の一つであり、その特徴は玄奘三蔵が中国にもたらした唯識思想によって『般若心経』の経文を解釈するところにありました。わずか二百六十余文字の『般若心経』に対し、これほど複雑で精緻な注釈を施した著作があることに驚かれた方も多いのではないでしょうか。

中観派の二諦説による「空」の解釈を批判しつつ、瑜伽行派の三性説による「非空非有中道」の解釈を主張するプロットや、『般若心経』の本文に阿頼耶識説などを読み込み、「行」の注釈で唯識の修行論を展開する構想力には、筆者も感嘆の念を禁じえません。

唯識思想に関心をお持ちの方は、中観派と瑜伽行派の解釈は玄奘三蔵が伝えたインド由来のものなのか、それとも慈恩大師が自ら想定したものなのかが気になるところでしょう。また、「菩薩種姓として修行すべきである」と熱く語りかける慈恩大師の姿には、従来の中国唯識の大成者、五姓各別の主唱者というイメージとの違いを感じられたかもしれません。これらの点については、今後の研究で明らかにしていきたいと思います。

本書を通じて『般若心経』や『般若心経幽賛』、唯識思想に関心を持たれた方に、一般書を中心に参考文献をご紹介します。

①渡辺章悟『般若心経――テクスト・思想・文化』大法輪閣、二〇〇九年
②原田和宗『「般若心経」成立史論――大乗仏教と密教の交差路』大蔵出版、二〇一〇年
③福井文雅『般若心経の総合的研究――歴史・社会・資料』春秋社、二〇〇〇年

『般若心経』については、沢山の解説書がありますが、学問研究に裏付けられたものは限られます。その中で、①は般若経研究の第一人者による概説書で、お勧めできます。「大本」の解説を中心に『般若心経』全般が分かりやすく解説されています。②と③は研究書です。②はインドにおける『般若心経』の成立を密教との関係で考察したもの、③は中国における『般若心経』の流布の実態を明らかにしたものです。これらの問題を詳しく知りたい方にお勧めします。

④北堀一雄『般若波羅蜜多心経幽賛』中山書房仏書林、二〇〇五年
⑤吉村　誠「般若波羅蜜多心経幽賛」渡辺章悟・高橋尚夫編『般若心経註釈集成〈中国・日本編〉』起心書房、二〇一八年所収

『般若心経幽賛』については、長らく国訳（書き下し文）がありませんでした。④が初めての国訳です。原文は『大正新脩大蔵経』第三三巻所収のものを底本とし、二種の刊本と比較しています。注記も充実しています。

筆者は十年ほど前、東洋大学教授（現・名誉教授）の渡辺章悟先生から、『般若心経』の注釈書の

集成を作るので『般若心経幽賛』の現代語訳を担当してほしいというお話をいただきました。そこで先ず、④を参考にして原文・書き下し文を訂正し、試訳を作成しました（『駒澤大学仏教学部研究紀要』七四［二〇一六年］、七五［二〇一七年］）。その試訳を訂正したものが、⑤の現代語訳になります。本書で省略した部分、とりわけ慈恩大師が強調してやまない修行論の後半（広修行）については、⑤を参照してください。過去の原文・書き下し文・現代語訳の誤りは本書で訂正しましたが、まだ誤りがあるかもしれません。これは筆者の力量不足によるもので、ご寛恕いただきたく思います。なお、⑤の掲載書には中国・日本における代表的な『般若心経』の注釈書が集成され（〈インド・チベット編〉もあります）、総論には渡辺先生の長年にわたる般若経研究の成果がまとめられています。このようなわけで、筆者の『般若心経幽賛』の翻訳・研究は、渡辺先生の慫慂により始まりました。この場を借りて御礼申し上げます。

⑥横山紘一『唯識思想入門』第三文明社、一九七六年
⑦太田久紀『仏教の深層心理——迷いより悟りへ・唯識への招待』有斐閣、一九八三年
⑧多川俊映『唯識入門』（『はじめての唯識』を改題）春秋社、二〇一三年
⑨竹村牧男『『成唯識論』を読む』春秋社、二〇〇九年

唯識思想の入門書については、⑥⑦⑧をお勧めします。いずれも学問研究に基づきながら、唯識思想をやさしい語り口で解説しています。⑨は唯識教学の根本聖典である『成唯識論』の要文を、唯識研究の碩学が分かりやすく講義するものです。原典に基づいて唯識思想を詳しく学びたい方に

お勧めします。これらの著者には他にも唯識に関する一般書があり、いずれも唯識の教理を勉強するのに適しています。

⑩松久保秀胤『唯識初歩――心を見つめる仏教の智恵』すずき出版、二〇〇一年
⑪佐久間秀範『修行者達の唯識思想』春秋社、二〇二三年
⑫師　茂樹『『大乗五蘊論』を読む』春秋社、二〇一五年

唯識の修行については、教理に比べると研究が進んでいるとは言えません。その中で、⑩は五重唯識観に基づいて唯識思想を解説する入門書として注目されます。また、日本の法相宗における五重唯識観については、龍谷大学の楠淳證先生や後藤康夫先生などの研究論文があります。⑪はインドの瑜伽行派を中心に唯識思想を修行者の視点から見直すもので、唯識が観念論ではなく実践論であることを明らかにしています。⑫は唯識の基礎となるアビダルマも瑜伽行のために学ばれていたことを指摘しています。

最後に興福寺仏教文化講座にお招きいただいた興福寺の森谷英俊貫首、多川俊映寺務老院に心より感謝申し上げます。また、難解な内容であるにもかかわらず、毎回興味を持って講座に参加してくださった皆さまには、大変励まされました。どうもありがとうございました。講座に関する事務全般については、興福寺の南俊慶師にお世話になりました。本書の編集については、春秋社の豊嶋悠吾氏のお手を煩わせました。深く御礼申し上げます。

著者略歴：

吉村 誠（よしむら まこと）

1969年東京都生まれ。早稲田大学大学院博士後期課程修了（東洋哲学専攻）。博士（文学、早稲田大学）。現在、駒澤大学教授。著書に『中国唯識思想史研究―玄奘と唯識学派―』（大蔵出版）、訳書に『続高僧伝Ｉ』（共訳、大蔵出版）、編著に『玄奘三蔵と薬師寺』（共編、薬師寺）、主な論文に「玄奘の求法と伝法―唯識思想を中心に―」（『玄奘三蔵―新たなる玄奘像を求めて―』勉誠出版）などがある。

『般若心経幽賛』を読む――唯識の修行
〈新・興福寺仏教文化講座 10〉

2024年2月29日　第1刷発行

著　　者―――吉村　誠
著作権者―――興福寺
発 行 者―――小林公二
発 行 所―――株式会社 春秋社
東京都千代田区外神田 2–18–6（〒 101–0021）
電話 03–3255–9611　振替 00180–6–24861
https://www.shunjusha.co.jp/
印刷・製本――萩原印刷 株式会社
装　　幀―――鈴木伸弘

ISBN 978–4–393–13648–5

新・興福寺仏教文化講座

横山紘一
唯識 わが心の構造
――『唯識三十頌』に学ぶ

唯識思想の大成者・世親の著作を、日常的な体験から近現代の思想、さらには自らの修禅体験をもふまえて平易に読み解く。

《新・興福寺仏教文化講座1》 4070円

竹村牧男
『成唯識論』を読む

法相宗の根本聖典である仏教哲学の結晶『成唯識論』の思想体系の流れをわかりやすく講義。九難義、生死輪廻の四種の説明等を特に詳説。

《新・興福寺仏教文化講座7》 8250円

長谷川岳史
唯識 さとりの智慧
――『仏地経』を読む

唯識思想と「さとり」の根本思想について説く『仏地経』を読み解く。原典の書き下し文と平易な解説文により経典一冊がまるごと理解できる。

《新・興福寺仏教文化講座8》 2420円

師 茂樹
『大乗五蘊論』を読む

世親菩薩著『大乗五蘊論』の講読を通して、仏教の基本概念である五蘊(=色・受・想・行・識)、十二処、十八界を分かり易く解説する。

《新・興福寺仏教文化講座9》 2750円

▼表示価格は税込(10%)。